메가처치 논박

# 메가처치 논박

2009년 9월 22일 초판 1쇄 인쇄
2009년 9월 29일 초판 1쇄 발행

지은이  신광은
펴낸이  심정환

도서출판 정연
경기도 부천시 원미구 상동 459-2번지 송내프라자 504호
Tel: 1644-7868  Fax: 032-322-7861
홈페이지 www.jybook.co.kr
wesly558@paran.com
등록 2008년 11월 25일 제16-2222호

ISBN: 978-89-963094-0-6  03230

"책 값은 뒷표지에 있습니다."

나의 교회여, 크기에서 자유하라!

# 메가처치 논박

신광은 지음

도서출판 정연

이 책을

그리스도의 신부, 교회와

나의 신부, 박종금 자매에게 바칩니다.

이 책을 읽는 독자는 예언자의 출현을 증언하는 목격자다. 예언자가 등장하는 시기는 위기의 시대다. 그런 점에서 지금은 위기의 시대요 불행한 시대다. 그렇지만 예언자마저 없었다면 더 참혹했으리라는 점에서 그나마 위로를 얻는다. 나는 예언자의 정의 중 아브라함 헤셀의 것이 제일 마음에 든다. 그에 따르면, 예언자란 악에 민간한 사람이다. 남들은 그러려니 하고 대충 넘어가는 사소한 것들에도 예민하고 격렬하게 반응한다.

한국 교회의 메가처치 현상에 대해 이렇게 예민하게 반응하는 목사는, 그리고 이다지도 깊이 천착한 신학자는 일찍이 없었다. 돌 위에 돌 하나도 남기지 않고 무참하게 부서뜨리는 그의 글에 간담이 서늘하면서도 일말의 쾌감이 느껴지는 것은 예언자적 철저함 때문일 것이다. 마치 자크 엘륄, A. W. 토저, 키르케고르를 보는 것 같다.

독자 여러분께 저자의 길에 동행하기를 권하고 싶다. 허투루 하는 말이 아니다. 진심으로 교회를 사랑한다면, 그래서 교회를 개혁해야 한다고 목청을 높이고 그럴수록 더 절망하고 시름이 깊어진다면, 이 책을 통과하지 않으면 안 된다. 보기에 그 길은 좁다. 찾는 자도 적다. 이제 갓 시작했다. 독서하기에도 내용이 만만치 않다. 그러나 이는 생명으로 인도하는 문, 교회를 회복하고 갱신하는 출발점이다.

저자와 이 책은 큰 나무가 될 만한 겨자씨요, 가루 서 말을 전부 부풀게 할 만한 누룩이다. 당신도 겨자씨가 되고 누룩이 되고 싶다면, 적어도 그 가지에 깃들인 새의 행복을 누리고자 한다면, 부풀어 올라 연하고 부드러운 빵의 일부가 되고 싶다면, 지금 당장 이 책을 사라! 그리고 눈을 떼지 말고 그 자리에서 독파하라! 한국 교회가 다시 보이고, 하나님의 백성 공동체인 교회가 새롭게 보일 것이다.

메가처치, 이는 예사로운 현상이 아니다. 지금 우리는 메가처치를 지향하는 한국 교회가 과연 성경적인지 물어야 한다. 저자는 한국 교회가 메가처치 현상으로 가득 차 있다고 말한다. 무한 성장을 향한 기대가 메가처치 현상이다. 우리가 수없이 들어 왔고 사모하는 메가처치와 그 현상들이 한국 교회를 뒤덮고 있다. 거대주의, 무한 성장, 성장주의, 성공주의로 치닫는 한국 교회는 오직 민중의 아편으로 봉사하면서 윤리성을 상실한 채 목적 없는 항해를 하고 있다.

교회가 사탄의 권세가 되었고 우상에 빠졌다! 저자는 기술의 발달과 자본주의의 산물로서 메가처치 현상에 대해 일침을 가한다. 부드럽고, 아늑하고, 아름다운 모습을 보일지 몰라도, 메가처치야말로 심각한 성경적 오류를 범하고 있다. 몇 명이 모이든 몇 만 명이 모이든, 한국 교회는 메가처치 현상에 도취되어 있다. 이것이 한국 교회 타락의 근원적 문제 중 하나다.

이 책은 다양한 내용, 역사적 기록들을 넘나들면서 저자의 해박한 면모를 발휘한다. 하나님의 말씀으로 무장한 강력한 촌철살인으로 가득 차 있다. 한국 교회의 문제를 깊이 걱정하면서 이만큼 깊은 내용을 담아낸 저자의 능력에 놀란다. 저자는 모든 주제를 한꺼번에 껴안고 어디든지 종횡무진으로 누빈다. 이 책을 읽는다면 놀라운 성경적 통찰을 가질 것이며, 책에 동의하지 않더라도 많은 정보를 얻을 것이다. 저자의 통찰력은 예리하며 독창적이고 감동을 준다.

이 책은 처음부터 최소한 두 번 이상 읽을 각오를 해야 한다. 평소 한국 교회의 문제와 모순에 대한 문제의식을 가진 분이라면 단숨에 이 책을 읽을 것이다. 한껏 떠들고 대안이 없는 경우가 많은데, 이 책은 그 대안을 제시한다. 오늘날 한국 교회는 예수께서 바리새인들에게 퍼부으셨던 저주를 받을 교회는 아닌가! 예수께서 탄식하시고 분노하신 교회는 아닌가! 한국 교회는 지금 회개하지 않으면 희망이 없다. 이 책이 한국 교회에 희망의 불씨가 되기를 간절히 소망한다.

# 차례

# 감사의 글

책을 쓰면서 왜 사람들이 책 앞에 감사의 말을 덧붙이는지 알게 되었다. 이제껏 책을 읽을 때는 감사의 말을 그냥 지나쳐 버렸다. 잘 알지도 못하는 사람들의 이름을 죽 나열하며 감사를 표하는 것이 나와 무슨 상관이 있겠느냐는 생각에서였다. 그러나 책을 쓰면서, 책을 저자 한 사람이 쓰는 것이 아님을 실감하게 되었다. 요즘 유행하는 말로, 책은 '집단 지성'의 산물이 아닌가 싶다. 이 책이 나오기까지 얼마나 많은 분의 도움과 조언과 격려가 있었는지 헤아릴 수 없을 정도다. 그분들께 감사의 인사를 드리는 것은 당연하다고 생각한다.

가장 먼저 감사를 드려야 할 사람은 어머니다. 권사 직분을 가지고 계신 어머니는 기성 교회를 비판하는 내용의 책을 쓴다고 하니 한사코 만류하셨다. 왜 하필 당신의 아들이 교회를 비판하는 도구가 되어야 하는지 모르겠다며 노심초사하셨다. 그러나 어머니는 어려서부터 나에게 거짓된 미신과 기만을 단호하게 거부해야 한다는 사실을 일러 주신 분이다. 나는 아직도 어머니가 고등학교와 대학교 입학시험을 위해 준비해 주셨던 것을 잊지 못한다. 어머니는 시험 전날 목욕을 하게 하셨고, 새 옷을 갈아입게 하셨으며, 손톱과 발톱도 깎게 하셨다. 그리고 시험 당일 아침에는 꼭 미역국을 끓여 주셨다. 즉, 사람들이 시험과 관련하여 통상적으로 지키던 금기를 모두 깨뜨리신 것이다. 하나님의 사람은 그런 금기에 얽매일 필요가 없다는 것이 어머니의 생각이었다. 그런 어머니 덕에 주어진 현실에 대한 비판적인 안목과 우상 파괴적인 성향이 일찍부터 나의 성정 깊은 곳에 자리잡은 것이 아닌가 싶다. 때문에 이 책을 쓰는 데 영감을 준 첫 번째 사람은 바로 나의 어머니, 오평자 권사님이다. 어머니께 사랑과 감사를 드린다.

또 이 책을 쓰는 데 큰 도움을 준 두 사람이 있는데, 이성하 전도사님과 김욱 전도사님이다. 2007년에 두 사람과 함께 했던 독서토론 모임은 이 글의 결정적인 계기가 되었다. 이 귀한 동역자들과 함께 1년 이상 여러 책을 읽으면서, 한국 교회의 문제에 대해 허심탄회하게 의견을 나누고 많은 것을 배울 수 있었다. 귀한 두 동역자에게 진심으로 감사의 뜻을 전한다. 그 뒤로 침례신학대학교 학부 학생 몇 명과 지금까지 독서 토론 모임을 갖고 있는데, 이 모임을 통해서도 많은 것을 배울 수 있었다. 김병현, 임대혁, 박찬웅, 김성준, 정한길, 권세현 형제에게 고마움을 전한다.

짧게나마 2008년 봄에 열음터교회에서 동역했던 박삼종 전도사님은 이 글을 쓰도록 강하게 권하고 격려해 주셨다. 또 몇 가지 중요한 조언을 통해 책의 내용을 더 풍성하게 하셨다. 그때 썼던 글이 인터넷

뉴스사이트인 "뉴스엔조이"에 맨 먼저 기고되었는데, "뉴스엔조이"와 "미주뉴스엔조이" 편집장님은 졸고를 좋은 지면에 배치해 주셔서 많은 독자가 읽을 수 있도록 배려해 주셨다. 이 자리를 통해 "뉴스엔조이"와 "미주뉴스엔조이" 관계자분들께 감사를 드린다.

"뉴스엔조이"에 기사가 올라왔을 때, 많은 분이 댓글과 메일을 통해 아낌없는 격려와 조언을 해주셨다. 그분들의 격려 때문에 여러 반대에도 불구하고 이 글을 계속 써나갈 수 있었다. 특히 서울에서 목회를 하시는 가천노 목사님은 애써 대전까지 방문하셔서 출판을 격려해 주셨으며, 김용호 전도사님도 인터넷 댓글과 메일로 고견을 주셨다. 또 멀리 미국에서 메노나이트 교회를 섬기시는 허현 목사님도 큰 격려를 해주셨고 귀한 자료까지 보내주셨다. 대장간 출판사의 배용하 사장님도 글을 쓰는 데 큰 도움을 주셨다. 이외에도 다양한 경로를 통해 격려와 조언을 해주신 분이 얼마나 많은지 다 헤아릴 수가 없다.

온 마음으로 감사를 표해도 부족할 은인이 한 분 있다. 김기현 목사님이다. 김 목사님은 나와 같은 교회 대학부 출신으로, 학부 때부터 알고 지내 온 선배이자 형이다. 김 목사님은 내가 이 글을 쓰는 동안 자신의 글처럼 꼼꼼히 읽어주시고 따끔한 충고도 아끼지 않으셨다. 사실 이 책의 반이 김 목사님의 작품이라고 할 정도로 많은 조언을 주셨다. 지면을 빌어 다시 한 번 기현이 형에게 감사를 드린다.

또 추천사를 써 주신 분당두레교회의 박철수 목사님께도 어떻게 감사를 드려야 할지 모르겠다. 바쁘신 중에 일면식도 없는 이의 글을 읽고 추천사를 써주실지 확신할 수 없었는데, 「하나님 나라」(대장간)의 탈고를 앞두신 중에도 부족한 글을 여러 번 읽고 분에 넘치는 격려를 해주셨다.

책의 출판을 맡은 정연 출판사의 심정환 대표는, 나의 신학교 후배로, 10년 이상 교제하며 사귀어 온 동역자요 후원자다. 본래부터 출판에 뜻이 있던 차에 첫 작품으로 이 책을 출간한 것이다. 쉽지 않은 때에 이런 결심을 해준 심 대표에게 감사를 드린다. 아울러 일관성 있는 한 권의 책으로 엮어질 수 있도록 출판 과정에 지속적으로 참여해 도움을 준 새물결플러스 출판사의 정지영 실장님께도 감사를 드린다.

이 외에도 책을 쓰는 중에 곁에서 기도하고 격려해 준 아내와 수양딸 재영이, 주나, 최돈묵 형제, 은사님, 나의 사역과 연구를 위해 중보기도와 후원으로 도움을 주신 모든 분께 진심으로 감사를 드린다.

이 많은 분의 도움이 있었지만 결국 이 책은 하나님이 쓰신 책이라는 사실을 밝히지 않을 수 없다. 아주 오래 전부터 성령께서는 나로 하여금 한국 교회를 바라보면서 통분과 비참함, 부끄러움을 느끼게 하셨다. 내 마음 속에 오래 전부터 타올랐던 분노의 불꽃과 한국 교회에 하나님의 뜻이 이루어지기를 바라는 타는 목마름이 이 글을 쓰게 된 결정적인 계기가 되었음은 두말할 나위가 없다. 글을 써 내려가는 중에도 하나님은 지속적으로 새로운 아이디어와 영감과 깨달음을 주심으로써 방향을 인도해 주셨다. 글을 쓰면서 온 종일 가슴이 벅차 눈물을 머금고 다닌 적이 한두 번이 아니다. 만일 이 책에 선한 것이 조금이라도 있다면 그것은 하나님이 허락해 주신 것이며, 오류가 있다면 전적으로 나의 무지와 부족함 탓이다.

이 책은 학문적이지 않다. 세밀한 주석은 빠져 있고, 군데군데 문체상의 결함이나 오류가 있을 것이다. 학문적 엄밀성이 부족한 탓에

설익은 채로 책이 출판되는 것은 아닌지 심히 염려스럽다. 그러나 그리스도의 교회를 향한 사랑과 충정, 기대와 소망이 분출되어 나온 것이기에 부끄러움을 무릎 쓰고 감히 세상에 내놓게 되었다. 혹 부족함이 눈에 띄더라도 그리스도의 신부를 향한 어느 작은 교회 목사의 간절한 사모함과 끓어오르는 안타까움 때문이라고 널리 헤아려 주시기를 부탁드린다. 이 글을 읽는 모든 분께 그리스도의 은총과 평화가 함께하시기를….

2009년 9월 가을 문턱에 들어선 열음터에서

신광은 목사

# 제1장

# 아, 메가처치!

오늘날 교회의 문제들을 지적하는 예언자는 많지만, 메가처치를 문제 삼는 사람은 한 사람도 없다. 사람들은 말한다. 메가처치가 문제가 아니라 목사들의 인간적인 야망과 욕심이 문제라고. 성도들이 말씀대로 살지 못하는 게 문제라고. 교회가 바알주의, 맘몬주의, 성장주의, 영웅주의, 세속주의, 엘리트주의 등에 물든 게 문제이지 메가처치 자체는 문제가 아니라고. 사람들은 말한다. 교회의 크고 작음은 중요하지 않다고. 도리어 교회가 크면 복음 전파나 사회 사업 등을 힘 있고 효과적으로 할 수 있다는 말도 덧붙인다. 그리고 또 말한다. 물론 교회가 커지다 보면 몇 가지 문제점이 생기긴 하지만 교회의 규모 자체는 문제가 아니라고.

그러나 메가처치는 그리 간단히 말할 수 있는 현상이 아니다. 이 현상은 교회의 무능력, 부패, 타락과 밀접한 관련이 있다. 메가처치가 현대 기독교의 모든 잘못의 원인이라는 말은 아니다. 하지만 메가처치 현상은 오늘날 교회와 기독교의 세속주의, 부패, 타락 등의 모든 문제 한복판에 존재한다. 교회의 무능력과 타락으로 말미암아 메가처치 현상이 생겼으며, 이 현상은 다시 그러한 교회의 무능력과 부패를 확대 재생산한다. 분명히 메가처치는 한국 교회의 지속적인 침체과정에서 중요한 고리 역할을 한다. 그런데 다른 문제들에 대해서는 그토록 신랄하게 문제를 제기하면서도 메가처치에 대해서는 이상하리만큼 조용하다. 참으로 이상하다. 교회 개혁이니 갱신이니 하는 말들은 무성하지만 정작 가장 심각하고 본질적인 문제는 간과한 채 변죽만 울리고 있다.

메가처치 현상은 현대 교회에 주어진 도전이요 과제다. 각 시대마다 주어진 신학적, 신앙적 과제들이 있다. 가령 사도시대에는 유대주의의 도전이 있었고, 주후 2-3세기에는 영지주의와 여러 이단의 도전이 그리고 로마 제국의 핍박이라는 도전이 있었다. 주후 4세기 이후의 교회는 콘스탄틴주의Constantinism의 도전을 받았으며, 16세기에는 교회의 타락과 맞서 싸워야 했고, 19세기에는 모더니즘Modernism이라는 도전이 있었다. 또 20세기 중반부터는 포스트모더니즘Post-Modernism이라는 도전과 맞서 분투하고 있다. 그리고 21세기 초두의 한국 교회에 주어진 과제는 다름 아닌 메가처치 현상이다. 지금 우리에게는 교회의 규모에 대한 성서적·신학적 성찰이 요구되는 실정이다.

메가처치에 대해 논하기 전에 분명히 해 두어야 할 것이 있다. 그것은 메가처치가 2천 년 교회의 역사 가운데 대단히 새로운 현상이라는 사실이다. 물론 전에도 상당한 규모의 중대형 교회가 없었던 것은 아니다. 그러나 오늘날 우리가 목도하는 이런 종류의 메가처치는 존재한 적이 없다. 일부 신학자나 목회자가 초대교회나 기타 시대의 교회에서 메가처치의 전범을 찾으려 하지만, 이는 전적으로 시대착오적인 시도다. 오늘날의 상식이나 관점, 생각을 과거에 뒤집어 씌워서 바라보는 행태다. 또 교황청을 중심으로 세계 교회가 한 교회를 이룬다는 범汎가톨릭주의를 메가처치와 비교하는 것도 논점을 흐릴 뿐이다. 양자 사이에 많은 유사점이 존재하는 것은 사실이다. 하지만 분명히 해 둘 것은, 이 책에서 메가처치라고 할 때는 누구나 다 알듯이 우선적으로 하나의 지역 교회에 관한 문제라는 점이다. 메가처치는 드물게나마 역사상 존재해 왔던 현상이 아니라 20세기에 나타나기 시작한 전적으로 새로운 현상이라는 사실을 알 필요가 있다. 메가처치는 전혀 새로운 교회다. 그렇다면 도대체 뭐가 새롭다는 것일까?

과거의 교회와 메가처치의 가장 큰 차이점은 '성장의 한계'와 관련된다. 과거의 교회는 아무리 성장해도 어쩔 수 없는 '성장의 한계'가 존재했다. 그리고 이 성장의 한계는 여러 요인이 함께 작동함으로써 정해졌다. 우선은 예배당 크기가 가시적인 교회의 한계였다. 볼프강 짐존Wolfgang Jimjon이 말한 대로 약 1,700년 동안 교회는 회중 교회 구조에 익숙해 있다. 그리고 회중 교회 구조는 반드시 예배당을 필요로 한다. 그러다 보니 예배당 자체가 교회인 것처럼 혹은 교회가 최소한 예배당은 가져야 하는 것처럼 여기게 되었다. 심지어 예배당 없는 교회는 이단인 것처럼 생각하기도 한다. 이러한 예배당 중심의 회중 교회에서 교회당 벽은 교회의 외피外皮처럼 여겨졌으며, 이것이 교회 크기의 물리적 한계였다.

또한 '신체적 능력의 한계'를 들 수 있다. 가령 집회의 크기는 설교자의 얼굴을 알아볼 수 있을 정도의 거리, 또 설교자의 음성이 도달할 수 있는 거리를 넘기가 어려웠다. 조지 휘트필드George Whitefield의 어느 집회는 3만 명이나 모이기도 했다. 물론 이 집회는 이례적인 전도 집회로, 교회라고 할 수는 없다. 그렇더라도 이 정도가 당시로서는 최대치가 아니었을까 싶다. 그러니까 19세기의 기술혁명이 이러한 인간 신체 능력의 한계를 극복할 수 있게 해주기까지 메가처치는 존재할 수 없었다.

이 외에도 여러 가지 정치적·사회적·문화적 요인이 상호작용을 함으로써 교회의 크기에 한계를 가했다. 예컨대 '집회 인구의 한계'를 꼽을 수 있다. 당시 대부분의 사람이 도시가 아니라 농촌에 살았기에 모일 수 있는 인원이 별로 많지 않았다. 또 '교구제'도 성장에 한계를 가하는 한 원인이었다. 미국이라는 신대륙이 등장하기 전까지는 역사상 그 어느 교회도 이웃 교회와 경쟁하지 않았으며, 이는 성장을 막는 교구제 때문이었다. 가톨릭교회는 말할 것도 없거니와 종교개혁 이후 개신교회 역시 마찬가지였다. 이처럼 과거의 교회는 어쩔 수 없는 성장의 한계를 안고 있었다.

그러나 20세기 이후에는 상황이 완전히 달라져 성장의 한계가 사라졌다. 지역 교회가 성장하는 데 걸림돌이 되는 어떠한 한계나 장애물도 이제는 존재하지 않는다. 이론상이긴 하지만, 오늘날 지역 교회는 무한히 성장할 수 있다. 메가처치 현상은 단지 수만 명이 넘는 몇몇 초대형 교회만을 가리키는 말이 아니다. 메가처치 현상은 보편적이고 일반적인 현상이다. 왜냐하면, 오늘날 모든 교회는 무한 성장이 가능한 '상황' 가운데 있으며, 무한 성장이 가능한 '조건'을 가지고 있고, 또 그것을 가능케 할 수 있는 '수단'을 소유하기 때문이다. 오늘날에는 교회가 어느 정도 크기에서 성장을 멈춰야 할 이유가 없다. 기술적으로든 신학적으로든 성장의 한계는 없다. 뿐만 아니라 메가처치건, 중형교회건, 소형교회건 할 것 없이 거의 모든 교회는 무한 성장을 추구한다. 하워드 스나이더Howard Snyder식으로 말하자면, 오늘날 모든 교회는 메가처치 DNA를 소유하고 있다. 현대 교회는 모든 성장의 한계가 무너진 상황에 처해 있으며, 성장을 위한 모든 수단을 소유하고 무한 성장을 추구한다. 이 거대한 흐름이 바로 이 책에서 다루려고 하는 메가처치 현상이다.

나는 지금까지 살아 오면서 수십여 개의 교회에 출석하거나 방문했다. 찾아갔던 교회 중에서 성장이 잘 안 된다고 말하는 교회가 많았다. 성장해야 한다고 말하는 교회는 더 많았다. 그러나 교회가 어디까지 성장하는 것이 바람직하다고 말하는 교회는 단 한 곳도 없었다. 성장에 대해서는 누구나 말을 하지만 성장의 한계에 대해서는 아무도 말하지 않는다. 즉, 모든 교회는 '무한한 성장이 가능하다'는 전제를 가지고 있는 것이다. 그래서 '복음의 능력이라면, 성령의 역사라면, 구령의 충만한 열정이라면, 지역 교회는 무한히 성장할 수 있다'고 말한다. 심지어 어떤 교회성장학자들은 교회성장의 한계를 마귀의 훼방이라고까지 말한다. 이제 성장의 한계는 돌파하고 극복해야 하는 표적이 되었다. 노골적으로 '무한' 성장을 말하는 교회는 없지만, 그런 교회도 성장만 말하고 한계를 말하지 않을 뿐이다. 그러나 이것은 사실상 무한 성장의 추구다.

한국은 세계에서 메가처치가 가장 많은 나라 중 하나다. 전 세계 50대 교회 중 23개가 한국에 있다. 세계 10대 교회 중 5개가 한국에 있다. 세계 최대 교회도 한국에 있고, 세계 최대의 장로교회, 세계 최대의 감리교회도 한국에 있다. 교인 수가 여수시 전체 인구의 2.5배나 되는 교회도 있다. 이는 2천 년 기독교 역사에서 단 한 번도 찾아 볼 수 없는 현상이다.

바로 이것이 내가 메가처치 현상을 오늘날 한국 교회가 당면한 과제로 보는 이유다. 이것은 전혀 새로운 과제다. 교회성장학자들을 제외하고는, 아직까지 그 누구도 교회의 규모 자체를 신학적으로나 신앙적인 주된 논의 과제로 삼은 적이 없었다. 그러나 이제 한국 교회는 이 일을 해야 한다. 교회의 규모 자체를 중요한 신학적 논의 과제로 삼아야 한다는 말이다. 오늘날 한국 교회가 가장 시급하고도 심각하게 논의하고 토론해야 하는 신학적 주제는 기독론이나 삼위일체론, 구원론이 아니라 교회론이요, 교회론 중에서도 교회의 규모에 관한 것이어야 한다. 왜냐하면 오늘날 한국 교회에서 바로 이 메가처치 현상만큼 강력하고도 실제적인 문제도 없기 때문이다.

주후 313년의 밀라노 칙령은 세상 나라에 대한 하나님 나라의 승리요, 카이사르에 대한 그리스도의 승리며, 로마 제국에 대한 교회의 승리였다. 역사상 가장 위대한 영광의 나라가 비천한 무리들 앞에 무릎을 꿇었다. 교회는 이 승리를 마음껏 즐기며 승리를 주신 하나님과 어린양 예수 그리스도께 찬양을 드렸다. 그러나 오늘날 적지 않은 신학자들은 바로 이때부터 교회가 본격적으로 침체와 타락의 길을 걸었다고 본다. 그들의 말이 옳다면, 당시 교회는 밀라노 칙령을 거부했어야 할까? 그렇게 쉽게 말할 문제는 아닌 것 같다. 그렇다면 밀라노 칙령을 수용하면서도 교회가 다르게 행동할 수 있었을까? 이 또한 별로 가능성은 없어 보인다. 혹자는 '최소한 교회가 좀더 신중할 수는 있었잖느냐?'라고 반문할지 모른다. 그러나 말이 쉽지 그 상황에서 그것 말고 달리 무슨 방도가 있었겠는가?

나 역시도 그 상황에 처하면 분명히 그렇게 행동했을 것이다. 그 상황에 처해 보지 않고서 함부로 말할 수는 없다. 그러나 그렇다고 우리 조상들의 오류를 덮어 놓고 잘했다고 할 수도 없는 노릇이다. 역사에서 한 사람의 잘못은 그 사람의 잘못으로만 끝나지 않는 법이니 말이다. 아무리 의도가 선했더라도 한 사람의 잘못된 인도가 얼마나 많은 후대 사람을 엉뚱한 곳으로 이끄는지 모른다. 시오노 나나미는 「로마인 이야기」한길사 역간에서 "아무리 나쁜 결과로 끝난 일이라도, 그것이 시작된 당초의 동기는 훌륭한 것이었다"라는 카이사르의 말을 우리에게 전한다. 좋은 동기로 시작한 일이라도 얼마든지 나쁜 결과로 끝날 수 있는 법이다. 후대인들은 두 가지 사실을 동시에 기억해야 할 것이다. 첫째는 지금의 나쁜 결과가 처음에는 선한 동기로 시작되었다는 것이고, 둘째는 아무리 선한 동기로 시작했더라도 나쁜 결과를 맺을 수 있으니 늘 겸손하고 조심해야 한다는 것이다. 이것이 역사가 우리에게 주는 교훈이다.

메가처치 현상은 어떤 사람이 의도적으로 만든 결과물이 아니다. 목회자들은 자신에게 주어진 조건과 환경에서 선한 동기를 가지고 나름의 최선을 다했을 뿐이다. 그리고 그런 과정에서 이 기이한 현상이 점점 우리 눈앞에 나타나기 시작했다. 때문에 이 현상은 누군가의 책임이라고 매도할 수 있는 성질의 것이 아니다. 그래서 '어느 목사가 문제네, 어느 교회가 문제네'라고 함부로 비난해서는 안 된다. 그러나 누군가가 악한 의도로 만들어 낸 일이 아니라고 해서 또 모두가 다 선한 의도로 시작한 일이라고 해서 그것이 옳은 일이라 할 수는 없다. 메가처치 현상이 누군가가 악한 의도로 교회 안에 유포한 것은 아닐지라도, 우리는 이 현상에 대해 분별력을 발휘해야 한다. 과연 이 일이 옳은가? 성서적으로 합당한가? 예수 그리스도를 통해 나타난 계시와 그분의 가르침에 부합하는가? 바로 이것이 바울이 말했던 영적 전쟁의 실상이 아닐까 싶다. 옳다. 우리의 싸움은 혈과 육의 싸움이 아니라, 정사와 권세와 세상 주관자들과 어둠의 영들과의 싸움이다. 그래서 우리는 이 세대를 본받지 말고 마음을 새롭게 함으로 변화를 받아 하나님의 뜻이 무엇인지를 분별해야 한다.

이 시대의 그리스도인들은 바로 우리 앞에 나타난 메가처치 현상에 대해 이러한 영적 분별력을 가질 수 있도록 노력해야 할 것이다. 하지만 어려운 점이 있다. 말했듯이 메가처치 현상은 2천 년 교회의 역사 속에서 대단히 새로운 현상이다. 따라서 우리는 이 현상을 객관적으로 조망할 수 있도록 도와주는 교회의 전통이나 신학적 이론을 가지고 있지 못하다. 이 현상을 어떻게 보아야 할지에 대해 배운 바가 없다. 66권 신구약 성서 전체도, 베드로나 바울과 같은 사도들도, 오리게네스Origenes나 아우구스티누스Augustinus와 같은 교부들도, 아시시의 프란체스코Francesco나 도미니쿠스Dominicus와 같은 수사들도, 루터Martin Luther나 칼뱅John Calvin과 같은 종교개혁자들도, 웨슬리John

Wesley나 에드워즈Jonathan Edwards와 같은 부흥 운동가들도 메가처치 현상에 대해서는 아무런 언질을 주지 않았다. 그렇다고 해서 이 현상을 도외시할 수는 없다. 메가처치 현상은 지금 우리 눈앞에 나타났다. 부정할 수 없는 엄연한 현실이다. 현실이기 때문에 옳은 일이라고 할 수는 없다. 그래서 메가처치 현상을 무조건 하나님이 허락하신 결과이며, 나아가 하나님의 능력의 결실이요, 성령이 역사하신 산물로만 보아서는 안 된다. 그런 측면이 있을 수 있음을 부정하려는 것이 아니다. 그러나 그 이면에 도사리는 위험성, 기만성, 유혹 등의 측면을 간과해서는 안 된다는 뜻이다. 이제 메가처치 현상을 논의하는 장으로 여러분을 초대하고자 한다.

# 제2장

# 메가처치의 형성을 위한 사회적 조건

메가처치는 문화적 교회다. 이는 문화가 꽃피는 교회라는 뜻이 아니라 세상 문화를 적극적으로 수용한 교회라는 뜻이다. 교회가 수용한 세상 문화란 무엇인가? 메가처치는 우선적으로 근대 문화를 적극적으로 수용한 교회다. 특히 근대 자본주의와 테크놀로지의 적극적 수용을 통해 탄생할 수 있었다. 아울러 메가처치는 포스트모더니티 역시 과감하게 수용한다. 그래서인지 메가처치의 예배는 하비 콕스Harvey Cox가 말하듯 '바보제the feast of fools'가 부활한 것 같은 인상을 준다. 이처럼 메가처치 현상은 사회문화적 조류와 흐름을 교회가 적극 수용함으로써 생겨난 것이다.

메가처치가 문화적 교회요, 메가처치 현상이 세속적인 조류와 긴밀하게 연관되어 있다는 사실을 기억하는 것은 중요하다. 그것은 메가처치 현상에 대한 통속적 견해를 비판적으로 검토할 수 있기 때문이다. 보통 사람들은 메가처치를 가리켜 '성령께서 강력하게 역사한 결과'요 '하나님이 넘치는 축복을 부으신 결과'라고 한다. 그러나 메가처치는 성령님의 역사나 하나님의 축복의 결과이기에 앞서 교회가 세속적 흐름을 적극적으로 수용함으로써 생겨난 결과다. 따라서 메가처치는 태생적으로 세속적이다.

## 1. 대중의 출현

그렇다면 교회가 받아들인 세속적 흐름에는 어떤 것들이 있는가? 첫 번째는 '대중'의 출현이다. 오르테가 이 가세트Jose Ortega y Gasset의 「대중의 반역」*La Rebelion de las masas,* 역사비평사 역간에 의하면 19세기경에 갑작스럽게 대중이 출현했다고 한다. 1,800년대까지 유럽 인구는 1억 8천만 명을 넘은 적이 없다. 그런데 1,800년부터 제1차 세계대전까지 유럽 인구는 갑작스럽게 4억 6천만 명으로 성장한다. 거의 세 배나 증가한 셈이다. 전 세계 인구는 1,800년까지 6억을 넘지 않았다. 그러나 불과 100년 사이 세계 인구는 16억으로 성장하고, 다시 100년이 지나면서 65억으로 성장했다. 이처럼 급속한 인구 증가가 만들어 낸 한 가지 중요한 현상은 '양'과 '수'로 승부하는 거대한 무리, 곧 '대중'이 출현했다는 사실이다.

대중의 출현으로 말미암아 더 이상 빈 자리는 남지 않게 되었다. 곳곳마다 사람들로 가득하다. 거대한 무리의 장면이 온 세상 구석구석을 가득 채우게 되었다. 여기 저기 사람들이 쏟아져 나오기 시작했다. 거리에도 사람들이 가득하고, 기차역이나 오페라홀, 식당, 백화점, 공원 등에 사람들이 넘치기 시작했다. 마치 대접에 물이 넘치듯 모든 곳은 갑자기 사람들로 넘치기 시작했다. 대중의 위력, 곧 '숫자'가 위력을 발휘하게 된 것이다.

대중은 자신들의 무기인 숫자로 자신들의 생生의 권리를 감연히 주장하기 시작했다. 예컨대 1820년대 파리에서 욕실 딸린 주택은 단 열 채밖에 안 되었지만, 대중은 모두가 이런 주택을 소유할 권리를 누려야 한다고 주장했다. 모두가 소비하고, 소유하고, 누릴 권리가 있다는 것이다. 그리고 이러한 권리를 막는 어떠한 제한이나 장벽도 용납할 수 없다고 주장했다. 그 전까지는 누구나 자신의 생에 제한이 있다는 사실을 인정했으나 대중은 이제 이를 거부했다. 생의 제한은 급속하게 제거되었으며, 무한대의 소비, 소유, 향유의 욕망이 화산처럼 폭발했다. 그리고 이러한 대중의 권리 주장으로 말미암아 근대 세계의 '거대화' 현상이 나타나게 된다.

대중의 분출하는 욕망 덕분에 모든 것이 커졌다. 백화점, 식당, 극장, 역, 공원 등, 이 모든 것은 '똑같이 누리는 권리'를 가진 대중을 위해 커지지 않으면 안 된다. 자신의 권리를 당당히 주장하는 대중을 위해 백화점도 커졌고, 극장도 커졌으며, 상품은 대량생산되었고, 도시는 폭발했다. 그렇게 하지 않을 수 없었다. 누가 감히 대중의 요구를 내칠 수 있단 말인가? 그리고 교회도 바로 이 대중을 받아들임으로써 커졌다. 이것이 메가처치다. 따라서 메가처치는 대중 교회mass church다.

## 2. 도시화

두 번째로 지적할 것은 도시화다. 과거에도 도시는 있었다. 그러나 19세기 이후 전혀 새로운 도시가 나타났다. 이것을 근대 도시라고 한다. 근대 도시의 가장 큰 특징은 과거와 비교할 수 없는 거대한 규모다. 18세기 말과 19세기 초, 사람들이 도시로 이동하기 시작했다. 이것은 주로 산업화와 함께 일어난 현상이다. 그러자 도시가 팽창하기 시작했다. 이 팽창이 너무도 갑작스러워 이를 '도시 폭발'이라 부른다. 과거에는 도시의 외곽을 제한하는 성벽이 있었다. 대포의 출현과 함께 유명무실해졌지만, 그래도 성벽은 도시의 경계를 정하는 중요한 상징이었다. 그런데 19세기에 갑작스럽게 밀려든 사람들 때문에 도시는 성벽 밖으로 차고 넘쳐 버렸다. 너무나 갑작스럽게 일어났기 때문에, 이를 가리켜 도시 폭발이라고 불렀다. 근대 도시는 성곽과 같이 도시의 크기를 제한하는 경계선이 없다. 도시는 무한히 확장가능한 공간이 되었다. 인구 1천만 명 이상이 사는 초거대도시, 메트로폴리스metropolis가 출현하는가 싶더니 이제는 메트로폴리스끼리 결합된 메갈로폴리스megalopolis 시대가 도래했다. 머지않아 세계는 하나의 코스모폴리스cosmopolis로 통합될 전망이라고들 한다. 이처럼 도시는 끊임없이 거대해지며, 사람들은 계속해서 도시로 몰려온다. 이것이 근대 도시의 특징이다.

근대 도시의 또 한 가지 특징은, 사람들이 사는 일반적인 공간이 되었다는 것이다. 18세기까지 도시란 극히 예외적인 공간이었다. 사람들은 거의 대부분 비非도시지역에 살았으며, 1800년대 이전까지 전 세계의 도시 인구는 10퍼센트를 넘지 않았다. 우리 나라의 경우, 19세기 말에 인구가 5만 명 이상인 도시는 서울과 부산뿐이었으며, 대부분 1만 명을 넘지 않았다. 그러다가 갑자기 전 세계 인구가 도시로 집중하기 시작했다. 현재 전 세계 인구의 절반 이상이 도시에 살며, 선진국을 비롯한 우리 나라의 경우에 도시 인구는 전체 인구의 80퍼센트에 육박한다. 전문가들은 이와 같은 추세가 더욱 가속화되어 종내 전 세계의 모든 인구가 도시에만 살 것이라고까지 말한다. 오늘날 도시에 반대되는 농촌은 사실상 존재하지 않는다. 농촌은 자급 능력을 잃어버렸으며, 식량 공급소로 도시에 편입된 지 오래다. 그러니 사람이 사는 모든 곳이 이미 도시로 뒤덮였다고 해도 과언은 아니다.

메가처치는 바로 이 근대 도시에 세워진 교회다. 도시가 없다면 메가처치도 없다. 메가처치 현상은 근대 도시가 만들어 낸 현상이다. 메가처치는 근대 도시의 여러 특성을 적극 수용했다. 그래서 메가처치는 완벽하게 도시에 적응된 교회다. 그리고 더 나아가 메가처치는 그 자체가 하나의 작은 도시다. 모든 메가처치는 자기만의 작은 도시를 꿈꾼다. 메가처치의 모든 조직·구조·활동은 도시의 축소판이다. 그래서 메가처치는 도시성cityness으로 충만하다. 도회적인 흥분, 자극, 세련미, 추상성, 익명성 등이 메가처치 안에 고스란히 담겨 있다. 당연한 것이 아니냐고? 아니다. 초대교회도 도시에 있었지만, 그들은 철저히 반反도시적이었다. 어쨌든 메가처치는 도시성을 적극 수용한 도시 교회urban church다.

## 3. 테크놀로지

세 번째로 주목할 것은 테크놀로지의 발전이다. 테크놀로지가 없다면 메가처치도 없다. 메가처치에는 성장의 한계가 없는데, 이는 성장의 한계를 넘어서게 하는 가공할 만한 테크놀로지의 발달 덕분이다. 예를 들어 교통의 발전은 이동의 자유를 보장해 주었고, 이동의 자유는 성장의 한계를 넘어서게 했다. 그래서 제주도에 사는 사람도 비행기로 서울에 있는 교회에 출석할 수 있게 되었다. 물론 이것은 극단적인 경우지만, 대부분의 메가처치 교인은 교회버스, 자가용, 대중교통 등을 이용하여 전국 어느 곳의 교회든 마음대로 출석할 수 있다. 메가처치는 점퍼들jumpers의 교회다.

목사의 설교를 어느 곳으로나 전송할 수 있는 전자 테크놀로지의 발전도 빼놓을 수 없다. 목사는 더 이상 멀리 있는 사람에게 설교하기 위해 목소리를 높일 필요가 없다. 마이크를 쓰면 되고, 소리가 작으면 볼륨을 조금 키우면 된다. 너무 멀어져서 목사의 얼굴이 보이지 않으면 스크린을 통해 얼굴을 소리와 함께 전송하면 된다. 메가처치의 상징처럼 되어 버린 초대형 스크린은 목사의 얼굴을 얼마든 크게 키울 수 있다. 그래서 수만 명이 운집하는 돔형 실내 체육관에서도 천정에 매달린 4면 대형 스크린을 통해 머리카락이 보일 정도로 목사의 얼굴을 확대해 보여 줄 수 있다. 뿐만 아니라 전자 테크놀로지는 메가처치를 본당 중심에서 벗어나도록 돕는다. 메가처치는 본당을 넘어선 교회다. 부속실로 케이블을 빼서 신호를 보내면 본당 밖에서도 얼마든지 예배를 드릴 수 있기 때문이다. 심지어 위성 송출을 통해 전 세계 어느 곳에서라도 동시에 예배를 드릴 수 있다. 더 나아가 집에서 클릭 한 번만 하면 인터넷을 통해 화상으로 예배를 드리고 교회의 전자결제 계좌에 헌금을 송금할 수 있다. 이쯤 되면 메가처치의 외곽 경계선은 완전히 사라진 것이다.

테크놀로지는 메가처치의 필수 요소다. 규모 때문에 테크놀로지에 의존할 수밖에 없다. 규모가 작으면 테크놀로지에 대한 의존도가 낮지만, 규모가 커질수록 그 의존도는 걷잡을 수 없이 커진다. 메가처치는 테크놀로지 의존적인 교회다. 부속실에서 TV 화면으로 예배를 드리는데, 갑자기 음향시스템에 문제가 생겨서 소리가 안 들리고 화면만 보이는 경우를 생각해 보라. 이런 경우 예배는 엉망이 되고 말 것이다. 이는 메가처치가 얼마나 테크놀로지에 의존하는지를 보여 주는 한 예다. 그러니 메가처치는 실상 테크노처치인 셈이다.

테크놀로지란 단순히 기계장치나 장비가 아니다. 자크 엘륄Jacques Ellul에 의하면, 테크놀로지는 '목표하는 바를 가장 효율적으로 달성할 수 있게 하는 방법들의 총화'다. 이런 점에서 테크놀로지는 정신의 문제요, 태도의 문제며, 나아가 그 자체가 하나의 정신spirit이다. 메가처치 안에서 이루어지는 대부분의 프로그램은 전부 테크놀로지다. 행정기술, 조직기술, 경영기술 등 무진장한 테크놀로지가 교회를 유지, 관리, 성장시킨다. 무엇보다 심각한 것은 선전propaganda 테크놀로지다. 세속적인 광고 기법, 심리학적 발견, 통계조사 방법 등을 도입한 설교, 교육, 예배는 테크놀로지의 위대한 개가다. 테크놀로지를 소유한 메가처치는 마음먹은 대로 사람들을 감동시키고, 울거나 웃게 할 수 있다. 초 단위, 분 단위로 계획된 큐시트에 의해 통제되는 메가처치의 예배는, 원하는 시점에 목표하는 만큼 청중들에게 은혜를 끼칠 수도 있다. 마음만 먹으면 원하는 시점에 78퍼센트의 청중을 울게 만들 수도 있을 것이다. 그러면서 사람들은 테크놀로지의 능력을 성령의 능력이라고 착각한다. 메가처치 안에는 테크놀로지의 영spirit이 운행한다. 참으로 메가처치는 테크노처치techno church인 것이다.

## 4. 시장 경제의 출현

메가처치의 출현을 가능하게 만드는 결정적인 요인 중 하나는 자본주의의 출현이다. 자본주의는 18-19세기에 서양에서 출현한 매우 특이한 경제 체제다. 자본주의의 여러 특징이 있겠지만, 본 논의와 관련해서는 자본주의가 시장 경제 체제라는 사실에 주목하고자 한다. 시장 경제의 원리는 단순하다. 판매자가 상품을 시장에 내놓으면 소비자가 돈을 주고 물건을 사는 것, 이것이 시장 경제의 원리다. 사실 이것은 그다지 새로운 원리가 아니다. 동서고금을 막론하고 이렇게 물건을 시장에 내다 팔고 사는 시장은 어디에나 있었다. 그러나 19세기 이후에 출현한 시장은 독립적이고, 자율적이라는 점에서 전혀 새로운 것이다.

시장 경제란 바로 이 자본과 시장의 자율성을 신뢰하는 경제 체제다. 과거에는 자본과 시장이 독립적일 수 없었다. 시장의 질서는 왕이나 국가, 교회와 같은 수없이 많은 외부 세력에 의해 끊임없이 간섭과 제재를 받아 왔다. 그러나 19세기 이후에 자본과 시장은 전적으로 자율적인 것이라 여겨졌고, 따라서 시장의 질서는 왕이나 국가가 아니라 시장 자체가 스스로 수립하는 것이 바람직하다고 믿게 되었다. 시장에 맡겨 두면 시장이 알아서 질서를 세우고 유지할 수 있다는 것이다. 어떻게 이런 일이 가능하단 말인가? 시장에서 여러 판매자가 물건을 내다 팔고 여러 소비자가 물건을 사려고 할 텐데, 이들의 판매 경쟁과 소비 경쟁이 저절로 합리적인 가격조정을 할 수 있다는 것이다. 국가가 개입하지 않고 방임해 둔다면 시장은 판매와 소비, 공급과 수요가 맞물려 알아서 잘 굴러갈 것이라는 믿음, 더 나아가 이것이 보이지 않는 신의 손이 개입한 것이라는 믿음이 19세기에 출현한 시장의 특징이다. 이 시장 경제의 원리가 자본주의 체제를 가동시키는 중요한 원리다.

놀랍게도 메가처치는 이 시장의 원리를 그대로 받아들였다. 메가처치는 시장 상황에서만 세워질 수 있다. 시장 상황이 도래했다. 오늘날 교회는 시장에 내몰리고 있으며, 그 결과 교회와 신자들은 기독교 신앙을 판매하도록 그리고 그 신앙을 구매하도록 설득당한다. 그래서 여러 판매자가 상품을 시장에 내놓으면 소비자들이 상품을 원하는 가격에 구매하듯이, 교회도 똑같은 방식으로 기독교 신앙을 판매하고 구매한다. 심지어 자신이 원하는 프로그램을 찾아 이 채널 저 채널 재빨리 이동하는 채널 하퍼channel hopper처럼, 손쉽게 기독교라는 시장에서 구매 상품인 교회를 옮기는 처치 하퍼족들이 등장했다. 이는 과거엔 도무지 있을 수 없는 일이었다. 일부를 제외하면, 과거에는 교회가 신자를 선택했지 신자가 교회를 선택하지 않았다. 그러나 오늘날 신자는 시장에 나와 있는 여러 교회 중 자신이 원하는 교회를 선택할 수 있는 자유를 얻었다. 메가처치는 시장에서 판매 경쟁에 성

공한 교회며, 작은 교회는 판매 실적이 부진한 교회다. 하지만 주목해
야 할 것은, 크든 작든 모든 교회는 종교 시장에 자리잡으며, 자유경
쟁 시장의 원리를 수용하도록 압력을 받는다는 사실이다. 따라서 큰
교회나 작은 교회나 결국 동일한 원리에 의해 움직인다. 이런 점에서,
오늘날 모든 교회는 시장교회market church다.

# 제3장

# 시장 자본주의 논리에 잠식당한 교회

메가처치는 대중의 출현, 도시화, 테크놀로지의 발전 그리고 시장 주의 등의 상황을 고스란히 받아들임으로써 생겨났다. 그 중에서도 가장 중요한 것이 바로 시장 자본주의다. 교회는 시장 상황을 마치 하나님의 섭리라도 되는 양 전적으로 수용했다. 시장 논리가 교회에 침투했으며, 기독교 신앙의 영역으로 파고들었다. 하지만 교회는 이를 분간하지 못했을 뿐 아니라 도리어 환영했다. 그렇게 해서 생긴 것이 메가처치다. 시장 상황 속에서 메가처치는 기업이 되었으며, 기업이 된 메가처치는 비즈니스를 하고 있다. 교회가 비즈니스를 하는 기업이라는 사실은 불신자라면 다 아는 사실이다. 교회만 아니라고 우길 뿐이다. 기업이 되어 버린 메가처치, 이것이 오늘날 우리 교회의 슬픈 초상이다.

## 1. 고객의 탄생

고객이 탄생했다. 시장 상황에서 구도자들은 고객으로 존재한다. 고객이 되어 버린 오늘날의 구도자들은 자신의 삶을 전적으로 새롭게 바꿀 생명의 진리에는 관심이 없다. 이들은 다만 일용품으로서의 종교에 관심이 있다. 일용품 종교란 무엇인가? 파스칼이 말한 대로, 만에 하나 있을지 모를 지옥의 불행을 피할 수 있는 '보험증서'를 의미한다. 또 일용품 종교란 한 주간의 긴장된 삶을 잠시 이완해 줄 '기분 전환'을 말하며, 바라는 바를 '빌 대상'을 말하며, 자신감으로 충전시켜 줄 '격려자'를 말하고, 자신의 삶을 한번쯤 돌아보게 하는 '자기 성찰'을 말한다. 그리고 마음이 동하면 몇 푼의 헌금으로 참여할 수 있는 '구제 사업'을 말한다. 오늘날 구도자는 이곳저곳 교회를 전전하며 자신의 필요를 채워 줄 일용품 종교를 구매하고 다닌다. 고객이 탄생한 것이다!

도대체 언제부터 교회에 고객이 생겨난 걸까? 고객이 출현하게 된 결정적인 원인은, 사람들이 신앙에 대한 '선택권'을 가지게 된 데 있다. 피터 버거Peter Berger식으로 말하자면, 과거에 신앙은 운명적인 것이었다. 초대교회는 교회 입문에 참된 제자의 열매를 요구했기에 또 중세교회는 기독교 제국의 지배력을 행사했기에, 선택권은 교인이 아니라 교회에 있었다. 그러나 종교개혁은 이 모든 것을 바꾸어 놓았다. 신앙이란 처음에는 국가나 도시가 그리고 나중에는 개인이 선택할 수 있는 어떤 것이 되었다. 물론 이 시발始發은 교회의 분열 때문이었다. 종교개혁과 함께 사람들은 신교나 구교냐를 선택할 수 있게 되었으며, 다시 신교는 루터교, 위그노교, 성공회, 개혁파, 장로교, 아나뱁티스트, 침례교, 퀘이커교 등을 선택할 수 있게 되었다. 여기서 만족하지 못한 채 사람들은 더 자유로운 선택권을 추구하게 되는데, 이것이 신대륙으로의 이주를 촉발했다.

따라서 미국은 처음부터 자유의 나라였으며, 그리하여 선택의 나라였다. 수정헌법 제1조는 미국이 국교를 인정하지 않는 나라임을 명시한다. 이것이 의미하는 바는 역사상 최초로 미국에서의 모든 교단이나 교파는 자유 경쟁의 상황에 놓이게 되었다는 뜻이다. 그리하여 처음으로 사람들은 교회나 교단을 자유롭게 선택할 수 있게 되었다. 유럽 계몽주의의 영향으로 '신앙의 자유'는 '양심의 자유' 혹은 '사상의 자유'라는 이름으로 정당화되었다. 자유권은 하늘이 부여한 인권 중 가장 중요한 권리로 정당화되었다. 특히 미국은 자유의 나라가 아닌가. 유럽으로부터의 독립을 쟁취한 신생 국가 미국은 새로운 하나님, 곧 '자유의 여신'을 숭배하기에 이른다.

자유로운 선택의 권리인 자유권은 19-20세기를 지나면서 더욱 강화되었다. 이것은 대중의 지위 향상과 관계가 있다. 19-20세기에 시민권의 확대를 위한 지속적인 투쟁이 있었으며, 이와 함께 민주주의는 꾸준히 발전했다. 그 결과 모든 사람에게 동등한 참정권, 특히 투표권이 주어졌다. 그래서 이제 사람들은 '유권자'가 되었으며, 대중은 '표밭'이 되었다. 대중에게 권력이 주어진 것이다. 그뿐 아니라, 자본주의의 발전은 또한 각 개인을 '소비 주체'로 승격시켰다. 사람들이 모인다는 것은 곧 돈이 모인다는 것을 의미했다. 이제 숫자는 힘이 되었다. 강력한 힘을 소유하게 된 대중은 모든 영역에서 자신의 '숫자의 힘'을 주장하게 되었고 여론으로 세상을 움직일 수 있게 되었다. 대중 독재가 출현한 것이며, 교회라고 해서 예외는 아니다. 대중은 교회의 최고 고객이 되었다.

악순환은 계속되었다. 교회의 분열은 자유를 확대했고, 자유의 확대는 다시 교회의 분열을 더욱 촉진했다. 마음에 안 맞으면 그냥 갈라서 버렸다. 교회의 분열은 분파주의와 이단의 폭발을 초래했다. 19세기를 지나면서 신종 이단들이 봇물처럼 쏟아져 나왔다. 밀러라이트, 몰몬교, 제7일 안식교, 크리스천 사이언스, 여호와의 증인 등, 피터 버거의 말대로 바야흐로 '이단의 시대'가 된 것이다. 하지만 누가 이들을 막을 수 있을 것인가? 무슨 권리로 신앙의 자유권을 제한할 수 있을 것인가?

이 같은 현상은 미국만의 것이 아니었다. 우리 나라도 해방 이후 6.25를 전후하여 교회를 가르는 붐이 일어났다. 조금만 의견불일치가 생기면 그냥 찢어 버렸다. 신사참배 문제로 장로교에서 고신파가 떨어져 나갔다. WCC 가입 문제로 통합과 합동으로 나뉘고, 합동으로부터 다시 교단의 전횡에 반대하여 개혁교단이 떨어져 나갔다. 자유주의 신학의 문제로 기독교 장로회가 예수교 장로회로부터 또 떨어져 나갔다. '예수'와 '그리스도'가 갈린 것이다. 그리고 이것은 유행이 되었다. 감리교도 기감과 예감으로, 성결교도 기성과 예성으로 갈라졌고, 침례교는 이단 논란이 있기는 하지만 역시나 기침에서 예침이 떨어져 나왔다. 순복음교회도 마찬가지다. 이러한 교회 분리는 이단의 출현으로 이어졌다. 박태선, 문선명, 정명석 등에 의해 수많은 이단이 만들어졌으며, 지금도 구원파, 안산홍 증인회, 신천지 등으로 이

어저 내려온다.

참으로 역설적인 것은 이러한 교회의 분리가 교회의 성장을 낳았다는 것이다. 분리된 후에 교회는 맨 먼저 신학교를 세웠고, 신학교가 목회자들을 양산하여 내보내면 목회자들은 목숨을 걸고 교회를 세우고 사역을 하니 교회가 성장할 수밖에 없던 것이다. 1960-1970년대의 유래가 없는 엄청난 한국 교회의 부흥은 교회를 찢어 얻은 대가가 포함되어 있다. 그러나 교회의 핵분열로 말미암는 신학교의 난립과 목회자의 대량 양산은 점차 교단의 힘을 약화하는 결과를 초래했다. 이는 교단이 개교회에 일일이 책임 있는 지원을 해주지 못하게 되었기 때문이고, 또 교단 하나를 갈라 세우는 것이 밥 먹는 것만큼이나 쉬우니 그만큼 교단의 치리 권능이 약화되었기 때문이다. 교회가 많아지고 교단이 위축되면서 교회들은 점점 더 치열한 생존 경쟁으로 내몰리게 되었다. 그리하여 완벽한 시장 상황이 조성된 것이다. 교단의 영향력이 약화되자, 이제 교회는 순전히 시장 상황 한복판에 '개교회'로 내동댕이쳐진다. 이것이 오늘날의 '개교회주의'의 모습이다. 바야흐로 교회의 무한분열이 종착점에 도달한 것이다. 모든 교회는 각자 홀로 존재한다.

교회의 이러한 무한분열은 고객에게 그만큼 넓은 선택의 폭을 제공하게 되었다. 교단이나 교파, 신학이나 전통은 아무래도 좋다. 이 얼마나 놀라운 신앙의 자유인가? 이 얼마나 풍성한 선택의 기회인가? 사실 이러한 선택의 폭은 기독교 안에만 국한되지 않고 전 종교로 확장되고 있다. 모든 교회와 교파 그리고 모든 사상과 종교는 종교시장에 자신들의 특성화된 상품을 내밀며 고객의 선택을 기다린다.

시장 상황은 신학이나 전통은 부차적인 것이 되게 만든다. 가장 중요한 것은 판매와 구매다! 신교나 구교 그리고 종교를 막론하고, 모든 사상과 종교는 이러한 시장 상황을 자명한 것으로 받아들였다. 그리하여 오늘날 믿는다는 것은 백화점에서 상품을 구매하는 것과 비슷하다고 생각하게 되었다. 이와 함께 교회의 메시지도 심각하게 변했다. 오르티즈Juan Calos Ortiz의 말에 의하면, 현대 교회는 "나를 따르라"고 하신 주님의 명령을 "예수님을 믿어 보지 않으시겠어요?"라는 호객 행위로 바꾸어 놓았다.

이러한 변질된 메시지는 성서나 초대교회의 메시지와는 전혀 다른 것이다. 초대교회는 믿고 싶다고 해도 절대로 아무나 받아들이지 않았다. 엄격한 심사를 통과하지 않고서는 신자가 될 수 없었다. 그러나 오늘날 천박한 기독교는 '믿기만 하면 구원받는다'며 면죄부를 남발한다. 천박한 기독교에서 구원은 자동으로 전제가 되었고, 남은 것은 구도자의 선택뿐이다. 고객의 선택은 곧 구원 자체다. 현대 교회에서 더 이상 그리스도는 왕이 아니다. 고객이 왕이다. 현대의 구도자는 물에 빠져 '살려 달라'고 절규하는 자가 아니라, 거드름을 피우며 백화점에 진열된 상품들을 구경하는 고객이며 구매자다.

## 2. 기업의 출현

고객의 탄생과 동시에 기업이 출현했다. 오늘날 교회는 고객의 필요를 충족시키는 기업이다. 교회는 지난 수세기 동안 스스로를 상품 판매자로 변신시켜 왔다. 메가처치는 교회가 자신을 기업, 곧 상품판매자로 변신시킨 결과다. 사람들은 말한다. '교회의 변신은 무죄!'라고. 어찌하여 오늘날의 그리스도인들은 교회의 이 기묘한 변신을 '무죄'라고 판결하는가?

교회는 언제부터 기업이 되기 시작했을까? 교회가 기업이 되기 시작한 시점은 서로 경쟁하면서부터다. 그리고 이러한 경쟁은 역시 교회의 분리로부터 시작했다. 정리하면, 교회가 갈라지자 경쟁하게 되고, 경쟁이 시장상황을 만들어 낸 것이다. 시장의 관점에서 볼 때, 16세기 종교개혁은 가톨릭의 시장 독점권을 박탈한 효과를 발생시켰다. 신교 진영과 구교 진영 간의 길고 지루한 30년 전쟁 끝에 양측은 서로의 종교 시장을 넘보지 않기로 하는 베스트팔렌 조약을 맺는다. 이제 유럽은 신교 진영과 구교 진영으로 반 토막이 났다. 그리고 신교 진영은 다시 여러 조각으로 갈라졌다. 대단히 흥미로운 것은 이 시기를 전후로 가톨릭 진영이 해외 선교에 열을 올리기 시작했다는 사실이다. 무엇 때문이었을까? 가톨릭 내부의 종교개혁을 성공적으로 이끈 예수회의 공헌이라는 평가도 있지만, 시장의 관점에서 보면 가톨릭교회는 유럽에서 잃어버린 시장을 개신교가 미처 눈을 돌리지 못한 미개척지인 해외시장에서 되찾고자 했던 것이다. 바야흐로 시장 질서가 확대되기 시작했다.

하지만 시장 상황은 북미의 신대륙에서 본격적인 시작을 알려왔다. 1620년 메이플라워호가 뉴잉글랜드의 플리머스 항에 도착하기 전후로 유럽의 수많은 교회가 신대륙으로 넘어왔다. 뉴 암스테르담의 화란개혁교회, 델라웨어의 스웨덴 루터교, 롱 아일랜드와 뉴저지의 스코틀랜드 장로교, 버지니아 지역의 성공회, 퀘벡 지역의 가톨릭,

펜실베이니아의 독일 경건주의 등 초기에는 그런대로 각 교회, 교파 간의 지역주의가 잘 지켜지는 편이었다. 하지만 두 번의 부흥 운동, 독립전쟁, 도시화, 서부 개척 등의 요인으로 지역주의는 빠르게 무너져갔다. 이는 국교가 없는 미국에서 모든 교회와 교파는 처음부터 자유 경쟁으로 자신들의 교세를 불려나가야 한다는 뜻이었다. 계속되는 거대한 이민의 물결은 고객의 증가와 시장의 확대를 의미했다. 이 시기를 전후로 발생한 대부흥 운동은 한편으로는 영혼을 향한 순수한 사랑으로 촉발된 것이지만, 동시에 여러 교파가 경쟁하는 상황에서 자기 교세의 확대를 도모하려는 동기에 의해서도 불꽃이 지펴진 것이라고 할 수 있다. 한 마디로 교회가 '고객'을 발견한 것이다.

교회사에서 북미 신대륙의 독특한 점은 그 땅이 처음부터 선교적 상황이었다는 것이다. 1천 년이 넘게 국가교회를 통해 유아세례를 시행해 왔던 유럽에서는 나면서부터 전부 그리스도인이었기 때문에 선교나 복음 전도가 원칙적으로 성립할 수 없었다. 그러나 미국은 달랐다. '미국은 청교도들이 세운 기독교 국가'라는 식의 낭만화 된 건국 신화가 있기는 하지만, 사실 미국은 성인들에게도 복음을 전하고 세례를 베풀어야 하는 선교적 상황의 국가였다. 그리고 이러한 선교적 상황은 여러 교회와 교파에게 교세 확장과 발전의 기회를 주었다. 다른 말로 미국은 선교 각축장이었다. 이러한 선교의 경쟁적 상황이 미국 특유의 실용주의와 결합하면서 교회는 점차 '더 효과적인 선교'에 대해 눈을 뜨게 된다.

효과적인 선교에 대한 관심은 아르미니우스주의 신학의 산물이라는 통설과 달리, 칼뱅주의나 아르미니우스주의, 신교나 구교를 막론하고 예외 없이 모든 미국 교회와 종교의 공통된 관심사라고 할 수 있다. 효과적인 복음 전도에 대한 관심은 신학과 교단을 불문하고 복음주의 전체의 공통된 특징이라고 해야 맞을 것이다. 효과적인 선교에 대한 복음주의적 전통과 방법론은 19-20세기 미국 교회의 왕성한 선교 사역을 통해 전 세계로 퍼져 나갔다. 하지만 효과적인 선교에 대한 관심으로 고안되기 시작한 복음 전도의 방법론이야 말로 교회를 급속도로 기업화한 주원인이었다. 효과에 대한 복음주의자들의 관심은 점차 이윤에 대한 기업가들의 관심과 비슷한 것이 되어 갔기 때문이다.

시장 상황 속에서 교회는 자본주의의 소비자 중심주의 및 고객만족의 원칙을 충실히 받아들여 갖가지 신앙 상품을 개발하고 고객들을 유혹한다. 물론 이 상품의 내용은 대단히 성서적이고 복음적이다. 하지만 문제는 그것이 내다 팔리는 상품이 되었다는 것이다. 교회가 날마다 만들어 내는 기발한 신앙 상품들을 보고 있노라면 기가 막힐 지경이다. 메가처치는 그야말로 신앙 상품들이 즐비한 대형 할인마트다. 메가처치의 성장 방법이나 경영 기법, 마케팅 기술, 선전 테크놀로지 등은 아무리 보아도 세속 기업과 다를 바가 별로 없다. 그런데, 참으로 이상한 것은 이런 메가처치가 소위 '건강한 교회'의 모델과 표준으로 알려진다는 것이다. 하지만 우리는 메가처치는 교회가 기업화된 최종적 결과물이라는 사실을 분명히 알아야 한다.

교회가 기업과 만나기 시작하더니 요즘에는 아예 기업이 되고 말았다. 우리 나라도 꽤 오래 전부터 교회가 커피숍이나 서점, 출판사, 선교원 등을 운영해 오고 있다. 그런데 미국 메가처치의 상당수는 일찍부터 리무진 서비스, 항공 서비스, 교육 사업 등까지 해 왔다고 한다. 미국의 어떤 교회는 상가나 사무실 건물 혹은 창고를 지을 토지를 임대해 주는 임대차 사업을 하기도 하고, 아예 스포츠 센터, 요양시설, 심지어 쇼핑몰을 운영하는 교회도 상당수라고 한다. 또 주택단지 개발 사업에 참여하기도 하고, 숙박시설, 학교, 보육원, 재활훈련시설 등을 건축하고 운영하기도 한다. 물론 이러한 사업을 하는 이유가 지역사회를 위해 봉사도 하고 자연스럽게 교회성장도 도모할 수 있기 때문이라고 한다.

## 3. 자본과 시장의 논리

시장 상황 속에서 교회는 점점 자본과 시장의 논리에 종속하게 된다. 교회가 자본과 시장의 논리에 지배를 받는 몇 가지 징후만 살펴보자. 자본주의는 자본이 형성되지 않으면 생겨날 수 없는 경제 체제다. 자본은 큰 돈이다. 쌓이지 않는 돈은 자본이 아니다. 돈이 계속 쌓여 일정량을 넘기면 자본이 된다. 바로 이 초기 자본이 자본주의 경제 체제를 움직일 수 있게 했다. 역사를 살펴보면, 18세기까지 유럽에 거대한 자본이 축적되었는데, 이렇게 잔뜩 축적된 자본이 산업혁명이라는 불꽃과 함께 웅장한 폭발음을 울리며 자본주의라는 거대한 기관차의 엔진을 가동하기 시작했다. 이것이 자본주의의 기원이다.

축적된 초기 자본은 18세기 자본주의가 발생한 시점에만 중요한 것이 아니다. 자본주의 경제 질서 안에 들어오기를 원하는 모든 판매자와 기업에게도 초기 자본은 중요한 것이 되었다. 예를 들어, 음식

솜씨만 좋다고 식당을 하는 시대는 지났다. 목 좋은 곳에 점포를 임대하고, 멋지게 인테리어를 하고, 홍보를 할 정도의 최소한의 초기 자본이 없으면 장사를 할 수가 없다. 아이템만으로 사업을 할 수 없다는 말이다. 반드시 초기 자본이 있어야 한다. 흥미롭게도 교회도 똑같은 원리의 지배를 받는다. 교회도 아이템과 자본이 다 있어야 한다.

흔히들 요즘은 교회 개척이 잘 안 되는 시기라고 한다. 왜 그럴까? 그 실상인즉 목사가 하나님을 향한 사랑, 말씀에 대한 열정, 영혼을 향한 사랑, 인품과 도덕적 자질이 아무리 훌륭해도 종교 시장 진입에 필요한 초기 투자 비용을 지불할 능력이 없으면 아예 교회 시장에서 도태되어 버리기 때문이 아닐까? 같은 맛이라면 인테리어가 잘 된 식당을 찾는 것이 고객의 취향이듯, 오늘날 교회 고객들도 겉모양이 제대로 갖추어지지 않은 교회는 아예 얼씬도 하지 않는다. 이것은 어느 개인이나 교회를 탓할 일이 아니다. 그저 현실일 뿐이다. 그래서 최소한 100명 정도의 직업이 번듯한 교인, 예배당을 세로 얻을 수 있을 정도의 재정, 십자가나 의자, 강대상 같은 성구 및 집기, 신디사이저나 피아노, 드럼 같은 악기, 주일학교, 중고등부, 청년부, 성가대와 같은 기본적인 조직, 전도 및 양육 프로그램, 거기에 더하여 설교가 괜찮은 목사 등의 기본 조건이 갖춰져야 그 교회가 시장 상황에서 생존할 수가 있는 것이 현실이다.

하지만 일단 이런 식으로 개척을 하면 교회는 자본의 논리를 따를 수밖에 없다. 자본주의의 특징 중 하나는 '무조건적인 성장'이다. 이 상하게도 자본주의는 멈추어 서 있을 수가 없다. 꼭 자전거와 같다. 앞으로 나아가든지 넘어지든지 둘 중 하나다. 자본의 힘으로 시작한 교회도 이와 마찬가지다. 계속 페달을 밟아야 굴러간다. "자고로 성도를 굴려야 교회가 잘 되는 법"이다. 목사는 끊임없이 일을 벌여서 성도들을 굴려야 한다. 그런데 사실 이것은 조직의 간단한 생리일 뿐이다. 끊임없는 행사와 프로그램으로 교인들을 적당히 동력화해 주어야 조직에 활력이 생긴다는 것은 조직 관리의 기초다. 그냥 가만히 놔두면 교인들은 '안식'을 누리는 것이 아니라 '침체'돼 버린다. 이것이 시장질서 안에서의 교회의 모습이다. 그래서 현대 교회는 피곤한 교회다. 교회력에 따른 절기뿐만 아니라 정기 심령 부흥회, 사경회, 총동원 전도주일, 바자회, 수련회, 선교여행, 체육대회, 야유회, 특별 새벽기도회 등이 끊임없이 계획되고 시행되어야 하니 말이다. 물론 이 모든 행사는 하나님의 거룩한 사업이라는 이름으로 시행되어야 할 것이다.

특히 '성전 건축'이라는 기묘한 이름의 프로젝트는 대단히 중요하다. 왜냐하면 점점 커져가는 예배당은 교회 성장의 가시적인 징표요, 하나님 나라 건설에 대한 훌륭한 은유이기 때문이다. 사실 성전 건축 프로젝트는 개별 성도들의 여러 잡다한 요구와 불만을 깡그리 청소할 수 있을 정도로 강력한 공통의 목표의식을 설정할 수 있다. 또 눈물겨운 헌신의 드라마를 연출할 수 있으며, 하나님의 사업에 현실적으로 참여할 수 있는 구체적 방법을 제시할 수 있는 대단히 훌륭한 전략이다. 무엇보다 근사한 건물과 인테리어는 새신자를 전도하는 데도 큰 도움이 된다. 더불어 근사하고 쾌적한 공간과 감각적 인테리어, 최신식 장비까지 누릴 수 있으니 얼마나 금상첨화가!

이른바 '총동원 전도주일'이라는 교회성장 전략은 백화점 정기 바겐세일을 닮았다. 날짜가 정해지면, 교회 전체의 목표 인원을 정하고, 교구별, 구역별, 개인별 목표 인원을 할당한다. 각 개인은 나눠 준 용지에 후보자인 VIP명단을 기입하고 전도주일 당일까지 새벽마다 기도하며, 온갖 선물공세, 전화공세, 식사공세, 심지어 현금공세까지 제공하며 예배당으로 끌어당긴다. 물론 전도주일 당일은 교회의 축제날이다. 화려한 장식에 적당히 들뜬 분위기, 초특급 강사, 연예인 초청, 각종 영상과 특별 프로그램, CCM 가수, 강력한 복음 설교, 거기에 경품까지! 이것은 보험 세일즈나 백화점 바겐세일, 신천지와 같은 이단의 전도수법이 훌륭하게 버무려진 퓨전 스타일 복음 전도다. 이처럼 수단과 방법을 가리지 않고 사람들을 동원하는 수법을 가리켜 교회는 '영혼 구령'이니 '지상명령에 대한 순종'이니 '이웃에 대한 사랑'이라고 말한다. 아무리 이런 저런 변명으로 합리화하려고 해도, 영락없이 기업의 판매촉진 수법과 닮았으니 이 일을 어쩌랴!

# 제4장

# 메가처치의 뿌리를 찾아서(1): 대부흥 운동

자, 이제 메가처치가 출현하게 된 역사적 배경을 한번 살펴보자. 우리가 먼저 알아야 할 사실은 교회가 규모에, 그것도 지역 교회의 규모에 관심을 가지게 된 것은 대단히 최근에 나타난 현상이라는 점이다. 이는 무엇보다도 종교개혁이 일어나기 전까지 1,500년 동안 유지되었던 '교회는 하나'라는 신념 때문이었다. 교회가 하나이기 때문에 교회끼리 경쟁할 이유도 없었으며, 개교회 성장이라는 현상 역시 찾아볼 수가 없었던 것이다.

## 1. 규모에 대한 무관심

초대교회 때부터 살펴보자. 로버트 뱅크스Robert Banks나 프랭크 바이올라Frank Viola와 같은 이들의 말에 따르면, 당시 교회는 가정에서 모이는 작은 가정교회 모임과 그러한 가정교회가 지역이나 도시별로 함께 모이는 지역별 연합 모임이라는 두 가지 형태를 띠었다. 가령 "아굴라와 브리스가와 그 집에 있는 교회고전 16:19," "눔바와 그 여자의 집에 있는 교회골 4:15" 등은 가정교회 모임을 일컫지만, 고린도교회, 에베소교회, 빌립보교회, 마게도냐교회 등은 도시나 지역에 있는 연합 모임 형태의 교회를 일컫는다. 그러나 초대교회 교인들은 이러한 지역별 연합 모임조차 온 세상에 단 하나만 존재하는 전체 교회의 작은 모임이라는 생각을 분명하게 가지고 있었다. 세상에 교회는 그리스도의 신부뿐이었다. 따라서 일부 덕스럽지 못한 경우를 제외하고는 교회끼리 경쟁을 한다거나 개교회의 크기를 키운다는 것은 상상하기 어려운 일이었다.

교회가 하나라는 신념은 중세에 이르러 확고하게 제도화되었고, 이러한 제도화는 여러 면에서 많은 문제점을 만들어 냈다. 그럼에도 불구하고 전체 교회가 교황을 중심으로 하는 단 하나의 '보편적인' 교회를 이룬다는 신념은 중세 1천 년 동안 교회의 통일성을 유지하는 틀을 제공했다. 아울러서 콘스탄티누스 황제의 기막힌 정치적 타협안 때문에 기독교회는 로마식 행정구역 안에 편입되었으며, 제도적인 형태의 교구제가 확립되었다. 따라서 아주 특별한 경우를 제외하고는 교구 안에 여러 교회가 난립한다거나 경쟁하는 것은 상상도 할 수 없는 일이었다. 신앙은 기본적으로 제도적이고 사회적인 것이었으며, 운명과도 같은 것이었다. 개교회도 담임 신부가 제 뜻대로 할 수 없었다. 세계의 모든 교회가 교황청의 지시에 일사분란하게 따라야 했기에 경쟁이 존재할 리 만무했다. 아울러서 개교회가 자기 교회만의 성장에 관심을 가진다는 것은 있을 수 없는 일이었다.

종교개혁이 일어난 뒤의 유럽의 개신교회도 사정은 크게 다르지 않았다. 물론 유럽이 가톨릭 진영과 개신교 진영으로 갈라짐으로써 교회의 통일성이 깨진 것은 엄청난 변화라 할 수가 있다. 그래서 신자가 신교와 구교 사이에서 자신의 신앙노선을 따라 교회를 선택할 수 있었던 것도, 또 개신교 진영 내에서 루터파 교회, 칼뱅 개혁파 교회, 영국 성공회, 아나뱁티스트 및 기타 교회들 사이에서 하나를 선택할 수 있는 자유가 주어진 것도 과거와 비교하면 상상할 수 없는 혁명적 변화라 할 수 있다. 그럼에도 불구하고 신앙은 지역에 속한 교회를 따른다는 속지주의의 원칙을 따랐으며, 그래서 한 지역에는 한 종류의 교회만 존재하는 것이 원칙이었다. 아울러 국가나 시 정부는 관할 지역 내의 교회가 분리되는 것을 허용하지 않았다. 이와 함께 개신교회 역시 중세 교구제도를 그대로 받아들여서 교회의 난립과 경쟁을 허용하지 않았다. 이런 이유로 지역 교회들끼리의 경쟁은 원칙적으로 불가능했다. 때문에 특정 지역 교회가 자신의 규모를 키우려고 노력한 흔적은 찾아보기 힘들다. 최소한 신대륙 미국에 교회가 세워지기 전까지는 사정이 동일했다.


## 2. 18세기의 대부흥 운동: 규모에 눈을 뜨다.


그러다가 18세기에 놀라운 일이 일어났다. 갑자기 대부흥이 일어난 것이다. 18세기 영국과 미국을 강타한 제1차 대부흥 혹은 제1차 대각성 운동 때 교회는 점차 '규모'에 눈을 뜨기 시작했다. 과거에도 여러 가지 개혁과 부흥 운동이 있었으나 '숫자'와 '규모'는 부차적인 것이었다. 그러나 18세기 영국 성공회 내에서 시작된 부흥 운동은 교회로 하여금 무엇보다도 '숫자'와 '규모'에 관심을 가지게 만들었다. 메마른 설교와 교리 교육, 형식적인 예배에 지쳐 깊은 잠에 빠져 있던 대다수 교인이 어스킨 형제로부터 시작하여 휘트필드 그리고 웨슬리 형제로 이어지는 위대한 부흥 설교가들의 설교에 화들짝 놀라 깨어났다. 이들의 설교를 듣기 위해 사람들이 사방에서 몰려들었다. 교회당은 이들을 수용하기에 역부족이었기에, 최초로 야외에서 집회를 열게 된다. 사람들이 너무 많이 몰려와 야외에서 집회를 열 수밖에 없는 상황을 한번 상상해 보라. 하늘로부터 무한한 성령의 은혜의 소낙비가 쏟아져 내리는 것 같지 않은가! 아직까지 이런 역사는 한 번도 없었다. 놀라운 흥분과 감격이 사람들을 압도했다. 그리고 교회는 처음으로 숫자와 규모에 눈을 뜨게 된다.

## 3. 조지 휘트필드의 착각: 규모를 하나님의 역사로 혼돈함

역사상 가장 위대한 설교가로 꼽히는 휘트필드의 미국 사역은 그야말로 전설적이다. 회의주의자인 벤저민 프랭클린마저 휘트필드의 설교를 듣고는 고아원을 위해 전액을 헌금하고 말았다니 말이다. 프랭클린이 참석한 집회에는 자그마치 3만 명이나 모였다. 규모면에서 제1차 대각성 운동 중 가장 성공한 사람을 꼽으라면 휘트필드라고 해도 틀리지 않을 것이다. 여기서 휘트필드에 주목하는 이유는 그가 숫자와 규모에 적극적으로 관심을 기울였기 때문이다. 그는 자신의 메시지와 신념을 최대한 '많은' 사람에게 전하고 싶어 했다. 때문에 '숫자'와 '규모'에 유별나게 관심을 기울였고, 적극적으로 사람들을 동원하고 또 집회의 효과를 증폭시키기 위한 기술적 방법을 적극 개발했다. 「부흥과 부흥주의」*Revival & Revivalism*, 부흥과개혁사 역간를 쓴 이안 머레이Ian Murray나 「미국제 복음주의를 경계하라」*Made in America*, 나침반 역간를 쓴 마이클 호튼Michael Horton 같은 이들은 참 부흥이 거짓된 부흥주의로 타락하게 된 것은 아르미니우스의 신학 때문이라고 말한다. 그러나 최초로 숫자를 통한 부흥을 추구했던 휘트필드는 칼뱅주의자였다. 휘트필드는 인간의 능력보다 하나님의 절대 주권과 은혜를 강조했던 사람이다. 하지만, 복음 전도의 '효과'에 적극적인 관심을 가졌던 첫 번째 대표주자로 손꼽힌다. 그는 주로 야외에서 이동을 하며 복음을 전했다. 사람들을 교회로 모이게 한 것이 아니라, 사람들 가운데로 찾아 들어간 것이다. 요즘으로 치면 일종의 '구도자 중심의 집회'를 한 것이다. 그는 집회를 열기 며칠 전에 간사staff들을 미리 보내 장소를 확보하고, 전단지를 돌리고, 분위기를 조성하며, 신문 광고, 설교문 배포, 풍문 조성 등을 통해 휘트필드 집회에 대한 기대심을 고조했다. 물론 이 과정에서 휘트필드의 영웅적 면모는 각별히 부각되었다. 전형적인 스타 시스템이 작동되었던 것이다. 역사상 처음으로 휘트필드는 집회와 예배에 광고와 선전을 활용했다. 집회의 방식도 이전과는 전혀 달랐다. 동시대의 인물 조나단 에드워즈가 설교했던 방식은 이미 쓴 설교문을 설교단에서 읽는 원고설교였다. 설교를 듣는 회중들의 반응은 에드워즈의 관심의 초점이 아니었다. 다만 그는 하나님의 말씀을 선포할 따름이었다. 그러나 휘트필드는 달랐다. 그는 배우 출신으로, 자신의 말과 억양, 표정, 몸짓을 적절하게 연출할 줄 알았고, 거대한 군중 앞에서 원고 없이 즉석으로 자유설교를 했다. 그래서 사람들의 반응을 보고 그때 그때 '상황에 맞게' 설교할 수 있었다. 두 손을 들고, 발을 구르고, 성서의 이야기를 몸으로 극화하고, 큰 소리로 우는 등 온 몸으로 설교했다. 또 사람들의 양심을 향해 직접 공격했으며, 회개하지 않는 자들을 향해 벼락같은 소리를 지르고, 심지어 상스러운 말까지 내뱉었다. 이러한 그의 탁월한 연출력 때문에 그가 "메소포타미아"라는 말만 해도 사람들은 울기 시작했다. 이 모든 것은 휘트필드가 '숫자'와 '규모'를 늘리는 것을 중요하게 여겼음을 보여 준다. 실제로 그는 필요하다고 판단되면 집회 참석 인원의 숫자를 뻥튀기하기도 했다. 그가 이렇게 '규모'에 관심을 가진 이유는 그렇게 하는 것이 하나님의 역사를 이루는 것이라고 확신했기 때문이다. 선한 목적을 위해 가능한 모든 수단을 활용하고자 했던 그의 모습에서 오늘날의 모든 메가처치 목사들의 원형을 발견한다. 그는 개인이 아니라 대중을 상대로 사역했던 대중 운동가다. 대중을 마음대로 요리할 줄 알았던 근대 거인주의의 시조로, 카리스마적 종교 지도자의 모범이요, 미국 대통령 리더십의 원천이다.


## 4. 야외 집회와 시장 상황의 개막


휘트필드와 웨슬리의 야외 집회는 무엇보다 교구제의 파괴를 가져왔다. 야외 집회를 소개받았을 때 웨슬리는 처음에 주저했으나 '영혼 구원'이라는 지상 과제 앞에서 결국 수용하고 만다. 그리고 웨슬리는 말했다. "전 세계가 나의 교구다!" 이제 기성 교회가 임의로 잘라 놓은 교구는 새 시대에 새롭게 역사하시는 하나님의 능력 앞에서 무너져야 하는 낡은 장벽이었다. 교회의 질서는 새로운 운동에 의해 새롭게 재편되어야 했다. 이때부터 교구제는 급속히 무너져갔다. 미국의 부흥 운동가들은 노골적으로 교구제를 무너뜨리는 데 앞장섰다. 19세기 이후 미국에서 야외 집회는 상당히 대중화되었는데, 집회가 교회당이 아니라 야외에서 열렸기 때문에 부흥 운동은 기존의 지역 교회 구도를 벗어나 있었다. 집회에는 불신자뿐만 아니라 기존 신자들도 많이 참석했는데, 부흥사들은 이들의 마음을 도둑질했다. 솔직히, 신자들이 볼 때도 기존 교회 목사들은 교구제의 보호 아래 안일하고, 나태하며, 영적으로 무지한 것 같았다. 그에 반해 부흥 운동가들은 뜨겁고, 능력이 충만하며, 아골 골짝 빈들에도 복음만 들고 전진하는 하나님의 참 종처럼 보였던 것이다. 때문에 집회에 참석했던 신자들이 참 지도자를 찾아 교회를 옮기는 현상이 발생했다. 소위 '수평 이동 현상'이 이미 이때부터 시작된 것이다. 대다수 부흥사는 이와 같은 상황을 더욱 조장했다. 그들은 기존 교회 목사들을 비판하며, 회심조차 체험하지 못한 목사는 과감히 떠나라고 했다. 은혜가 없고, 메마르고, 능력이 없는 목사를 떠나 성령의 능력으로 충만한 부흥 설교가들에게로 가라고 신자들을 종용했다. 그리하여 부흥 운동이 진행되면서 부흥 운동에 소극적이었던 회중교회, 성공회, 장로교는 교세가 추락하고, 운동을 주도했던 감리교와 침례교는 급성장했다. 이로써 바야흐로 능력과 실력 위주의 목회 시장이 열린 것이다. 부흥 운동은 새로운 교단을 출현케 했으며, 수많은 기존 교회와 교단을 갈가리

찢어 놓았다. 교단이 많아지면서 신자들이 교회를 선택하는 폭이 넓어졌고, 선택권은 점차 교회에서 신자에게로 넘어갔다. 바야흐로 시장 상황이 열리고 있었다. 부흥사들의 의도와 상관없이, 시장 상황 속에서 신자들은 점차 고객이 되어 가고 교회는 기업이 되어 갔다.

## 5. 찰스 피니의 "새로운 방법"

18세기에, 에드워즈, 휘트필드, 웨슬리에 의해 주도되었던 제1차 대각성 운동은 19세기에 제2차 대각성 운동으로 이어졌다. 제2차 대각성 운동을 주도했던 사람 중 대표자가 바로 찰스 피니Charles Finney 다. 피니는 교회가 '숫자'와 '규모'에 관심을 기울이는 것을 정당화할 뿐만 아니라 획기적이고도 정교한 방법론까지 교회에 제공했다. 그가 제시한 방법을 새로운 방법new measure이라고 부른다.

### 1) 새로운 방법

새로운 방법이란 부흥을 이루는 방법을 말한다. 부흥이란 크고 놀라운 역사로, 규모가 비범하게 크다는 것이 핵심이다. 죄인의 회심이 일어나는 것이 부흥의 핵심이 아니라 그러한 회심이 '많이' 일어나는 것, 이것이 부흥의 핵심이다. 그리고 이러한 부흥은 적절한 수단과 방법만으로 언제든지 얼마든지 일으킬 수 있다. 이것이 피니의 부흥론의 핵심이다. 될 수 있는 한 많은 죄인을 회심시키기 위한 부흥의 방법이 피니의 새로운 방법인데, 이 방법 중에는 무엇보다 대중 집회가 필수적이다. 큰 교회 건물이 없으면 시청이나 학교 강당을 이용하고,

그것도 여의치 않으면 야외 집회를 열었다. 이곳에 최대한 많은 사람을 동원한 다음, 그들이 죄인이라는 사실을 깨닫게 하고 '즉시' 회개하겠다고 결심하도록 만들었다. 이를 위해 피니는 최대 효과를 거둘 수 있는 방법들을 동원했는데, 환풍기를 조절하고 음악을 신중하게 활용했으며, 그 외에도 갑자기 예배 순서 바꾸기, 예배 연장하기, 거칠고 통속적인 말 사용하기, 기도와 설교에서 개인 이름 거명하기, 예배 시 설교단에서 가까운 사람에게 질문하기 등 당시로서는 파격적인 방법을 활용했다. 무엇보다 피니는 집회의 효과를 구체적으로 측정하고 싶어 했다. 그는 예전부터 회심할 사람을 앞으로 나오게 했던 "제단 초청altar call" 방식을 적절히 변형했다. 이것이 그 유명한 "구도자석Anxious Seat"이다. 집회가 끝날 때쯤 피니는 회심할 사람을 앞으로 나오게 하여 맨 앞에 비워둔 의자 곧 구도자석에 앉게 했는데, 이를 통해 회심자의 숫자를 계산할 수 있었고, 집회의 효과를 수치로 환산할 수 있었다. 이렇게 되자 집회의 목표가 구도자석에 될 수 있는 대로 많은 수의 사람을 앉히는 것이 되어 버렸다. 그는 강렬하고 응시하는 듯하며 짜릿한 느낌을 주는, 미친 듯한 예언자의 눈으로 청중들을 노려보고, 그들의 이름까지 호명하며 회개하도록 촉구했다. 그는 "지금 즉시!" 회심하여 구원을 받으라고 소리쳤다. 지금이 마지막 기회일지도 모른다고 협박했다. 청중들 사이사이에 앉은 간사들은 죄인들이 회개를 결단하도록 여러 가지 방법으로 분위기를 조성했으며, 그들이 결단하고자 일어설 때 즉시 그들을 구도자석으로 인도했다. 피니의 이러한 방법론은 직업적 부흥사들에게 큰 인기를 끌어 어떤 목사는 시계를 꺼내들고 "15분 안에 회개하라"고 위협하기도 했다.

### 2) 오직 부흥으로

피니에 이르러 부흥은 절대적인 것이 된다. 부흥 이외의 다른 모든 것은 사소하고 부차적이다. 사람을 살리는 것보다 중요한 것이 어디 있느냐는 게 피니의 주장이었다. 피니는 자주 신자들에게 이렇게 위협하곤 했다. "지금 당신이 그를 돕는다면 그가 살 수 있다. 그러나 돕지 않는다면 그는 영원히 지옥불에 떨어질지도 모른다. 그렇다면 주님은 그 영혼의 피값을 누구에게 찾겠는가?" 수많은 영혼을 어떤 방법을 써서라도 구하는 것, 이로써 거두어지는 부흥, 이것이 전부가 되었다. 그러나 문제는 그가 말하는 부흥이 '숫자'와 '규모'의 동의어나 마찬가지라는 데 있었다. 결국 그는 숫자와 규모가 전부라고 말한 셈이었다. 이로써 피니는 오늘날의 메가처치를 향한 속도제한 없는 고속도로를 닦아 놓았다.

### 3) 부흥 테크놀로지

만일 누가 "부흥을 일으키고 싶어도 안 되는 걸 어떡합니까?"라고 피니에게 물었다면, 그는 분명 이렇게 대답했을 것이다. "당신이 부흥을 이루는 방법에 대해 무지하거나, 부흥을 원하지 않거나 둘 중 하나다!" 피니는 방법만 올바르면 결과는 자동으로 얻을 수 있다는 테크놀로지의 원리를 최초로 복음 전도에 적용한 사람이었다. 피니의 부흥론은 사실 테크놀로지다. 피니의 부흥론에 의하면, 신앙이나 회심은 '하나님의 일'이 아니라 전적으로 '인간의 일'이다. 그리고 부흥은 '기적'이 아니라 정확한 '과학'이다. 부흥이란 "자연의 힘을 옳게 사용"하면 언제나 나타나는 그 무엇이다. 그는 말한다. "부흥은 결코 기적이 아니며 또 기적에 의존한 것도 아니다. 부흥은 당면한 수단을 옳게 사용하는 것이다." 이는 농사를 짓는 것과 같다. 농사 수단을 제대로 활용하기만 하면 풍작을 거둘 수 있는 것과 같은 이치다. 하지만 방법이 옳다는 것은 어떻게 알 수 있을까? 피니는 이렇게 말한다. "결과는 수단을 정당화한다." 부흥만 이루면 과정은 문제될 것이 없다. 그리고 이것은 정확히 오늘날 대다수 메가처치 목사들의 전형적인 목회철학이다.

### 4) 표지로서의 부흥

부흥이 과학이고 테크놀로지라면, 누구나 부흥을 이룰 수 있을 것이다. 그런데 어떤 교회에서 부흥이 이루어지지 않는다면? 그것은 그 교회나 신자가 문제라는 말이 된다. 마음만 먹으면 부흥을 일으킬 수 있는데도 부흥이 일어나지 않는다면 교회나 신자가 부흥을 원하지 않는다는 것이 된다. 그리고 부흥을 원하지 않는다는 것은 교회나 신자가 병들었거나 죽었다는 뜻이다. 그래서 부흥은 교회나 신자의 영적 상태를 진단하는 표지가 된다. 부흥이 일어난다면 교회나 신자가 건강한 것이지만, 부흥이 일어나지 않는다면 교회나 신자는 병들었거나 죽은 것이다. 부흥은 교회나 신자, 특히 목사의 책임이다. 부흥을 일으킬 줄 모르는 목사는 무지하거나 나태한 목사다. 피니와 함께, 부흥 곧 규모가 모든 것을 판단하는 기준이 되었다.

## 6. 무디와 이벤트의 시작

19세기 말, 드와이트 무디Dwight Moody라는 또 한 명의 위대한 복음 전도자가 나타났다. 무디는 소박하고 겸손한 사람이었다. 그는 하층 민 출신으로, 제대로 배우지도 못했다. 하지만 하나님께 은혜를 받고 수십만 명에게 복음을 전하는 복음 전도자로 쓰임을 받았다. 그는 새 로운 복음 전도자의 모습을 창조했는데, 그것은 '오직 열정으로' 영 혼 살리는 일에 올인하는 전도자의 모습이다. 무디의 영향을 받은 수 만 명의 그리스도인들은 영혼 살리는 그 한 가지 일에 자신의 전 인생 을 기꺼이 헌신했다. 무디는 제대로 교육을 받은 적이 없어 신학이 약했고, 지식이나 논리도 부족했다. 그러나 그에게는 남들이 갖지 못 한 '열정'이 있었다. 그는 순수한 영혼의 소유자로, 소박하고 진실한 사람이었다. 자신의 부족함을 그대로 인정했고, 이것이 많은 사람의 마음의 문을 열었다. 문제는 그가 그리스도인에게는 열정만 있으면 되고 지식이나 학문은 필요 없는 것처럼 말했다는 데 있다. 그는 현대 신학과 현대 과학이 불신앙을 조장한다며 비난했으며, 축자영감설과 같은 근본적인 신앙에만 헌신하도록 촉구했다. 열정만을 강조하는 무디와 함께 사고할 줄 모르는 그리스도인의 무리가 생겨났다. 무디 의 열정주의는 더욱 수단과 방법을 가리지 않고 복음 전도를 하게 만 들었다. 언젠가 그는, "당신이 한 사람을 하나님께 인도한다면, 어떻 게 인도하였는가는 아무 상관이 없다"라고 말하기도 했다. 이것은 정 확히 피니의 정신과 일치한다. 그러나 무디는 피니보다 훨씬 덜 지성 적인 대신에 훨씬 더 감성적이었다. 피니처럼 무디에게도 과정은 중요하지 않았다. 결과만 좋으면 모든 것이 용납되었다. 이렇게 해서 무디식 이벤트 전도 집회가 탄생했다. 무디는 논란이 많은 피니식 '구도자석'은 활용하지 않았다. 그러나 회심한 영혼들을 초청하는 방식을 버리지는 않았다. 오히려 그것을 훨씬 더 정교하고 세련된 이벤트로 만들었다. 무디는 호통을 치거나 꾸짖는 대신, 솔직하고 소박하게 자신을 내보이며 간절한 마음으로 복음을 전했다. 메시지가 끝나면 모두 조용히 기도하게 했다. 그러면 파이프 오르간 연주가 흐르기 시작한다. 음악은 커졌다 작아졌다 하면서 분위기를 조성하고, 잠시 후 집회 전문 가수인 아이라 생키Ira Sankey가 낮고 부드러운 목소리로 노래하기 시작한다. 가사는 대충 이런 식이었다. "집으로 돌아오라, 지치고 상한 자여…집으로 오라." 생키가 노래할 때 잘 준비된 코러스가 중간 중간 화음을 넣어준다. 속삭이듯 감미로운 목소리로 코러스는 "집으로 돌아오라, 오라, 오! 집으로 오라"를 반복한다. 집회장은 숙연해지고 여기저기서 눈물이 터져 나온다. 그리고 회심자들이 하나둘 일어나면 스태프들은 그들을 준비된 장소로 인도한다. 이러한 무디의 전도 집회는 정확히 오늘날 메가처치의 이벤트성 집회의 원형이다.


## 7. 빌리 그래함과 테크노 복음주의


20세기의 가장 탁월한 부흥설교자 빌리 그래함Billy Graham은 1949년 L. A.의 천막 집회에서 명성을 얻은 사람이다. 이러한 점에서 그도 휘트필드 이후 복음 전도자의 계보를 잇는다. 그는 선조들의 전통을

20세기의 테크놀로지와 잘 버무려 테크노 복음 전도를 완성한 사람이다. 그는 애초에 3주를 계획했다가 극적인 성공으로 9주까지 연장된 L. A. 천막 집회에 연예인, 스포츠 스타, 회심한 조직 폭력배 등을 게스트로 참석시켜 대중의 관심을 촉발했다. 이후 빌리 그래함의 전도 집회는 사상 유례가 없는 대규모로 진행되었다. 피니의 3만 명 집회도 1974년 여의도 광장에서 열렸던 엑스플로 74 대회에 비하면 그야말로 새발의 피다. 주최 측은 이때 158만 명이 모였다고 발표했다. 물론 이러한 대형 집회가 가능한 것은 전자 테크놀로지 덕분이다. 그는 무엇보다 대중 매체의 위력을 잘 알고 그것을 적극 활용한 미디어 복음 전도자다. 그는 「하나님과의 평화」*Peace with God*, 생명의말씀사 역간, 「불타는 세계」*World Aflame* 등의 베스트셀러를 저술했으며, "크리스채너티 투데이Christianity Today", "디시젼Decision" 등의 잡지를 창간하여 영향력을 배가했다. 또 "결단의 시간"과 같은 유명한 라디오 프로그램을 오랫동안 인도하여 전 세계 2,500만 명에게 영향력을 미쳤다. 또 영화를 제작하고 TV에 출연했으며, 다양한 영상물을 사역에 적극 활용했다. 또 위성중계를 통해 전 세계 수억 명에게 복음을 전하기도 했다. 빌리 그래함과 함께 모든 '규모의 장벽'이 무너지고 마음만 먹으면 언제 어디서나 복음 전도자의 메시지가 전해지는 기독교 하이퍼 리얼리티가 완성되었다. 그리고 그의 방법과 기술은 모든 메가처치의 모범이 되었다.

# 제5장

# 메가처치의 뿌리를 찾아서(2) : 세계 선교 운동

앞 장에서, 나는 메가처치의 기원을 18-19세기 대각성 운동에서부터 찾을 수 있다고 했다. 그리고 현대의 많은 그리스도인이 존경하는 인물들의 업적을 비판적으로 검토해 봤다. 이 장에서는 19-20세기 세계 선교 운동의 역사를 개관하면서 메가처치의 출현에 어떤 영향을 미쳤는지 살펴보려 한다. 그러기에 앞서, 나의 이러한 비판적 검토가 우리가 존경해 마지않는 신앙의 위인들을 깎아 내릴 의도를 품고 있는 것은 결코 아님을 분명히 밝혀 둔다. 누가 감히 그들의 열정과 수고, 헌신, 고난을 업신여길 수 있겠는가? 그렇다고 해서 그들을 무조건 이상화하거나 우상화할 필요는 없다. 그들도 인간이었고, 때문에 의도하지 않은 엉뚱한 결과들을 만들어 냈을 가능성은 얼마든지 있다. 나의 의도는 그러한 가능성들을 객관적으로 살펴서 교훈을 삼자는 것이다.

## 1. 세계 선교 운동과 지상 명령 이데올로기

얼핏 보면 메가처치 현상과 세계 선교 운동과는 별 상관이 없어 보인다. 하지만 실상은 그렇지 않다. 18세기 이후 개신교의 세계 선교 운동은 놀랍게도 메가처치 현상으로 나아가는 물꼬를 터 주었다. 인정하기에 썩 내키기는 않지만, 세계 선교 운동은 제1, 2차 대각성 운동에서 메가처치 현상으로 나아가는 교량이며, 긴 우회로다. 그러니까 제1, 2차 대각성 운동 때 규모에 눈을 뜬 교회는 세계 선교 운동이라는 긴 우회로를 따라 메가처치 현상에 도달하게 된 것이다.

### 1) '지상 명령' 이데올로기

첫째로, 세계 선교 운동은 '지상 명령'이라는 이데올로기를 제공했다. 지상 명령이란 '땅 위地上'의 명령이라는 뜻이 아니라 '지극히 높은 최고의至上' 명령이라는 뜻이다. 쉽게 말하면 신자와 교회가 올인해야 하는 최고 명령이라는 뜻이다. 제1, 2차 대각성 운동 때 부흥 운동가들은 '영혼을 구하는 것이 가장 중요하다'고 말했다. 그 뒤 세계 선교 운동가들은 '땅 끝까지 복음을 전하는 것이 가장 중요하다'고 말했다. 미묘한 강조점의 변화가 생겼다. 이 주장에 따르면, 선교 명령보다 더 긴급하고 중요한 명령은 없다. 그리고 나머지 다른 과제들은 전부 부차적이며, 선교 명령을 도울 경우에만 의미가 있다. 바로 이것이 지상 명령 이데올로기다.

선교 명령을 지상 명령이라고 할 만한 근거는 성서적으로나 신학적으로, 역사적으로 취약하다. 성서는 최고의 명령을 하나님 사랑과 이웃 사랑이라는 '사랑의 이중 계명'이라고 가르친다. 또 사실 교회의 역사에서 선교 명령을 신자와 교회에 주어진 지상 명령으로 여겼던 적도 별로 없다. 주후 1세기가 지나면서 교회는 선교 명령이 이미 성취되었다고 보기 시작했다. 루터와 칼뱅만 하더라도, 선교 명령은 주후 1세기 사도들에게만 주어진 것이며 이미 성취되었다고 보았다. 그런데 18세기 이후 교회는 선교 명령을 미완의 과제요, 더 나아가 지상 최고의 과업이라고 이야기하기 시작했다. 다른 것은 중요하지 않았다. 전도와 선교가 무엇보다 중요했다. 그리하여 점차 선교 및 전도 운동은 '대약진 운동'이나 '천리마 운동'과 같은 이데올로기적 성격을 띠게 되었다. 오늘날 거의 모든 신자와 교회는 앵무새처럼 이렇게 읊조린다. "모든 족속을 제자로 삼아야 한다. 땅 끝까지 복음을 전해야 한다. 자, 나가서 복음을 전하자. 전도해서 사람들을 교회로 끌어오자. 강권하여 주의 집을 채우자!"

### 2) 목표의 구체화

둘째로, 세계 선교 운동은 교회와 신자가 올인해야 하는 구체적인 목표를 제공했다. '영혼을 구원하는 것'이나 '전도나 선교를 하는 것' 등은 구체적인 목표라고 할 수 없다. 세계 선교 운동은 교회가 조금만 노력하면 금세 성취할 수 있는 구체적인 목표를 적절히 제공했다. 그것은 '땅 끝까지 복음을 전하는 것'으로, '땅 끝'이 바로 구체적인 목표가 된 것이다. 사실 땅 끝이란 성서에도 나오는 용어다. 그러나 그 의미는 시대마다 다르게 이해되었다. 한때 땅 끝은 이승과 저승의 경계, 혹은 바다 끝 낭떠러지를 뜻했던 적이 있었다. 그리고 바울에게 땅 끝은 스페인을 말하는 것이었다. 그러나 증기선과 증기기관 차가 상용화된 19세기의 사람들에게 땅 끝은 마음만 먹으면 얼마든 지 갈 수 있는 여행지가 되었다. 따라서 '땅 끝까지 복음을 전하는 것'은 조금만 노력하면 얼마든지 이룰 수 있는 일이 되었다. 눈에 보 이는 매우 구체적인 목표가 된 것이다. 그러자 엄청난 효과가 나타났 다. 신자와 교회가 여기에 올인하기 시작한 것이다. 자고로 목표는 구 체적이어야 하는 법이다.

무디는 청년들에게 이렇게 설교했다. "이 세대에 세계를 복음화하 자." 이 구호에는 바로 자신의 세대에 복음화가 가능하다는 놀라운 자신감과 뚜렷한 목표의식이 담겨 있었다. 그리고 이 자신감과 목표 의식은 유럽과 미국의 청년들을 선교에 뛰어들게 했다. 이렇게 해서 '학생 자원 선교 운동Student Volunteer Movement'이 일어났다. 이후 선교 명령은 점차 종말론적 의미를 지니게 되었다. 즉, 땅 끝까지 복음을 전하면 주님이 재림하신다는 것이다. 이제 교회의 선교는 그리스도 의 재림을 앞당기고, 역사를 종결하며, 천국을 끌어내리는 종말론적 과업이 되었다. 그런데 어찌 교회가 앉아만 있겠는가? 이 위대한 과 업은 '세계 복음화'라 불렸다.

무디로부터 시작된 세계 복음화 운동은 20세기에도 계속되었다. 2000년까지 세계 복음화를 달성하자는 'A. D. 2000 운동', 복음의 발 상지인 예루살렘으로 되돌아가자는 '백 투 예루살렘', 미완의 과업을 완수하자는 '과업 완수 운동' 등은 무디를 이은 세계 복음화 운동의 후예들이다. 전 세계 교회는 세계를 복음화하자는 구체적인 목표 아 래 하나가 되었다. 1910년 에든버러 세계 선교 대회를 비롯한 수많은 선교 대회는 전 세계의 모든 교회가 '세계 복음화'라는 단일 목표 아래 연합하게 되었음을 상징적으로 보여 주는 사건이다. 이제 전 세계 교회는 오로지 전도와 선교에 올인하게 되었다.

### 3) 테크놀로지의 적극적 활용

세계 선교 운동이 제공한 또 하나의 유산은 바로 테크놀로지의 적극적 활용이다. 테크놀로지란 단순히 기계, 전기, 통신, 방송 등의 기술만 뜻하는 것이 아니라, 세계를 바라보는 새로운 세계관이며, 사물과 사람을 대하는 새로운 자세와 태도요, 그리고 새로운 사유방식을 말한다는 것을 이미 언급했다. '설정된 목표를 성취하는 가장 효율적인 수단의 활용'과 관계가 있는 이 테크놀로지가 20세기 이후의 새로운 세계관을 만들어 냈다. 세계 선교 운동도 이 기술적 세계관에 물들게 된다.

앞서 말한 대로 세계 선교 운동이 구체적인 목표를 설정하자, 이제 전 세계 교회는 목표 성취를 위한 수단과 방법을 모색하는 데 전념하게 된다. 그리하여 20세기에 선교 전략의 폭발이 일어났다. 사실 수단과 방법에 관심을 기울이는 것은 현대 선교의 가장 중요한 특징 중 하나다. 현대 선교의 아버지 윌리엄 캐리William Carey는 전도와 선교를 위해 수단과 방법을 모색하는 것이 그리스도인의 의무라고까지 했다. 이 내용이 '현대 선교 헌장'의 골자다. 웨슬리, 휘트필드, 피니, 무디 등도 같은 관점이었다. 목표 성취를 위한 수단과 방법의 적극적 활용은 19세기를 '감리교도Methodist'의 세기로, 20세기를 '방법론자Methodologist'의 세기로 만들었다. 온갖 종류의 선교 전략이 만들어졌다. 10/40창, 미전도 종족 입양 운동, 관문 도시 선교 전략, 전문인 선교 전략 등 군사 용어를 방불케 하는 용어와 전략 등이 난무했다. 바야흐로 테크놀로지가 선교 영역을 장악한 것이다. 그리고 이러한 전략들이 메가처치 현상의 예비적 조건을 형성하게 된다.

테크놀로지는 기본적으로 목표 달성의 수단과 관련이 있다. 목표 달성을 위해서는, 무엇보다 목표가 달성 가능한 것이어야 한다. 따라서 절대로 추상적이어서는 안 되며, 구체적이고 가시적이어야 한다. 따라서 전략의 가장 기본은 '성취 가능한 목표'를 설정하는 것이다. 보이지 않는 것은 제거하고 보이는 것만 골라내는 것이 목표 설정의 기술이다. 둘째, 목표는 집중되어야 한다. 단 하나의 목표만 세워야지 여러 개의 목표를 세우면 안 된다. 셋째, 설정된 목표 이외의 나머지 목표는 배제하고 제거해야 한다. 이렇게 목표가 세워지면 이제 목표 달성을 위한 수단을 찾아야 한다. 하지만 잠깐! 그에 앞서 또 한 가지 필요한 것이 있는데, 바로 목표가 달성되었는지를 평가할 수 있는 측정 도구다. 물론 이것은 수학과 통계학, 사회과학의 도움을 받아야 한다. 이 일련의 과정을 통과하면서 점차 전도와 선교는 과학이자 테크놀로지로 둔갑한다. 그리고 이것이 오늘날 메가처치 현상의 가장 두드러진 특징이다.

## 2. 도널드 맥가브란과 교회 성장학의 탄생

메가처치 현상이 일어난 경위는 대략 이렇다. 먼저 대각성 운동이 일어나고, 그에 영향을 받아 세계 선교 운동이 일어났다. 그리고 이

세계 선교 운동에서 교회 성장학이 발생하고, 이것이 지역 교회에 접
목되면서 메가처치 현상이 일어났다. 여기에서 도널드 맥가브란
Donald McGavran이라는 사람이 중요한데, 그는 세계 선교 운동의 귀한
성과를 교회에 연결시킨 사람이다.

맥가브란은 인도 다모에서 인도 선교사의 아들로 태어났다. 그는
아버지를 따라 인도에서 선교 사역을 하면서 이런 질문을 하게 되었
다. '왜 어떤 지역의 교회는 성장하고, 어떤 지역의 교회는 성장하지
않는가? 혹시 여기에 어떤 원리가 있는 것은 아닐까?' 이러한 고민
끝에 그는 교회 성장의 원리를 정리하여 1950년대 '교회 성장학'이라
는 기이한 학문을 창시하게 된다.

### 1) 새로운 목표, 교회 성장

맥가브란의 가장 위대한 공헌은 세계 선교 운동과 복음주의권 교
회에 전혀 새로운 '목표'를 제공했다는 것이다. 그것은 다름 아닌 '교
회 성장'이다. 대각성 운동가들의 목표는 '영혼 구원'이었고, 초기 선
교 운동가들의 목표는 '선교 명령의 순종'이었으며, 20세기 선교 운
동가들의 목표는 '세계 복음화'였다. 그러던 것이 맥가브란에 와서는
'교회 성장'이 되었다. 왜 이런 일이 일어났는가?

이는 맥가브란이 '교회 성장'을 세계 복음화라는 목표 달성 여부
를 평가할 수 있는 구체적인 측정 방법으로 보았기 때문이다. 세계 복
음화가 되었는지 어떻게 알 수 있는가? 교회가 성장하는 것을 통해
알 수 있다는 것이다. 아무리 많은 전략, 전술, 인원, 재정을 쏟아 붓
더라도 종국에는 교회가 성장하지 않으면 그 모든 것이 헛수고라는

의미다. 그래서 그는 전도의 목적을 '회심'이 아니라 '제자화'라고 천명했다. 이는 전도해서 회심만 시키면 되는 것이 아니라 '불신자로 하여금 예수를 믿고 꾸준히 교회에 출석하게' 만들어야 한다는 뜻이다. 선교 전략이 교회 성장에 맞추어 수립되어야 한다는 것이다. 이제 맥가브란과 함께, 지상 명령은 '교회 성장 명령'으로 바뀌게 된다.

### 2) 교회 크기에 대한 노골적 강조

지상 명령이 교회 성장이라면, 이제 교회 성장은 거역할 수 없는 주님의 명령이 된다. 따라서 교회 성장을 방해하는 모든 것은 지상 명령을 순종하지 못하게 만드는 사탄의 훼방이다. 그가 쓴 「교회 성장 이해」*Understanding Church Growth*, 한국장로교출판사 역간에는 교회의 성장에 대해 저항하는 신학자들과 일선 교회 목회자들을 비판하는 내용으로 가득하다. 그는 교회 성장을 복합적 요인들이 상호작용한 결과로 보려는 자를 '불가지론자'라고 부르며 그들을 '확신이 있는 기독교인'이 아니라고 비판한다. 또 결과는 하나님께 맡기고 그저 전하는 것이 교회의 사명이라는 주장을 '탐색의 신학'이라고 부르며 이것도 하나님이 기뻐하지 않으신다고 단언한다. 또 종종 교회 성장을 방해하는 전문가들을 비판하며, 그들의 신학적 변명을 반박한다.

맥가브란은 교회 성장을 하나님의 역사나 섭리가 아니라 노골적인 추구 대상으로 보게 만들었다. 그는 자주 세계 복음화를 수량화하는 도표와 통계 수치를 인용한다. 그리고 그 모든 수치와 그래프를 끌어올려야 한다고 역설한다. 그러면서 교회 성장을 위해 해야 할 첫 번째 과업이 '교회 성장을 고려하는 것'이라고 말한다. 교회와 신자, 선교사들이 교회 성장을 고려하지 않기 때문에 문제라는 것이다. 교회 성장을 고려하고, 의도하고, 목표로 삼고, 추구하라고 독려한다. 그리고 교회와 신자의 모든 노력은 '교인 숫자의 증가'로 맞추어져야 한다고 말한다. 맥가브란과 함께 놀라운 일이 벌어졌으니, 전 세계 교회가 교회의 크기를 키우는 것을 지상 최대의 목표로 삼게 되었다.

### 3) 추수 이론의 제시

맥가브란은 그저 전도하는 것, 그저 선교하는 것만으로는 부족하다고 했다. 씨만 뿌려서는 안 된다. 추수를 해야 한다. 결국 관건은 추수다. 추수를 위해 씨를 뿌려야 한다. 맥가브란과 함께 강조점이 옮겨졌다. 듣든지 아니 듣든지 전하는 것이 아니라, 들을 수 있도록 전해야 한다. 이제 관심사는 씨에서 밭으로 옮겨졌다. 말씀보다 청중이 중요해졌다. 전도와 선교가 말씀 중심에서 구도자 중심으로 바뀌었다.

전도와 선교가 구도자 중심으로 바뀌면서 중요한 방법론이 등장했는데, 동질 집단의 원리가 그 한 예다. 똑같은 복음이라도 같은 민족, 같은 문화권 사람들끼리 더 잘 전해진다는 것이다. 지극히 당연한 이야기다. 복음은 다른 민족, 다른 문화권 사람들에게는 잘 전해지지 않는다. 하지만 이것은 '씨 중심'에서 '밭 중심'으로의 커다란 관점의 이동을 의미하는 것이었다. 그는 또 똑같은 복음이라도 관심을 보이는 사람이 있는가 하면 별로 관심을 보이지 않는 사람도 있다고 말했다. 맥가브란은 이왕이면 관심 없는 사람들의 '비추수지역'보다는 관심 있는 사람들의 '추수지역'에 가서 복음을 전하라고 했다. 무조건 뿌리지 말고 싹이 날 곳을 잘 살펴보고 뿌리라는 것이다. 맥가브란과 함께, 역사상 최초로 교회는 목 좋은 자리를 찾아다니게 되었다.

## 3. 피터 드러커의 '경영의 지배'와 새로운 교회 성장학

1970년을 지나면서 경영 혁명이 일어났다. 이것은 경영이라는 활동이 더 이상 영리적 기업에만 국한되지 않고 모든 영역으로 확산된 것을 말한다. 피터 드러커Peter Drucker는 이를 '경영의 지배'라고 부른다. 그에 의하면, 제2차 세계대전 이후 점차 병원, 대학, 정부, NGO 등 비영리 단체에서도 광범위하게 경영 기법을 활용하게 되었다. 바야흐로 경영이 인간 활동 전 영역을 지배하게 되었다. 그는 여기에 교회도 속한다고 말한다. 그의 말대로, 1970년을 전후로 교회도 세속적 경영 기법을 적극 활용한다. 이와 함께 교회 성장학은 새로운 국면에 접어들었다. 곧 경영 테크놀로지와 마케팅 기법을 적극 도입한 교회 성장학이 탄생한 것이다.

맥가브란의 교회 성장학은 본래 선교 전략적인 측면이 강했다. 그러니까 그는 세계 복음화를 위한 전략의 일환으로 교회 성장학을 말한 것이다. 그러나 그의 교회 성장학은 범람하는 경영 기술을 받아들여 개교회를 위한 성장 테크놀로지로 변모했다. 피터 드러커의 비영리 단체의 경영 원리에 의하면 교회는 먼저 자신의 가장 중요한 '사명'을 찾아내야 한다. 그런 다음 사명을 성취 가능한 '목표'로 전환해야 한다. 성취 가능한 목표가 수립되면 이를 위한 마케팅, 경영 혁신, 자원의 효율적 안배와 활용 등의 전략이 수립되어야 한다. 전략 실행과 그에 따른 성과 측정, 평가가 뒤따른다. 그리고 그에 맞는 인사 조

치가 이루어져야 한다. 그리고 이 모든 것을 수행할 수 있는 리더가
세워져야 한다. 기타 등등… 순식간에 교회 안으로 이러한 세속적인
경영 기술 원리가 들어와 버렸다.

## 4. 피터 와그너와 교회 성장학의 범람

맥가브란이 처음으로 '교회 성장'을 말하고 70년대 경영 혁명이
일어난 다음, 피터 와그너Peter Wagner와 함께 새로운 교회 성장학이
출현한다. 어찌 보면 진정한 교회 성장학의 탄생이라고도 할 수 있다.
피터 와그너를 비롯한 여러 교회 성장학자는 70년대 이후 각종 세미
나 개최, 대학교에서의 강의, 책 출판, 잡지 발간, 집회 개최 등을 통
해 전 세계에 자신들의 신념과 방법론을 널리 확산했다.

### 1) 지역 교회의 성장에 대한 강조

앞서 얘기한 대로 맥가브란의 교회 성장학은 선교 전략의 차원이
강했다. 그래서 그가 제시하는 사례들은 주로 어느 국가나 지역에서
의 개신교나 가톨릭, 성공회의 교인 수, 더 세부적으로는 루터교회,
감리교회, 침례교회 등의 교파와 교단의 성장 사례들이 많았다. 그러
나 피터 와그너가 관심을 가지는 것은 대부분 개교회의 성장 사례다.
가령 그는 코랄 릿지 장로교회, 레드우드 교회, 덴버에 있는 나사렛
제일교회, 가든 그로브에 있는 로버트 슐러 목사의 수정 교회 등 교회
의 성장에 주목한다.

이러한 개교회 중심의 성장 이론이 등장하게 된 것은 1950-1960년

대의 두 가지 전도 전략에 대한 비판 때문이기도 했다. 첫 번째는 빌리 그래함의 '십자군 전도 운동'이다. 1948년부터 시작된 이 운동은 전통적인 야외 부흥 집회를 극대화한 형태였다. 이 운동은 어떤 지역이나 도시를 복음으로 초토화하겠다는 전략이었다. 또 하나는 남미의 케네스 스트라찬Kenneth Strachan의 '침투전도 운동'이었다. 이 운동은 빌리 그래함과 같은 한 사람이 영웅적 전도자가 되는 게 아니라 전 교인이 모두 전도자가 되어야 한다는 전도 운동이었다. 그래서 전 교인이 전도지를 들고 축호전도를 하거나 총동원 전도주일에 불신자를 대거 끌어와 복음을 전하는 방식을 취했다. 그러나 이 두 운동은 모두 다음과 같은 비판에 직면해야 했다. '그래서 효과가 있었는가?' 물론 이 효과라는 것은 개교회 교인 수의 증가였다. 긴 우회로를 거쳐 마침내 개교회의 수적 증가는 모든 전도 및 선교 운동의 최종 평가 기준이 된 것이다.

### 2) 자동적 성장의 강조

피터 와그너와 교회 성장학파의 한결같은 주장 중 하나는 '성장은 자동적'이라는 것이다. 찰스 피니가 부흥은 하나님의 일이 아니라 인간의 일이요 과학이라고 했던 것과 같은 맥락이다. 교회 성장학자들은 이를 설명하기 위해 종종 생명체의 비유를 든다. 모든 생명체는 저절로 성장한다는 것이다. 이제 성장은 더 이상 추구해야 하는 목표가 아니다. 건강한 교회라면 저절로 성장이 이루어질 테니 말이다. 반대로 교회가 성장하지 않거나 교인 수가 감소한다면, 그것은 교회가 병들었거나 죽었다는 증거가 된다.

교회 성장학파의 이러한 자동적 성장 이론은 성장에 부정적이거나 소극적인 목회자와 교인을 정죄하게 만든다. 교회 성장학자들에 따르면, 그들은 편견에 사로잡혀 있으며, 부정적이고, 고집 세고, 불충하며, 불성실한 자들이다. 또 지상 최고의 명령인 전도와 선교 명령에 불순종함으로써 엄청난 죄를 저지르는 자들이요, 영혼을 사랑하지 않는 목자들이다. 이들의 고집이 교회의 자동적 성장을 막는 것이다. 이제 교회 성장은 목회자와 신자의 당연한 의무요, 건강한 교회라면 저절로 생겨날 수밖에 없는 결과가 되었다.

### 3) 교회 성장 클리닉 테크놀로지

몸에 병이 났다면 어떻게 해야 하겠는가? 병원에 가서 치료를 받아야 한다. 이와 똑같은 논리가 교회에 적용되었다. 교회가 성장하지 않거나 교인 수가 감소한다는 것은 교회가 병들었다는 뜻이다. 병에 걸리면 어떻게 해야 하는가? 치료해야 한다. 그렇다면 병든 교회는 어떻게 치료해야 하는가? 성장 클리닉을 받아야 한다. 이제 교회 성장학은 병든 교회를 치료하는 클리닉 과정이 된다. 그리고 교회 성장학은 엉뚱한 약속을 한다. '클리닉을 받아라. 교회가 커질 것이다. 컨설팅을 받아라. 교회가 성장할 것이다.'

교회 성장학은 일관된 주장이나 고정된 형태가 없다. 다만 한 가지 공통된 주장을 할 뿐이다. '교회는 성장해야 하고, 성장할 수 있다.' 수단이나 방법은 나중 문제다. 뭐든 교회가 성장하면 훌륭한 전략이다. 피터 드러커의 「비영리 단체의 경영」*Managing the Non-Profit Organization*, 한국경제신문사 역간은 교회 성장학자들에게 제5의 복음서다. 왜냐하면 구체적인 효과를 약속하기 때문이다. 효과를 보장하는 모든 방법이 동원 가능하다. 가령 구체적인 목표 인원의 설정, 불신자와의 커뮤니케이션의 강조, 대그룹과 소그룹의 두 날개 이론, 성령 운동, 치유 집회, 스타 시스템, 브랜드 마케팅, 프랜차이즈 등 효과만 있으면, 교회만 커지면 뭐든 OK다! 이상할 것이 하나도 없다. 도리어 이러한 수단과 방법을 모색하는 것은 신자의 의무다. 윌리엄 캐리는 불신자의 회심을 위해 모든 수단과 방법을 강구하는 것이 신자의 의무라고 하지 않았던가!

## 5. 로버트 슐러와 통속적 교회 성장 상술

드디어 로버트 슐러가 등장한다! 사실 그 동안 교회 성장학은 너무 이론적이고 어려웠다. 누군가 교회 성장에 대해 쉽게 번역해 줄 사람이 필요했다. 그런데 로버트 슐러가 등장한 것이다. 수많은 교회 성장학자가 있지만 슐러가 돋보이는 것은, 그가 이론가가 아니라 실천가라는 점이다. 다른 사람들은 교수지만 슐러는 직접 목회를 하는 목회자다. 여기에 슐러의 권위가 있다.

### 1) 야망의 정당화

로버트 슐러는 노먼 빈센트 필Norman Vincent Peale을 따라 '적극적 사고' 혹은 '긍정적 사고'를 강조했다. 쉽게 이야기하면 '야망을 품으라'는 뜻이다. 슐러는 윌리엄 캐리가 말했던 '위대한 하나님의 일'을 '교회를 키우는 사람의 일'로 바꾸어 놓았다. 이제 교회를 키우는 것이 위대한 일이 되었다. 그의 교회 성장학은 한 마디로, '교회를 키워라, 그것도 엄청나게 크게 키워라'이다. 이것을 위해서 목사는 무조건 크게 생각해야 한다고 충고한다. "큰 일은 크게 생각하는 사람들에게 일어난다." 그래야 기적이 일어난다. 그리고 이에 반대하는 모든 생각은 부정적인 생각이다. 부정적인 생각은 물리쳐야 한다. 목사들이여, 웅장한 교회당, 화려한 시설, 엄청난 재정, 거대한 군중을 꿈꾸라! 그는 목사들을 독려한다. 결국 슐러는 노골적으로 목사의 야망과 탐욕을 정당화했다.

### 2) 판매 상술의 정당화

슐러는 교회를 기업으로, 전도와 선교를 판매로, 불신자를 고객으로 비유하는 데 조금도 거리낌이 없다. 놀라울 지경이다. 그는 성공을 위한 일곱 가지 원리에 대해 조언하면서 교단과 신학교는 도매상인이며 지역 교회는 소매상인이라고 거침없이 말한다. 그렇다면 이제 우리가 해야 할 일은? 그렇다. '성공적인 종교적 소매의 비결을 더 잘 발견하는 것'이다. 교회가 장사를 잘 해야 한다는 말이다. 어떻게 하면 교회가 장사를 잘 할 수 있겠는가? 그는 다음의 일곱 가지를 조언한다.

먼저, 목 좋은 곳을 선택하라. 맥가브란식으로 말하면 비추수지를 피하고 추수지를 선택하라는 말이다. 농어촌이나 산간벽지, 오지는 피해야 한다. 신도시나 아파트 밀집 지역이 목회의 최적지다. 둘째, 주차장을 확보하라. 셋째, 상품목록을 구비하라. 여기서 상품이란 목회 프로그램을 말하는 것이다. 즐비한 목회 상품을 잘 갖추라는 말이다. 넷째, 서비스를 제공하라. 다섯째, 외형을 강조하라. 안내위원들도 이왕이면 미스코리아를 세워야 한다는 말일 것이다. 한국의 어느 교회 목사도 비슷한 말을 한 것을 기억한다. '하나님은 중심을 보시지만 인간은 외모를 본다'라든가. 여섯째, 온 교인이 적극적이고 긍정적으로 사고하도록 만들라. 누군가 부정적인 말을 하는 사람을 보면 입을 다물게 하라. 마지막 일곱째, 경악할 내용이다. 현금 유통을 잘하라! 필요하다면 얼마든 은행 빚을 끌어다 쓰라는 말이다. 현금이 돌아야 사업을 잘 할 것이 아닌가! 드디어 우리의 눈앞에 메가처치 현상이 나타나는 것을 목격하게 된다.

메가처치 현상은 결코 일부 큰 교회만의 문제가 아니다. 작은 교회라고 예외일 수는 없다. 정말로 문제가 되는 것은 작은 교회들도 메가처치의 영sprit에 사로잡히게 되었다는 사실이다. 그래서 대부분의 소형교회들도 크기는 작은데 하는 행동이 영락없이 메가처치다. 그러니까 **작은 교회들도 실상은 잠재적 메가처치**라고 보아야 한다. 메가처치 현상은 지금 온 세계를 지배하고 점령한 거대한 현상이다. 메가처치 현상은 바로 우리가 다니는 교회 안에서 버젓이 일어나는 현상이다. 참으로 뻔뻔스럽고 가증스러운 배교 행위가 아닐 수 없다. 그 옛날 모세 시절에 이스라엘이 '야훼'라는 이름의 금송아지를 숭배했던 것처럼, 에스겔 시대에 제사장과 백성들이 성전 마당에서 성전을 등지고 태양신을 숭배했던 것처럼, 그리고 예수 시대에 장사치들이 성전을 강도의 소굴로 바꾸었던 것처럼, 서지 못할 가증한 것이 거룩한 곳에 서고 말았다. 이 가증한 것은 바로 '숫자'요, '규모'요, '힘'이요, 그리고 '바알'이다.

메가처치 현상과 함께 참으로 기이한 그리스도인들이 등장했다. 그것은 '사랑할 줄 모르는 그리스도인'이다. 사랑할 줄 모르는 그리스도인은 짖지 못하는 개요, 독 없는 독사요, 앙꼬 없는 찐빵이요, 물 없는 오아시스다. 그런데 교회의 변명을 들어 보라. 교회와 신자는 불신자들이 그토록 혐오하는 식으로 전도와 선교를 하면서 "전도가 당신들을 사랑하는 증거요"라고 우긴다. 할 말이 부족하면 일부 교회가 시행하는 사회사업을 예로 든다. 그래도 교회는 사랑을 많이 실천한다고 말한다. 그러나 전도나 사회사업은 그리스도께서 우리를 위해 성육신하시고 십자가에서 돌아가신 사랑이 아니다. 그리스도의 사랑은 '함께함'의 사랑이요, '자신을 전부 내어 줌'의 사랑이요, '대신 죽음'의 사랑이다. 도대체 지구상의 어느 교회에 이런 사랑이 있는가? 그런데도 교회는 오늘도 온 천지를 다니며 교인 만들기에 여념이 없다. 참으로 가슴 아픈 일이지만, 영혼 구원이 최고요 선교 명령이 지상 명령이라고 주장하며, 억지 전도로 교회를 키우려는 교회를 향해 주님은 이렇게 말씀하신다.

"화 있을진저 외식하는 서기관들과 바리새인들이여, 너희는 교인 하나를 얻기 위하여 바다와 육지를 두루 다니다가 생기면 너희보다 배나 더 지옥 자식이 되게 하는도다 마 23:15."

# 제6장

# 크기가 중요하지 않다고?

메가처치는 '큰' 교회다. 그것도 '무지무지하게 큰' 교회다. 크다는 것이 메가처치의 가장 중요한 특징이다. 칼뱅주의도, 아르미니우스주의도, 교단도, 목회 철학도 다 부차적이다. 크기가 메가처치의 본질이고 핵심이다. 크기가 중요하고 나머지는 별로 중요하지 않다는 것이 메가처치의 특징이다. 크기가 메가처치의 핵심적인 사안임에도 불구하고, 아무도 이 문제에 주의를 기울이려 하지 않는다. 마치 벌거벗은 임금님의 벗은 몸을 어느 누구도 보려 하지 않는 것처럼 말이다. 메가처치 문제의 핵심은 성공주의도, 성장주의도, 맘몬주의도, 영웅주의도, 목회자의 탈선과 부패도, 그 어떤 다른 윤리도덕적인 문제도 아닌, 바로 '크기'다.

## 1. 크기에 대한 이중적 잣대

사람들은 교회의 '크기'에 대해 이중적인 태도를 취한다. 첫 번째로 취하는 태도는 크기를 중요한 문제가 아니라고 보는 것이다. 혹자는 본질론을 들먹인다. 교회가 크고 작은 것이 본질이 아니라고 말한다. 본질은 다른 데 있다는 것이다. 또 혹자는 역할론을 들고 나오기도 한다. 큰 교회는 큰 교회대로 작은 교회는 작은 교회대로 나름의 역할이 있다고 말한다. 이때 달란트 비유가 자주 인용된다. 사람마다 교회마다 크기나 달란트가 다르다는 것이다. 그러니까 큰 교회가 다섯 달란트를 받은 교회라면 작은 교회는 한 달란트를 받은 교회라는 식이다. 비교적 정직한 목사들 중에는 큰 교회의 문제점을 상당히 정확하게 인식하는 분들도 있다. 그러나 이러한 분들조차 큰 교회와 작은 교회를 상대화한다. 각기 나름대로 장단점이 있다는 것이다. 이러한 태도들은 한결같이 크기의 문제를 부차적이고 가치중립적인 문제로 보며, 교회의 크기를 문제의 중심에서 배제한다. 이러한 이유로 교회의 크기를 문제 삼는 사람은 정말 중요한 것은 보지 못하고 사소한 것을 가지고 따지는 어리석은 사람이라는 식으로 매도된다. 그런 사람은 비판하기 좋아하는 사람이요, 매사에 부정적인 사람이요, 하나님의 일을 대적하는 훼방꾼이요, 그리고 다른 사람의 성공을 시기하는 질투심 많은 사람이며, 패배주의자라는 것이다.

그런데 참으로 이상하게, 크기가 전혀 중요하지 않다고 말을 하면서도 모든 교회가 다 커지고 싶어한다. 성장하고 싶지 않은 교회가 있으면 나와 보라고 해서 조사라도 하고 싶다. 너도나도 교회의 성장을 원하고, 성장할 수만 있다면 어떤 방법이든 써 보려는 것이 우리의 현주소가 아닌가? 큰 교회에는 열광하고 작은 교회는 무시하는 것이 지금 우리의 모습이 아니냐는 말이다. 얼마나 빨리, 얼마나 많은 교인을 모았느냐가 목회자의 능력이라도 되는 양 여긴다. 얼마 전에도 "모 목사님은 개척한 지 3년 만에 교인을 몇 천 명으로 부흥시켰답니다"라는 말을 들었다. 최근 어느 교회는 목사님이 새로 오신 뒤에 "1만 명이 넘게 모인답니다." "수십 년째 정체되어 있는 모 교회는 어떤 프로그램을 도입한 지 6개월 만에 교인 수가 배로 늘었다고 합니다." 도대체 이게 다 뭔 소린가? 이러고도 숫자가 중요하지 않고 크기가 중요하지 않다는 말인가?

실제로 사람들은 크기를 선악의 판단 기준으로 삼는다. 그들의 말은 이렇다. 모든 메가처치가 다 건강한 교회는 아니다. 그러나 건강한 교회라면 메가처치의 모습을 갖출 수밖에 없다. 왜냐면, 건강한 교회는 성장할 수밖에 없으니까. 메가처치의 크기는 하나님이 역사하신 산 증거다. 큰 건물, 꽉 들어찬 회중, 매끈하게 진행되는 예배 및 각종 프로그램은 하나님이 부으신 커다란 은혜의 증거다. 크기는 하나님이 그 교회와 신도, 목사에게 부어주시는 축복이다. 또한 크기는 성령 충만의 증거다. 웅장한 예배당으로 수많은 사람이 모였다 흩어지는 장관을 보라. 그 압도적인 인파들을 보라. 그들이 본당과 부속실을 가득 채운 채 일어서서 손을 들고 찬양하는 이 놀라운 모습을 보라! 요한계시록의 한 장면과 같지 아니한가? 크기는 이처럼 성령께서 강력하게 역사하시는 산 증거요, 표적이며, 천상의 예배와 동일시되는 종말론적 특성까지 가지고 있다.

그래서 크다는 것은 곧 옳은 것이라고 여겨진다. 아무리 목사가 문제가 많아도 교회가 크면 그 교회는 하나님이 역사하시는 교회요, 그러한 일을 이룬 목사는 하나님의 종이요 도구다. 그러니 그 목사는 바른 목사가 된다. 흉악한 죄를 지었어도 교회가 크면 일단 면죄부를 받는다. 신학적인 논쟁도 부차적이다. 사역자들 간의 흉악한 음모와 모략, 경쟁, 아부 등이 있어도 이 모든 것은 교회가 크다는 것 때문에 사면을 받는다. 정확히 말하면 그냥 묵인되고 대충 넘어간다고 해야 할 것이다. 왜? 크니까!

큰 것이 옳은 것이라면 이제 작은 것은 옳지 못한 것이 된다. 생명이 있는 모든 것은 성장한다. 성장하지 않는 것은 생명이 없다는, 죽었다는, 최소한 병들었다는 증거다. 작은 것은 옳지 못한 것, 심지어 악한 것이라고까지 여겨진다. 작다는 것은 목사가 기도를 하지 않는다는 증거요, 목회를 제대로 못한다는 증거요, 게으르다는 증거요, 열심과 열정이 없다는 증거며, 영혼을 사랑하지 않는다는 증거다. 작은 교회는 죽었고 병든 교회다. 수십 년이 된 교회가 고작 몇 십 명, 대여섯 가정이 모여 있다면 곧바로 그 교회는 사데교회요 라오디게아교회라는 낙인이 찍히고 만다. 그래서 작은 교회 목사는 생계가 위협받는 곤란에다 악하고 게으른 종이라는 비난까지 이중고를 당한다.


## 2. 크기와 본질의 관계


### 1) 엄청난 오해

흔히 이렇게 말한다. "크기가 무슨 상관이냐, 교회가 바로 서는 것이 중요하지." 이 말을 달리 하면, '교회의 크기'와 '교회가 바로 서는 것' 사이에는 아무런 관계도 없다. 조금 유식하게 말해서, 교회의 '크기'는 '본질'에 영향을 미치지 않는다. 혹은 양量은 질質과 무관하다고 할 수도 있을 것이다. 이러한 생각은 워낙 대중적이어서 자명한 진리나 되는 것처럼 여겨진다.

바로 이 그릇된 관념 때문에 메가처치를 비판하지 않는 것이다. 누군가가 "교회가 커서 사랑이 없다, 권력과 재정이 집중된다, 기업화 되어 간다, 세속화 되어 간다"라고 비판하면, 이렇게 변명한다. "그것은 교회의 크기 때문에 생겨난 문제가 아니다!" 그럼 뭐가 문제냐고 물으면, 이렇게 대답하곤 한다. "복음이 올바로 전해지지 않기 때문에, 설교가 성서에서 벗어나기 때문에, 목회자들이 주님의 뜻대로 사역하지 않기 때문에, 또 성도들이 말씀대로 살지 않기 때문이다." 그러니까 다른 모든 것이 문제가 될 수는 있어도 크기는 결코 문제가 될 수 없다는 것이다. 오늘날 얼마나 많은 그리스도인이 메가처치의 변호사로 자처하는지 모른다. 그러면서 꼭 이렇게 반문한다. "그럼 작은 교회는 성서적인가?"


## 2) 크기는 본질에 영향을 미친다.

분명히 해 두자. 크기는 본질에 영향을 미친다! 많은 사람이 눈치 채지 못하지만, 사실 이 문제는 다분히 철학적이다. 교회의 크기에 대한 문제가 철학적이라니, 그것은 무슨 뜻인가? 그리스의 아리스토텔레스라는 철학자는 어떤 사물이든 본질적인 측면과 비본질적인 측면이 있다고 말했다. 본질적인 측면이란 이것이 없으면 그 본질이 바뀌는 것을 말하고, 비본질적인 측면이란 이것이 없어도 그 본질이 바뀌지 않는 것을 말한다. 예를 들어, 백인과 흑인은 둘 다 사람이다. 그런데 색깔은 다르다. 이때 두 사람의 색깔은 비본질이다. 색깔이 검다고 사람이 아니라고 말할 수는 없을 테니까. 반면에 영혼은 두 사람의 본질이다. 영혼이 없다면 그는 더 이상 사람일 수 없을 테니 말이다. 이런 식으로 보면 큰 사람, 작은 사람도 마찬가지다. 사람의 크기는 본질이 아니라 비본질이다. 키가 작다고 사람이 아니겠는가?

이것을 교회에 적용해 보자. 큰 교회가 있고 작은 교회가 있다. 아리스토텔레스의 논리를 적용해 보면 교회의 크기는 본질이 아니다. 크든 작든 교회니 말이다. 크거나 작다고 해서 교회가 아니라고 말 할 수는 없을 것이다. 이 논리를 확장하면 교회가 아무리 커져도 크기는 본질에 아무런 영향을 미치지 않는다는 말이 된다. 그러니까 결국 메가처치도 교회라는 것이다. 이러한 철학적 논리가 메가처치 옹호론을 떠받치고 있다.

언뜻 보면 굉장히 맞는 말 같다. 그러나 이것은 추상적인 관념 속에서나 가능한 얘기지 현실에서는 얼토당토 않는 얘기다. 왜 그런가? 사람을 예로 들어 보자. 키가 사람됨의 본질에 영향을 미치지 않는 것은 2미터가 넘지 않는 고만고만한 사람들의 경우에만 해당되는 얘기지, 20미터짜리 혹은 200미터짜리 거인의 경우에도 해당되는 얘기는 아니다. 이런 상상을 해 보자. 키가 170센티미터이고 몸무게가 65킬로그램인 어떤 사람이 우주 광선을 맞아서 갑자기 열 배로 커졌다. 키가 17미터, 몸무게가 자그마치 65톤인 거인이 되었다. 이렇게 갑자기 커졌다면 그 사람이 살아남을 수 있겠는가? 아마도 그 사람의 뼈는 몸무게를 지탱하지 못하고 조각조각 부서져 버릴 것이고, 몸을 감싸는 피부는 약해서 찢어져 버릴 것이다. 그 사람이 생존하기 위해서는 뼈나 피부, 다른 모든 신체 기관을 철이나 가죽 혹은 기타 특수 재질로 교체해야 할 것이다. 자, 그렇게 온 몸의 신체 기관을 다 교체해서 그 사람이 살아남았다고 해 보자. 과연 그를 사람이라고 할 수 있을까? '마징가 Z'라고 하면 몰라도 어떻게 사람이라고 할 수 있는가? 이럴 경우 크기는 본질에 영향을 미친다.

이처럼 아리스토텔레스의 논리는 현실에 그대로 적용하기 어려운 측면이 있다. 사람의 경우, 크기에는 반드시 '한계'가 있다. 어느 정도의 한계 안에서만 크기는 사람됨과 무관한 비본질이다. 그러나 이 한계를 넘어 버리면 크기는 본질에 영향을 미친다. 하워드 스나이더는 말한다. 만일 코끼리가 생쥐만큼 작아진다면 코끼리의 기능을 감당할 수 없을 것이라고. 그리고 그 반대도 마찬가지다. 생쥐가 코끼리만큼 커진다면 쥐는 더 이상 쥐가 아닐 것이다. 그것은 쥐도 아니고 코끼리도 아닌 제3의 괴물이 되고 말 것이다.

교회도 마찬가지다. 교회마다 클 수도 있고 작을 수도 있다. 그러나 이것은 어디까지나 한계 안에서만 가능한 얘기다. 한계를 넘어 버리면 교회의 크기는 새로운 차원의 문제가 된다. 하지만 메가처치는 '성장의 한계'를 넘어 버린 교회다. 과거에는 도저히 넘을 수 없는 성장의 한계, 가톨릭주의, 교구제, 도시나 마을의 크기, 인구수, 교통 및 통신기술의 한계, 교회 건물의 크기, 인간의 신체적 한계 등이 교회의 크기를 제한했다. 그리고 이 한계는 절대적이었다. 그러나 19-20세기를 넘어서면서 이러한 한계들이 하나씩 무너져 내렸다. 이렇게 해서

'성장의 한계'를 넘어 버린 초대형 교회가 등장하기 시작한 것이다.

이론상이지만, 오늘날 하나의 지역 교회는 무한한 성장이 가능하다. 기네스북에도 올랐을 테지만, 단 하나의 지역 교회가 무려 75만 명까지 성장 가능하다는 사실을 우리는 목격하고 있다. 이것은 분명 대단히 새로운 현상이다. 오늘날 교회와 신자가 교회의 '크기'를 성서적으로나 신학적으로 고찰해 보아야 하는 이유도 여기에 있다. 전혀 새로운 현상으로서의 메가처치! 오늘날 교회의 크기야 말로 그리스도인에게 던지는 새로운 문제다. 20미터의 인간을 인간이라고 부르는 것이 곤란한 것처럼, 성장의 한계를 넘어 버린 메가처치도 여전히 교회냐는 물음에 우리는 신중을 기해 답해야 할 것이다.

### 3) 로마 제국의 사례

로마의 율리우스 카이사르는 '크기'의 문제가 얼마나 중요한지를 잘 알았던 사람이다. 주전 1세기 로마는 큰 위기 가운데 있었다. 그런데 카이사르는 로마의 위기가 근본적으로 로마의 '크기' 때문에 생겨난 문제임을 알아차렸다. 로마는 3차에 걸친 포에니 전쟁에서 숙적 카르타고를 멸망시켰다. 그러자 로마는 하룻밤 사이에 지중해상의 최강자가 되었다. 영토가 확대되면서 시장도 확대되고 로마의 비즈니스가 세계를 지배하게 되었으며, 유럽과 아시아의 엄청난 부가 로마로 쏟아져 들어왔다.

그러나 이것은 동시에 과거와 전혀 다른 문제들을 만들어 냈다. 우선 로마의 부는 주로 원로원과 귀족들, 경제인들에게만 돌아갔으며, 평민들은 혜택을 누리지 못했다. 빈부의 격차는 엄청나게 커지고, 실업자도 급증했다. 값싼 곡물이 수입되자 농업은 붕괴되고, 농가는 몰락했다. 소수의 귀족들이 대토지 농장인 '라티푼디움'을 소유하는 붐이 일어났다. 그러자 농민들은 소작농으로 전락하거나 도시로 쫓겨났다. 실업자의 증가는 로마 군단의 질적 저하를 초래했고, 동맹국들은 로마와의 연대를 포기했다. 갑작스럽게 많아진 광대한 속주들을 통치하는 것도 큰 문제였다. 이 모든 문제는 궁극적으로 로마의 '크기'가 커진 데서 기인한 것이었다. 시오노 나나미식으로 말하자면, "몸집은 커졌는데 내장이 이를 따라잡지 못했던 것"이다.

율리우스 카이사르는 주전 1세기 로마의 위기를, 늘어난 로마의 크기에 걸맞은 제도와 체재의 부재 때문이라고 정확히 진단했다. 그렇다면 가장 먼저 해야 할 일은 로마의 크기를 확정하는 것이었다. 무조건 커지기만 한다고 좋을 일이 아니었다. 그는 로마가 감당할 만한 크기로 국경을 확정했다. 라인 강, 도나우 강, 유프라테스 강을 로마의 국경으로 확정하고, 국경선은 든든한 성벽과 방책으로 막았다.

이제 그는 국경선 내부의 광대한 영토를 하나의 '제국'으로 통합하고자 했다. 카이사르의 구상은 늘어난 로마의 영토, 곧 이탈리아 반도와 지중해를 중심으로 동서 유럽, 스페인, 브르타뉴, 북아프리카, 이집트, 팔레스틴 그리고 소아시아를 망라하는 세계를 하나의 제국으로 묶어 통치하는 것이었다. 이 광대한 코스모폴리스는 더 이상 이탈리아 반도 중앙에 위치한 조그마한 폴리스인 로마가 아니라 로마 제국이라 불러야 할 만한 것이었다. 이를 위해서는 무엇보다도 몸집에 걸맞은 내장을 갖추어야 했다.

이 내장을 갖추기 위해, 첫 번째로 그는 수많은 민족, 언어, 문화,

종교권을 하나로 묶는 조치를 내렸다. 그래서 제국 전체의 표준 시각을 정할 필요가 있었고, 자신의 이름을 딴 '율리우스력'을 만들었다. 통일 화폐를 만들어 제국 전역에 유통했으며, 라틴어와 그리스어를 공용어로 지정했다. 기존의 도로망을 정비하여 제국 내 모든 도로를 로마로 통하게 만들었다. 아울러 제국 곳곳에 로마 스타일의 첨단 도시를 건설하여 로마 시민과 제대 군인들을 이주시켰고, 이러한 거점을 통해 로마의 선진 문명을 제국 전역에 전파했다. 문화적 통일을 꾀한 것이다.

두 번째로, 그는 통치의 효율성을 위해 분산된 권력을 한 사람에게 집중하고자 했다. 한 마디로 황제정을 구상한 것이다. 당시 로마는 권력이 한 사람에게 집중되는 것을 막기 위해 수백 년 동안 원로원 제도를 시행했다. 원로원은 600명의 고급 인력으로 구성되었으며, 토론과 합의를 통해 국가의 중대사를 의논하고 결정하는 로마의 핵심 권력 기관이었다. 그러나 카이사르는 이 원로원 제도가 광대한 제국을 통치하는 데 필요한 효율성과 기동성을 전혀 갖추지 못했다고 보았다. 그래서 그는 원로원 체제를 황제정으로 바꾸어야 한다고 생각했다. 그리하여 스스로 종신 독재관에 취임했고, 이로써 자신의 후계자인 옥타비아누스 때부터 본격적으로 황제정이 출범할 수 있는 기틀을 닦아 주었다.

세 번째로, 그는 지방 자치를 추진했다. 기존에 로마의 통치를 받았던 속주를 로마 제국의 지방으로 승격시키고, 이 지방 정부에 최대한 자치권을 부여하고자 했다. 중앙 집권 체제와 동시에 지방 분권 체제도 구상했던 것이다. 중요한 문제는 중앙 정부가 처리하고 나머지는 각 지방의 자치 정부가 알아서 하도록 맡겼다. 예나 지금이나 중앙과 지방의 이중적 통치 방식은 거대 규모의 조직을 운영하는 가장 효과적인 방법 중 하나다. 이 때문에 로마 제국 내의 부족과 민족은 로마의 통치 하에서도 자신들의 문화와 풍습, 종교를 그대로 유지할 수 있었다.

네 번째로, 무엇보다 그는 로마가 제국으로 탈바꿈하기 위해서는 그에 걸맞은 세계관, 곧 정신이 필요하다는 사실을 깨달았다. 이 정신을 관용, 곧 '톨레랑스'라고 부른다. 로마는 더 이상 이탈리아 반도의 작은 도시가 아니라 세계다. 로마 시민은 더 이상 로마 시의 거주인만이 아니라 전 세계인을 가리킨다. 로마의 통치를 받는 모든 주민은 원칙적으로 로마의 시민이 될 수 있어야 한다. 따라서 속주는 없어져야 한다. 오직 로마만이 존재할 테니 말이다. 이는 실로 혁명적인 사고의 전환이었다. 사실 카이사르 자신이 톨레랑스의 정신으로 충만한 사람이었다. 그는 자신과 맞섰던 정적들을 숙청하지 않고 내버려 두었다. 또 호위병 없이 로마 시내를 돌아다녔다. 로마의 웅장한 성벽도 헐어버림으로써 더 이상 로마가 일개의 도시국가가 아님을 선언했다. 로마 전역의 속주민들도 사실상 시민권을 부여받을 수 있는 길을 열어 주었다. 특히 카이사르의 톨레랑스 정신은 원로원의 숫자를 기존의 600명에서 900명으로 늘리면서, 늘어난 300명의 대부분을 갈리아인으로 채워 넣은 데서 극적으로 표현되었다. 결국 카이사르는 이러한 조치에 분노한 원로원 의원들에 의해 무참히 살해되었다. 카이사르의 개혁이 기득권 세력의 강력한 반발을 사고 만 것이다.

이를 통해 알 수 있는 것은 무엇인가? 한 조직의 외적인 '크기'는 내적인 구조, 체제, 정신과 대단히 긴밀하게 연결되어 있다는 사실이다. 즉, 외적 크기와 내적 본질이 떨어져 있지 않다는 말이다. 외적으로 커지면 반드시 내적인 문제가 발생하게 되어 있다. 이 문제를 해결하지 못하면 조직은 붕괴되고 만다. 크기로 인해 발생하는 문제를 해결한다는 것은 완전히 다른 구조, 체제, 정신을 만들어 내야 한다는 뜻이다. 즉 새롭게 거듭나야 하는 것이다. 주전 1세기의 로마는 카이사르의 개혁으로 말미암아 새로이 거듭날 수 있었고, 그 덕에 500년, 동로마의 경우는 1,500년을 더 지속할 수 있었다. 다시 말하거니와 이처럼 크기는 본질에 영향을 미친다.

## 3. 메가처치에서 크기와 본질

교회를 포함하여 모든 조직체가 커지면 불가피하게 로마와 유사한 문제에 직면하게 된다. 그것은 '크기'의 문제다. 예외는 없다. 어떤 교회든 어느 정도 커지면 기존의 내적인 구조, 체제, 정신과 모순을 일으키게 되어 있다. 소위 '성장의 한계'가 눈앞에 드러나는 것이다. 칼 조지Karl George는 자신의 책 「교회 성장의 한계 이렇게 돌파하라」 *How to Break Growth Barriers*, 프리셉트 역간에서 교인 수가 각각 75명, 200명, 400명, 800명, 3천 명, 6천 명일 때 성장의 장벽을 만난다고 말했다. 물론 이때 발생하는 문제는 '크기'의 문제라고 요약할 수 있을 것이다.

교회가 '크기의 문제'를 극복하기 위해서는 주전 1세기 로마처럼 내부 구조, 체제, 정신의 영역에서 개혁을 추진해야 한다. 물론 각 단

계마다 개혁의 성격은 조금씩 다를 수 있다. 예를 들어, 칼 조지에 의하면, 200명 장벽을 만날 때, 교회는 '작은 교회 사고방식'을 버리고 친밀감에 대한 욕구를 보류하고, 담임목사는 양치기에서 목장 경영자로 전환할 준비를 하며 소그룹을 조직하고 건축 관련 사업을 준비해야 한다. 400명의 장벽을 만날 때는 당회가 기존의 통제 역할을 버리고 협력 기관으로 조정되어야 한다. 또 유급 직원과 부교역자를 고용하며, 이들에게 적절하게 임무를 분배해야 한다. 이때 중요한 것은 임무 분배를 위한 매뉴얼을 작성하고, 해고의 원칙을 명확히 해 두는 것이다. 800명의 장벽을 돌파하려면, 담임목사는 양치기 역할을 그만두고 전체를 통괄하는 경영자가 되어야 한다. 이때 권력은 담임목사에게 집중되어야 한다. 교구는 합리적으로 재편성하고, 직원과 교역자들은 연령별로 재배치해야 한다. 또 마케팅 방법론을 도입해야 할 때도 이때다.

이러한 각각의 단계를 훌륭하게 거치고 메가처치가 된다는 말은 결국 카이사르식 개혁을 훌륭하게 완수해야 한다는 것을 뜻한다. 카이사르가 그랬던 것처럼, 메가처치는 먼저 전산망이나 커뮤니케이션 네트워크, 기타 조직을 통해 전 교인을 효과적으로 파악하고 관리할 수 있어야 한다. 둘째, 더욱 효율적이고 신속한 교회 운영을 위해 권력은 담임목사에게 집중될 필요가 있다. 이때 관건은 담임목사의 생각이나 판단이 신속하게 각 교인들에게 전달되는 조직과 체제를 잘 정비하는 것이다. 셋째, 권력의 중앙 집중과 동시에 중규모와 소규모의 교구, 모임, 소그룹을 원활하게 운영해야 한다. 이것은 성도들의 자발성을 유도하는 최상의 방법 중 하나다. 이상의 것들을 통해 메가처치는 거대한 회중이 한 인격체처럼 생각하고, 말하고, 행동하도록, 그것도 자발적으로 그리 하도록 만들어야 한다. 넷째, 교회는 로마식 관용의 정신을 배워 배타주의를 극복하고, 친밀감에 대한 욕구를 억제하여 누구나 받아들일 수 있는 개방적 조직으로 바뀌어야 한다. 물론 이러한 개방성은 지상 명령의 수행을 위해 반드시 순종해야 하는 것이다.

특히 주목할 것은, 커지기 위해서는 교회에도 반드시 새로운 의식과 정신이 필요하다는 사실이다. 로마 공화국이 로마 제국으로 확대되기 위해서는 톨레랑스라는 관용의 정신이 필요했다. 마찬가지로 작은 교회가 메가처치가 되기 위해서는 자기들끼리만 모이는 배타주의와 텃새를 버리고 누구라도 받아들일 수 있는 개방적 정신을 반드시 가져야 한다. 그리고 이를 위해서는 교인 모두가 서로 잘 알고 지내는 친밀한 관계는 어쩔 수 없이 포기해야 한다. 물론 이것은 교회 내에서 중대한 변화를 초래할 것이다. 이는 마치 농촌에서 도시로 바뀌는 것과 같고, 전근대에서 근대로 바뀌는 것과 같으며, 퇴니스 Ferdinand Tonnies가 말한 공동사회Gemeinschaft에서 이익사회Gesellschaft로 바뀌는 것에 비견할 만하다. 이는 실로 엄청난 변화로, 단순히 조직의 문제일 뿐 아니라, 심리적, 사회적, 신학적, 신앙적인 문제를 포함하는 본질의 대변혁이다. 이 엄청난 대변혁에 성공한 교회가 바로 메가처치다. 그런데 어찌 교회의 크기가 본질에 영향을 미치지 않는다고 말할 수 있는가?

# 4. 좀더 생각할 문제

## 1) 생명체와 성장의 한계

교회 성장학자들은 이렇게 말한다. '살아 있는 모든 생명체는 성장한다'고. 맞다. 그런데 한 가지가 빠졌다. '살아 있는 모든 생명체는 성장의 한계가 있다.' 성장의 한계가 없는 생명체는 하나도 없다. 물론 개체마다 성장의 한계는 다르다. 그러나 무한히 성장하는 생명체는 하나도 없다. 성장의 한계는 생명체의 필연적인 속성이다. 왜냐하면 생명체가 원활하게 생명 활동을 수행하기 위해서는 각 개체의 적정한 크기가 필요하기 때문이다. 그래서 생명체는 어느 정도 성장하면 그 성장을 억제하는 시스템이 작동하게 되어 있다. 따라서 생명체마다 어느 정도 자신에게 걸맞은 크기를 지니는 것이다.

인간의 성장에 대해 생각해 보자. 정자와 난자가 결합해서 수정란이 된 다음부터 인간의 성장은 시작된다. 열 달을 엄마의 뱃속에서 성장한 다음 경이로운 출생을 하게 된다. 태어나는 순간부터 아기는 날마다 먹고 자고 먹고 자고 하면서 무럭무럭 커간다. 조그맣던 아기는 점점 길어지고, 무거워지고, 커진다. 이렇게 아기가 커지는 것은 몸속에 있는 성장판이 성장하기 때문이다. 성장판의 성장은 스무 살 정도까지 계속된다. 그리고 그때가 되면 성장이 멈춘다. 물론 성장판의 성장이 멈추면 사람의 키도 더 이상 크지 않는다. 시대마다 지역마다 민족마다 평균 키는 다르다. 그러나 99.9퍼센트의 인간은 2미터를 넘지 않는다. 하지만 성인이 되어도 성장이 멈추지 않는 사람들이 더러 있다. 성장판의 성장을 억제하는 기능이 고장나 버린 것이다. 아주 드물게 어른이 되어도 계속 성장해서 2미터가 넘는 사람이 있는데, 의학적으로는 이런 현상을 말단 비대증이라고 하고 쉬운 말로 거인증이라고 한다. 거인증은 병이다. 그리고 계속 크는 인간은 환자다.

의학박사 이희대의 「희대의 소망」두란노이라는 책을 보면 암세포에 대한 흥미로운 설명을 볼 수 있다.

"암이란 무엇인가? 세포가 무한대로 성장하는 것이다. 우리의 코와 눈썹과 다리를 유지하기 위해 지금도 많은 세포가 일정 기간 성장했다가 때가 되면 죽는다. 그 죽은 자리를 새로운 세포가 채워 주는 순환이 계속되고 있다. 그러나 성장과 죽음을 반복해야 하는 세포의 유전자에 변이가 생겨 결코 죽지 않고 끊임없이 자라나는 세포가 나타났다. 이것이 바로 암세포다. 암을 영어로 '통제되지 않는 성장'이라고 하는 이유는 바로 그 때문이다."

옳다. 모든 생명체는 성장한다. 그러나 성장에는 반드시 한계가 있다. 따라서 교회 성장학의 전제는 '모든 생명체는 어느 정도까지만 성장한다'로 바꾸어야 한다. 이희대는 또 이 말을 덧붙였다.

"암세포가 무서운 것은 끊임없이 자라나기 위해 다른 세포들의 영양분을 혼자서 차지한다는 사실 때문이다. 그것도 한 군데에서만이 아니라 끊임없이 자리를 옮기면서 말이다. 암세포는 칼로리 섭취가 지나치게 많을 때 번식을 잘하는 경향이 있다. 암세포는 가만히 숨어 있다가 어느 순간 고칼로리 영양분을 낚아채서 독식하며 성장한다. 암세포가 다른 세포의 영양분을 독식하면서 성장하듯이, 그 생성 또한 끊임없는 욕심에서 비롯된다. 말하자면 암세포의 본질은 탐욕이다."

이 글을 읽는 순간 나의 머릿속에는 한국 교회의 상황이 선명하게 떠올랐다. 그렇다. 메가처치는 일종의 암세포다. 메가처치는 성장의 한계를 넘어 버린 교회다. 따라서 메가처치는 무한히 성장하는 교회다. 메가처치는 불신자들을 전도해서 성장할 뿐만 아니라 다른 교회마저 집어삼킴으로써 성장한다. 뿐만 아니라 메가처치는 다른 교회들까지도 메가처치로 동화시켜 버린다. 그래서 메가처치와 접촉하는 모든 교회는 메가처치의 유전자가 심겨진다. 메가처치의 실제 수는 별로 많지 않지만, 사실은 주위의 모든 교회가 다 메가처치의 DNA를 가지고 있다. 그래서 오늘날 모든 교회는 메가처치의 DNA를 가진 '잠재적 메가처치'가 되고 말았다. 때문에 작은 교회라도 여건과 상황만 주어지면 메가처치로 성장하고 말 것이다. 나는 바로 이런 현상을 메가처치 현상이라고 부르는 것이다. 이는 암 세포가 온 몸으로 전이된 것과 흡사하다. 그런데도 메가처치가 건강한 교회인 양 모범적인 교회인 양 여겨지다니, 또 메가처치 목사가 뭔가를 이룩한 사람인 양 떠받들어지다니 참 답답한 노릇이다. 그러니 모든 목사와 신학생이 너도나도 메가처치를 꿈꾸는 것이 아닌가. 메가처치 현상은 더욱 심화되고 있다. 지금 한국 교회는 암세포가 삽시간에 온 몸에 퍼지고만 형국이다. 그래서 지금 한국 교회는 말기 암 환자다.

## 2) 성장주의와 메가처치

메가처치 현상을 이해하기 위해서는 성장주의를 이해할 필요가 있다. 성장주의는 물질적 성장을 토대로 선악을 판단하는 가치관이다. 그러니까 성장하는 것은 선이고, 성장하지 않는 것은 악이라는 견해다. 이러한 성장주의는 동서고금을 막론하고 상존常存하는 가치관이다. 하지만 내가 보기에 오늘날의 성장주의는 철학적 배경을 가지고 있는 것 같다. 지금은 예전 같지 않지만, 한때 엄청나게 유행했던 진보주의라는 사상이 그것이다. 진보주의란 역사가 점점 전진한다는 철학을 말한다. 「역사관의 유형들」*Patterns in History*, IVP 역간을 쓴 데이비드 베빙턴David Bebbington에 따르면, 거의 모든 시대의 사람들은 역사가 퇴보하거나 순환한다고 생각했다. 그런데 18세기 이후로 사람들이 역사가 앞을 향해, 미래를 향해 전진한다고 생각하게 되었다는 것이다.

콩도르세Marquis de Condorcet를 비롯한 대부분의 계몽주의자는 모두 열렬한 진보주의자들이었다. 헤겔은 진보주의를 가장 심오한 역사 철학으로 완성했는데, 그는 역사가 미래의 완전한 종점을 향해 지속적으로 전진한다고 말했다. 19세기는 그야 말로 진보주의의 세기였는데, 다윈의 진화론, 마르크스의 공산주의, 심지어 기독교 후천 년설도 진보주의의 영향으로 생겨난 것이다. 때문에 19세기에는 많은 사람이 20세기가 되면 바야흐로 역사는 종점에 도착하고 지상에는 천년왕국이 도래할 것이라는 낙관적 견해를 가졌다. 이러한 낙관적 견해는 지식인들뿐만 아니라 일반 대중에게까지 깊게 파고들었다. 대중에게 진보주의를 설득한 사람들은 철학자가 아니라 과학자와 기술

자들이었다. 17-18세기 과학혁명 이후로 날이 갈수록 놀랍게 발전하는 각종 과학적 발견들, 진기한 발명품, 깜짝 놀랄 만한 기술적 진보는 누가 보더라도 역사가 전진하고 있다는 분명한 증거였다.

하지만 이러한 진보주의는 20세기에 이르러 큰 타격을 입는다. 20세기에 이르면 역사는 종점에 이르고 인간과 사회가 완전해질 거라고 믿었던 진보주의자들의 믿음과 다르게, 인류는 두 번이나 끔찍한 세계대전을 겪어야 했다. 사람을 죽이는 살인 기술은 발전했을지 몰라도, 인간성과 도덕성은 오히려 크게 후퇴한 것처럼 보였다. 역사는 정점을 향해 나아간다는 진보주의가 더 이상 설득력을 가질 수 없게 되었다. 그러자 진보주의는 새로운 모습으로 변신하게 된다. 그것이 바로 물질적 성장주의다. 20세기의 사람들은 여전히 역사가 진보한다고 믿었다. 그러나 이들이 믿는 진보는 철학적, 윤리적, 신학적 진보가 아니라, 철저하게 물질적인 진보다. 역사의 진보는 물질적 성장을 통해서만 확인될 수 있을 뿐이다. 빌딩이 더 높아지고, 자동차가 더 빨라지고, TV 채널이 더 많아지고, 도시가 더 커지고, 인터넷을 설치하는 집이 더 늘어나고, 윈도우 시스템이 더 업그레이드되고, 경제가 더 성장한다면, 여전히 역사는 진보하는 것이다. 이처럼 진보주의는 철저하게 세속화, 물질화, 물량화되고 말았다.

20세기 이후에는 모든 사람이 물질의 성장을 통해서만 의미와 가치를 발견하려는 경향이 생겼다. 이러한 물질주의와 성장주의는 성서로부터 유래한 것이 아니며, 철저하게 세속적이고 세상적인 가치관이다. 모두가 성장하고 싶어한다. 학생은 공부를 더 잘하고 싶어하고, 정치인은 더 높은 자리에 오르고 싶어하고, 세일즈맨은 실적을 더 많이 올리고 싶어하고, 기업은 매출을 더 많이 늘리고 싶어하며, 국가는 경제 성장률을 더 높이고 싶어한다. 모두 다 성공하고 싶어 미쳐 돌아간다. 그리고 그 와중에서 교회도 더 크게 성장하고 싶어 난리다. 성장에 대한 세상 사람들의 욕망과 교회의 욕망 사이에 도대체 무슨 차이가 있는가? 그런데도 메가처치 교인들은 주님의 지상 명령에 순종하기 위해 교회를 성장시켜야 한다고, 영혼을 사랑하기 때문에 전도해야 한다고 말한다. 아무리 변명해도 세상 사람들은 다 안다. 교회가 기업과 똑같이 매출을 늘리려 한다는 사실을, 자신들과 하나도 다를 바 없는 욕심쟁이라는 사실을 말이다. 그런데도 교회는 스스로 영적인 체한다. 그래서 사람들이 기독교를 '개독교'라고 부르는 것이다. 아아, 어째서 교회는 아직도 자신이 바알을 예배한다는 사실을 깨닫지 못하는가?

"스스로 속이지 말라. 하나님은 업신여김을 받지 아니하시나니, 사람이 무엇으로 심든지 그대로 거두리라 갈 6:7."

# 제7장

# 크기에 대한 구약의 가르침

사람들은 크기가 중요하지 않다고 말한다. 특히 탈마법화시대를 살아가는 현대인들은, 크기가 본질에는 영향을 미치지 않는 비본질에 속한다고 생각하기 때문에 더욱 그렇다. 그러나 고대인들은 그렇게 생각하지 않았으며, 성서도 그렇게 가르치지 않는다. 성서는 크기에 대한 말들로 가득하다. 크기에 대한 성서의 관점은 분명하다. 하나님은 큰 것을 싫어하시고, 작은 것을 돌아보신다는 것이다.

## 1. 왕

왕이란 큰 자다. 하나님은 왕을 싫어하신다. 그래서 성서는 왕정을 정죄한다. 아담이 하나님을 반역한 이유가 무엇인가? 크고자 했기 때문이다. 뱀의 유혹은 '아담이 하나님처럼 될 것'이라는 내용이었는데, 한 마디로 '1인자'가 되라는 말이었다. 더 높아지고, 더 위대해지고, 더 커지라는 유혹이었고, 아담은 이 유혹에 넘어갔다. 사실 아담은 에덴에서 이미 충분히 큰 자였다. 그도 다른 짐승처럼 흙으로 지음을 받은 존재였지만, 하나님의 은총을 입어 모든 짐승을 발아래에 두는 군주가 되었다. 정확히 말하면 아담은 에덴의 분봉왕, 즉 2인자였다. 그런데 그런 아담은 아직도 부족하다고 생각했던 것이다. 뱀의 유혹을 접한 그는 더 크고자 했다. 1인자, 황제가 되고 싶었던 그는 끝내 야훼의 보좌를 찬탈하고자 거사를 일으키고 말았다.

더 커지고자 했던 아담의 욕망은 도시의 건설자 가인에게로, 제국의 건설자 니므롯에게로 이어져 내려온다창 10:8-9. 니므롯은 대제국의 황제, 곧 왕이었다. 커지고 싶어하는 인간의 욕망 때문에 '왕'이라는 제도가 생겨난 것이다. 정교 분리가 일반화된 현대 사회에서 왕의 고대적 의미를 올바르게 이해하기란 쉽지 않다. 김선정이「요한복음서와 로마황제숭배」한들에서 잘 지적해 주었듯이, 고대 사회에서 왕이란 신神과 동의어다. 왕은 신 자신이거나 최소한 신의 특별한 은총을 입은 특별한 사람이다. 따라서 왕은 신과 인간의 세계를 연결하는 통로로 여겨졌다. 요약하면, '왕=신=큰 자'라는 공식이 성립된다. 그러니까 왕이란 크고자 하는 인간 욕망의 투영이며, 이는 하나님이 되고자 하는 참람한 반역의 음모다. 왕이란 아담의 반역 동기요 원죄의 표출이다. 그래서 하나님은 왕을 싫어하신다.

'왕'을 히브리어로는 '멜렉'이라고 하는데, 이 말이 처음 나온 곳은 창세기 14장이다. 여기에는 자그마치 9개국 왕들이 한 곳에 모여 대전투를 하는 장면이 나온다. 그돌라오멜을 중심으로 하는 4개국 연합군과 반反그돌라오멜 전선의 5개국 연합군이 벌이는 전쟁은 가히 세계대전이라고 할 만한 수준이다. 그런데 창세기 기자는 이 거대한 세계대전을 별일 아닌 것처럼 기록한다. 마치 아이들 싸움처럼 바라본다. 또한 9개국 왕들이 싯딤 골짜기에 모여 한판 결전을 치를 때 아브라함은 그 전쟁에 속해 있지 않다. 조카 롯이 전쟁 포로로 잡혀갔다는 소식을 듣기 전까지 아브라함은 그저 전쟁의 구경꾼이었다. 이는 왕의 제도와 왕들 간의 전쟁이 철저하게 이교적 풍습이며 하나님의 백성과는 무관함을 강하게 암시한다.

이렇게 나라들과 왕들이 한바탕 이전투구를 벌인 끝에 살렘 왕 멜기세덱이 출현한다. 히브리서 기자는 멜기세덱이 신비에 쌓인 인물이라고 말하는데히 5:11, 창세기 기자는 그의 정체를 알 수 있는 몇 가지 중요한 단서를 남겨 놓는다. 우선 그의 이름을 보자. '멜기세덱'은 '멜렉'과 '체데크'의 합성어다. 멜렉은 왕이라는 뜻이고 체데크는 공의라는 뜻이다. 그러니까 멜기세덱은 '의로우신 왕'이라는 뜻이다. 멜기세덱이 근동 지역 9개국 왕들의 결전장에 나타났다는 것은 무엇을 뜻하는가? 이는 멜기세덱만 참 왕이며 나머지는 다 가짜라는 뜻이다. 여기서 참 왕과 거짓 왕이 날카롭게 대조된다. 하나님으로부터 왕권을 하사받은 멜기세덱만이 이 땅의 참 왕이며, 세상의 모든 왕은 스스로를 높여서 왕인 체하는 가짜 왕들이다.

또 멜기세덱을 살렘 왕이라고 부르는 것도 대단히 시사적이다. 살렘이란 예루살렘의 옛 지명으로 보이기도 하는데, '평화'라는 뜻이다. 즉, 멜기세덱은 평화의 왕이다. 이는 가짜 왕들이 전쟁과 폭력의 왕이요 도적질하고 죽이는 자들인 것과는 현저하게 구별된 특징이다. 한 마디로 멜기세덱은 세상의 질서에 속하지 않은 왕이다. 바로 여기서 우리는 히브리서 기자가 멜기세덱을 그리스도의 전신前身으로 설명한 이유를 짐작할 수 있다. 왕들은 스스로 큰 체하며 더 커지기 위해 싸운다. 그러나 그들은 모두 거짓 왕이며 진정한 왕은 오직 한 분 하나님뿐이다. 이것이 멜기세덱이라는 존재의 의미다.

왕권은 오직 하나님께만 있다. 따라서 세상의 왕들은 모두 가짜다. 이것이 하나님이 왕의 제도를 멸시하시는 이유다. 창세기 기자는 에돔 족속의 족보를 기록하면서 이렇게 말한다. "이스라엘 자손을 다스리는 왕이 있기 전에 에돔 땅을 다스리던 왕들은 이러하니라창 36:31." 이스라엘이 최초로 왕을 가지게 된 것은 에돔 왕조보다 거의 500년이나 뒤의 일이다. 즉, 세상의 질서는 왕의 제도에 기초해 있으나 이스라엘은 그렇지 않다는 것이 창세기 기자의 설명이다. 슬프게도 500년 뒤, 이스라엘 백성은 사무엘에게 **"모든 나라와 같이** 우리에게 왕을 세워 우리를 다스리게 하소서삼상 8:5, 강조는 저자" 라고 요구한다. 여기서 주목할 말은 "모든 나라와 같이"다. 즉, 이스라엘 백성들은 이방나라의 왕의 제도를 수입하고자 했던 것이다. 고로 왕의 제도는 철저하게 이교적인 제도며 하나님 나라에 속한 것이 아니다. 어리석게도 이스라엘은 큰 나라가 되기를 원했으며, 이를 위해서 왕 곧 큰 자를 원했다. 그러나 이것은 하나님을 배신하는 행위였다삼상 8:7.

이러한 이유 때문에 이스라엘의 위대한 영웅 기드온은 미디안 족속을 물리친 대승을 거두고도 왕이 되어 달라는 이스라엘 백성들의 요청을 거부했다. "내가 너희를 다스리지 아니하겠고 나의 아들도 너희를 다스리지 아니할 것이요, 야훼께서 너희를 다스리시리라삿

8:23." 옳다. 오직 하나님만이 왕이시며, 야훼만이 이스라엘을 다스리신다. 그러나 기드온의 아들 아비멜렉은 아버지의 유지를 저버리고 스스로 왕인 체했다. 아비멜렉이라는 이름부터가 문제가 많다. 아비멜렉은 '왕은 나의 아버지시다' 혹은 '나의 아버지는 왕이시다'라는 뜻으로, 이는 아브라함 당시 그랄국 임금의 공식직함이었다. 또 이것은 후에 블레셋 왕의 공식칭호로도 쓰인 모양이다. 그러니까 아비멜렉이라는 이름 자체가 왕의 직함이었던 것이다. 아비멜렉은 스스로를 형제들 위에 높여서 왕이 되겠노라 설쳤다. 한 마디로 이름값을 하는 것이다. 이는 스스로 크고자 해서 선악과를 따먹었던 아담의 반역의 반복이며, 이교주의와의 혼합이다. 그러나 결국 임금 아비멜렉은 한 여인이 던진 맷돌 위짝에 맞아 숨을 거둔다. 코미디가 따로 없다. 아비멜렉의 죽음은 역사 속에서 스스로 큰 체하는 자를 향한 하나님의 유머러스한 심판이며, 동시에 스스로 높이는 모든 큰 자를 반드시 낮추시겠다는 야훼의 경고다. 하나님은 큰 자를 싫어하신다.

## 2. 신상과 신전

### 1) 신상

종교현상학자들의 보고에 따르면, 고대인들은 '크다는 것'이 신적 속성divinity을 뜻한다고 믿었다. 거대한 산, 거대한 나무, 거대한 바위, 거대한 폭포 등에는 신적인 속성이 있다고 믿었던 것이다. 루돌프 오토Rudolf Otto식으로 말하면, 고대인들은 거대함, 어마어마함을 누멘적인 것Numinose 곧 신성한 것Das Heilige으로 이해했다. 비범하게 커다란 사물은 신성이 드러나는 역현力顯이다. 때문에 고대인들은 큰 사물을 신이라고 여겼으며, 반대로 신은 크다고 믿었다. 큰 것은 신적인 것이다. 그러나 이것은 이교적 신을 말한다.

이방신의 가장 대표적인 특징 중 하나는 크고 위대하다는 것이다. 몰록 혹은 몰렉은 셈족의 신으로, 멜렉에서 나온 이름이다. 즉 '왕'을 뜻한다. 몰록과 같은 신이 암몬족속에게도 있었으니, 그 이름은 밀곰이었다. 역시 '왕'이라는 뜻의 신이다. 모압의 신 그모스는 '강한 자', '힘센 자', '정복자'를 뜻한다. 메소포타미아지역의 신 네르갈은 '큰 집의 주인'이라는 뜻이다. 벨과 므로닥은 메소포타미아의 최고 신 마르둑을 가리키는데, '주主', '왕'이라는 뜻을 가지고 있다. 가나안 지역의 대표 신 바알은 '아버지', '남편', '왕'이라는 뜻의 이름을 가지고 있는데, 여기서 수많은 신이 파생되어 나온다. 예컨대, 바알브릿, 벨, 바알세붑 등이 그들이다. 물론 이들의 신명神名은 바알과 비슷하게 큰 자라는 뜻이다. 이처럼 신들의 이름을 통해서도, 큰 자=신=왕이 모두 동의어라는 점을 확인할 수 있다.

고대인들은 신을 크고 위대한 자로 이해했기 때문에, 신을 찬양할 때 항상 '크다, 위대하다'라고 외쳤다. 바로 이러한 이교도들의 '경배와 찬양' 장면을 사도행전에서 볼 수 있다. 기독교 신앙 때문에 에베소의 아르테미스 여신 숭배 신앙이 위협을 받자 에베소 사람들은 온 도시를 휩쓸고 다니면서 두 시간 동안이나 "크다, 에베소 사람의 아데미여! 크다, 에베소 사람의 아데미여!행 19:28, 34"를 외쳤다. 자신들의 신은 크다는 것이다. 기억하자. 크기는 신성을 의미한다.

신이 크기 때문에 신의 형상도 클 수밖에 없다. 다니엘 시대에 바벨론 왕 느부갓네살은 금으로 신상을 만들었는데, 높이가 자그마치 60규빗이나 되었다. 대략 30미터쯤 된다. 학자들은 느부갓네살이 세운 이 신상이 이집트의 석재 주신 오벨리스크와 비슷한 것이 아닐까 추측하기도 하는데, 이집트 제18왕조의 오벨리스크가 대략 33미터 정도 된다고 하니 비슷한 것 같기도 하다. 또한 기자Giza의 스핑크스는 길이가 60미터, 높이가 20미터에 달하고, 멤논의 거석상, 람세스 2세, 3세 석상, 카르낙 신전의 대열주와 좌우로 도열한 암몬 및 기타 신상들의 높이도 20-30미터에 달한다. 고대 7대 불가사의 중 하나인 올림피아의 제우스상은 금과 상아로 만들어졌는데, 신상 높이만 14미터에 달했다. 하지만 건축학적 기교를 부려서 실제로는 그보다 훨씬 커 보였다고 한다. 역시 고대 7대 불가사의 중 하나인 로도스 섬의 크로이소스상은 전설에 의하면 벌린 다리 사이로 함선이 지나다닐 정도였다고 하는데, 학자들은 신상의 높이가 무려 120미터나 되었다고 추측한다. 이처럼 이교도의 신과 신의 형상은 모두 컸다.

성서에 따르면 야훼 하나님도 크고, 높고, 위대하시다. 그러나 야훼 하나님의 '크심'은 이방신과 신상의 '큼'과는 차원이 다르다. 이방신의 '큼'은 눈으로 볼 수 있는 물리적 '큼'이다. 그러나 야훼 하나님의 '크심'은 눈으로 볼 수 있는 것이 아니다. 하나님은 크고 광대하시지만, 눈으로 볼 수 있는 크기를 넘어서신다. 따라서 하나님의 신상은 도저히 제작할 수가 없다. 그래서 하나님은 당신의 신상을 만들지 말라고 하셨던 것이다. 야훼의 형상 제작은 철저히 금지된다. 이유는 야훼가 너무 크시기 때문이다. 이것은 고대인들이 볼 때 정말로 난해한 명령이 아닐 수 없었다. 어떻게 신이 형상이 없을 수 있는가? 신이란 모름지기 너무나 크고, 높고, 위대하기 때문에 도저히 감추려야 감출 수 없는 위용을 드러내야 하는 법이 아닌가? 그런데 신이 형상이 없다니…. 그러나 하나님은 정말 크시기 때문에 형상 제작이 불가능한 것이다.

성서의 가르침은 이렇다. 아무리 큰 돌로도 광대하신 야훼 하나님을 표현할 수 없고, 아무리 큰 성전도 야훼가 거하시기에는 턱없이 부족하다. 하늘의 해와 달, 별들도 하나님이 손가락으로 지으신 피조물에 불과하며, 높고 광활한 궁창도 하나님이 손바닥을 펴서 만드신 것에 불과하다. 또한 바다가 아무리 넓다 한들 야훼께는 한 모금도 안 되는 접시물에 불과하다. 모압왕국은 야훼의 세숫대야에 불과하며, 에돔족속은 하나님의 신발장밖에 안 된다시 110:8~9. 사정이 이러한데 도대체 무슨 수로 크고 광대하신 야훼를 표현한단 말인가?

한 마디로 야훼는 광대하신 분인데, 너무나 크고, 높고, 위대하시어서 이 세상 그 어떤 것으로도 표현되거나 표상될 수 없다. 그래서 야훼는 신상이 없으시다. 형상을 만들지 말라는 십계명의 두 번째 계명은 야훼의 광대하심을 표현한 것에 다름 아니다. 야훼 하나님은 크고 광대하시다. 하늘에 있는 천체들, 땅에 있는 동식물들, 강과 바다에 있는 어류들 중 어느 것으로도 야훼와 비길 수 없고, 그 어떤 것도 하나님의 형상을 대신할 만한 것이 없다. 그리고 바로 이러한 이유 때문에 하나님은 커 보이는 것을 싫어하신다. 사람의 눈에 커 보여도 하나님의 눈에는 도토리 키 재기다. 그 놈이 그 놈이고, 거기서 거기다. 그런데도 커 보이는 것은 항상 허세를 부린다. 스스로 신이나 되는 양 행세한다. 그래서 하나님은 커 보이는 것을 멸시하신다. 그리고 오히려 작은 것을 좋아하신다. 작은 것은 최소한 스스로 신인 척 허세를 부리지 않기 때문이다.

## 2) 신전

광야에 세워졌던 성막은 작은 것을 선호하시는 하나님의 취향을 잘 나타낸다. 요즘 성전을 건축한다고 열을 올리는 교인들이 간과하는 사실이 있는데, 하나님은 성전보다 성막을 더 사랑하셨다. 유대-기독교는 근본적으로 반反성전 종교다. 반면에 이방 종교는 늘 성전 종교였다. 솔로몬 성전은 광야의 성막이 발전된 것이 아니라 도리어 후퇴한 것이다. 다윗은, 자신은 화려한 궁에 거하면서 하나님의 언약궤는 누추한 장막에 모셔진 것이 너무 송구해서 성전을 짓고자 했다. 그의 충정을 이해한 예언자 나단도 원하시면 성전을 지으시라고 말했다. 그러나 하나님의 생각은 달랐다. "내가 언제 너에게 내 집을 지어 달랬냐? 출애굽 이후로 이날 이때까지, 나는 언제나 성전이 아니라 천막에 거하며 너희와 동행했다. 그러면서 지금까지 내가 단 한 번이라도 너희에게 '왜 내 집은 안 지어주느냐?'고 말한 적이 있었느냐? 삼하 7:5-7, 저자의 사역" 하나님은 성전보다 성막을 선호하신다. 성전은 크고 성막은 작기 때문이다.

성전이 크면 사람들은 하나님과 성전을 혼동하게 된다. 성전의 웅장함과 크기, 화려함 때문에 하나님이 아니라 건물에 집중하게 된다. 그러면 사람들은 하나님을 성전 안에 가둘 수 있다고 착각한다. 가장 위대한 성전을 건축했던 솔로몬조차 자신의 성전이 하나님을 가둘 수 없다는 사실을 잘 알았다왕상 8:27. 그러나 사람들은 이 사실을 금방 잊는다. 사실 솔로몬도 금세 잊고 말았다. 그래서 마치 성전이 하나님을 가두어 둘 수 있는 것인 양, 건물만 잘 지키면 하나님을 붙들어 놓을 수 있는 것인 양 착각한다. 토라Torah는 안 지켜도 성전만 지키면 하나님이 자신들을 무조건 보호해 주실 것이라고 오해한다. 이것은 성전을 주술적 건물로 만드는 오류다. 바로 이 잘못 때문에 결국 주전 586년에 바벨론의 침략으로 성전이 무너질 수밖에 없었던 것이다. 그런 주술적 건물이라면 더 이상 필요가 없는 것이다.

바벨론 포로 생활이 끝나고 스룹바벨에 의해 성전이 재건되었는데, 노인들은 성전터가 너무 작다고 목 놓아 울었다스 3:12. 하지만 이들은 하나님의 취향을 오해했다. 하나님은 오히려 작은 것을 더 사랑하시는데 말이다. 그래서 예언자 학개는 보잘 것 없는 스룹바벨 성전을 두고 이렇게 예언했다. "이 성전스룹바벨 성전의 나중 영광이 이전 영광솔로몬 성전의 영광보다 크리라학 2:9." 스룹바벨 성전은 헤롯 대왕에 의해 대대적으로 증축되었는데, 이는 하나님의 뜻과 거리가 먼 정치적인 쇼에 불과한 것이다. 하지만 예수의 제자들마저 성전의 크고 화려한 위용에 정신이 나가고 만다. 그들은 참 성전이신 예수 앞에서 헤롯 성전의 "그 아름다운 돌과 헌물로 꾸민 것"에 대해 칭송했다. 그 말을 들으시고 예수는 "돌 하나도 돌 위에 남지 않고 다 무너뜨려지리라"고 예언하셨다눅 21:5-6. 하나님은 작은 것을 좋아하신다.

성전은 크다. 그래서 하나님을 가린다. 대신에 성막은 작다. 그래서 하나님을 가리지 않는다. 성막의 전체 대지 면적은 약 1,200평방미터, 평수로는 400평이 안 된다. 실제 성막의 바닥 면적은 약 70평방미터이고, 평수로는 20평 내외다. 그나마 하나님의 안방인 지성소의 넓이는 이것의 3분의 1, 즉 7평 정도밖에 안 됐다. 지성소 안에 놓인 언약궤의 뚜껑, 속죄소는 가로가 1미터가 조금 넘고, 세로는 50센티미터가 조금 넘는다. 이것이 하나님의 보좌다. 성막의 높이도 5미터가 채 안 된다. 건물 층고로는 1층 반 정도 된다. 그런데 천지를 창조하신 야훼 하나님이 이 작은 천막에 들어와 사셨다.

반면에 이방의 신전들은 어떠한가? 하늘 높이 쌓은 축대 위에 건설된 바벨론 우르크의 에리두 신전, 거대한 타원형 성벽을 두 번이나 지나야 겨우 마당에 도달할 수 있는 카파예의 신전, 수백 개의 기둥을 세워 테라스를 만들고, 다시 그 위에 또 한 층의 테라스를 만들고, 그 테라스 위에 피라미드 모양의 신전을 세운 이집트 델-엘-바흐리 제11왕조의 신전, 또 이와 비슷한 모양의 훨씬 더 길어진 진입로와 광장을 가진 제18왕조 하트셉수트 신전, 웅장한 탑문塔門 파일론을 지나면 마당이 나오고, 밀림같이 빽빽한 기둥으로 가득 차 있는 컴컴한 다주실多柱室을 지나야 비로소 성전 마당에 도달할 수 있는 이집트 카르나크의 아몬 신전, 아테네를 굽어보는 아크로폴리스 언덕 위로 우뚝 세워진 파르테논 신전, 신전의 바닥 넓이만 110×55미터에 달하는 에베소의 아르테미스 신전, 벽 두께만 6.5미터이고 자그마치 43.2미터의 공간에 기둥 하나 없이 축구공을 잘라 엎어 놓은 듯한 돔형의 판테온 신전 등, 얼마나 웅장하고 거대한가! 그러나 하나님은 이런 성전을 혐오하신다. 큰 것은 하나님을 가리기 때문이다.

성막에는 계단이 없다. 수시로 이동해야 하기 때문에 계단을 만들 수가 없었다. 이런 실용적인 목적 이외에도 하나님의 엄한 명령이 있었기 때문이다출 20:26. 하나님의 취향은 층계를 극히 혐오하셨다. 왜냐? 층계는 위용을 상징하기 때문이다. 시바의 여왕이 솔로몬의 영광에 대한 소문을 듣고 멀리 남방으로부터 순방을 온 적이 있다. 그런데 그녀의 혼을 빼놓은 것 중 하나가 바로 성전의 계단이다왕상 10:5. 수백, 수천 개의 계단이 하늘을 향해 놓여 있는 것을 보면 누구라도 압도당하는 느낌을 받기 마련이다. 그래서 건축학적으로 계단은 신성, 권위, 위엄, 권력을 상징하는 모티브다. 바로 이런 이유 때문에 하나님은 계단을 싫어하셨다. 모든 인위적인 장치는 하나님의 참 영광을 가릴 뿐이며 우상이다. 그러자니 성막은 그냥 평지에 세워진다. 계단도 없고, 둑도 없고, 해자도 없고, 문턱조차 없었다. 이것이 하나님의 취향이다.

성막은 외모가 보잘 것 없다. 사실 성막 안은 황금이 덧입혀진 조각목 널판 때문에 꽤 화려하다. 그러나 겉모습은 누추하기 이를 데 없다. 성막은 조각목 널판으로 세 벽을 조립하여 세운 다음 그 위에 천막 네 장을 덮어서 만든다. 맨 안쪽 장막은 푸른색, 보라색, 붉은색의 세 가지 색실로 정교하게 천사를 수놓아 만든 휘장이고, 두 번째는 염소가죽으로 만든 휘장이고, 세 번째는 숫양의 가죽으로 만든 휘장이고, 마지막 네 번째는 물개나 돌고래 가죽으로 만든 휘장이다. 네 장의 천막 중 밖에서 볼 수 있는 천막은 맨 바깥쪽 네 번째 덮개 천막뿐이다. 이 덮개 천막은 돌고래나 물개의 가죽으로 만들었기 때문에 모래바람으로부터 성막을 잘 보호할 수 있었다. 그러니까 광야에서는 매우 실용적인 것이라고 할 수 있다. 하지만 모양이나 색깔은 어떤가? 우중충하고 후줄근하기가 이루 말할 수 없다. 그런데 바로 천지를 지으신 야훼 하나님이 이 작고 누추하기 짝이 없는 장막에 들어와 사신다. 그리고 이 때문에 성막은 그리스도의 모형이 된다. 지극히 낮은 자의 모습 속에 충만히 거하시는 하나님의 영광이 예수 그리스도가 아닌가. 하나님은 작음과 약함 가운데 거하신다. 마르바 던Marva Dawn의 말처럼, 작음과 약함은 하나님이 임재하시는 성전이 된다.

## 3. 야훼의 전쟁

구약에는 매우 많은 야훼의 전쟁 기사가 있고, 오랫동안 그 전쟁의 폭력성과 도덕성에 대해 많은 논란이 있어 왔다. 중세의 십자군 전쟁이나 이슬람 사람들의 성전聖戰, 곧 지하드zihard의 기원이 구약의 야훼의 전쟁에까지 거슬러 올라가기도 하지만, 십자군 전쟁이나 지하드는 모두 구약의 야훼의 전쟁을 오해한 결과다. 야훼의 전쟁의 특징은 무엇인가? 사무엘상 17장 47절에 잘 나타나 있다. "야훼의 구원하심이 칼과 창에 있지 아니함을 이 무리에게 알게 하리라. **전쟁은 야훼께 속한 것인즉…**." 그렇다. 야훼의 전쟁은 사람의 전쟁이 아니다. 야훼께서 싸우시는 전쟁이다신 3:22; 대하 32:8; 느 4:20.

야훼께서 싸우신다는 말은 무슨 뜻인가? 그것은 인간의 수단이나 도구, 방법, 지혜 등이 불필요하다는 뜻이다. 야훼의 전쟁에서 전쟁의 주권은 전적으로 하나님께 있고, 인간은 구원하시는 하나님의 능력과 위엄을 바라보기만 할 뿐이다. "너희는 두려워하지 말고 가만히 서서 야훼께서 오늘 너희를 위하여 행하시는 구원을 보라출 14:13." 이는 하나님이 바로와 애굽의 군대를 홍해 바다에 수장시키시기 직전에 하신 말씀인데, 이 홍해 전투야말로 야훼의 전쟁의 가장 훌륭한 샘

플이다. 바로는 친히 자신의 말들, 병거들과 자신의 마병과 자신의 군대를 이끌고 비무장이나 다름없는 이스라엘 백성을 맹추격해 왔다출 14:9. 요즘으로 치면 탱크, 장갑차, 아파치 헬기, 전투기 등을 동원하여 민간인 마을을 무차별 공격하는 것이나 다를 바 없는 상황이다. 그러나 놀랍게도 하나님은 그 어마어마한 바로의 군대를 깔끔하게 수장水葬해 버리셨다. 그리고 이스라엘 백성들은 그 모습을 그저 바라만 볼 뿐이었다. 이것이 야훼의 전쟁이다. 야훼의 전쟁은 큰 체하는 자를 향한 하나님의 심판이다.

이 비슷한 장면을 여리고 성을 무너뜨리는 데서 다시 한 번 보게 된다. 이스라엘 백성들은 여리고 성을 무너뜨리기 위해 아무 일도 하지 않았다. 물론 일주일 동안 성벽을 열세 바퀴 돌기는 했다. 그러나 성벽을 빙글빙글 도는 것이 여리고 성의 붕괴와 무슨 상관이 있겠는가? 성벽을 도는 것과 성벽의 붕괴는 무관하다. 여리고 성이 무너진 것은 순전히 하나님의 의지 때문이다. 그런데도 하나님이 이스라엘 백성들에게 성을 빙빙 돌라고 하신 이유는 하나님이 자신의 전쟁에 이스라엘 백성도 참여시키기 위해서였다.

이러한 야훼의 전쟁이 의도하는 바는 무엇인가? 그것은 적을 섬멸하는 데만 있는 것이 아니라 야훼께서 '바로와 그의 모든 군대와 그의 병거와 마병으로 말미암아 영광을 얻으시며', 애굽 사람들이 야훼를 알아보게 하는 데 있다출 14:17-18. 야훼의 전쟁은 세 가지 측면이 있는데, 먼저는 큰 자를 향한 하나님의 심판이라는 측면, 두 번째는 가난한 자를 건지시는 구원의 측면 그리고 세 번째는 그것을 통해 하나님의 크고 위대하심이 드러나는 계시적 측면이다. 이러한 의도 때문에 야훼의 전쟁에 참여하는 자는 말, 병거, 병사의 수를 앞세워서는 안 된다. 오히려 그런 것들이 많으면 하나님의 영광이 가려질 뿐이다. 시편 기자는 말한다. "많은 군대로 구원 얻은 왕이 없으며, 용사가 힘이 세어도 스스로 구원하지 못하는도다. 구원하는 데에 군마는 헛되며, 군대가 많다 하여도 능히 구하지 못하는도다시 33:16-17."

기드온의 300용사 이야기도 야훼의 전쟁의 훌륭한 교과서다. 미디안족속은 아말렉 사람과 동방 사람과 연합하여 낙타 부대를 이끌고 이스라엘을 침략해 들어왔다. "미디안과 아말렉과 동방의 모든 사람들이 골짜기에 누웠는데 메뚜기의 많은 수와 같고 그들의 낙타의 수가 많아 해변의 모래가 많은 같은지라삿 7:12." 이 어마어마한 미디안 족속의 침략으로부터 자기 백성을 구하시기 위해 하나님은 기드온이라는 한 청년을 택하셨다. 그런데 그는 겁이 많고 소심한 자였다. 그는 말한다. "보소서. 나의 집은 므낫세 중에 극히 약하고 나는 내 아버지 집에서 가장 작은 자니이다삿 6:15." 기드온은 작은 자였다. 그러나 기드온이 모르는 것이 있으니, 그것은 바로 하나님이 그가 작기 때문에 선택하셨다는 사실이다. 하나님은 기드온이 일으킨 3만의 군사를 모두 해산시켜 버리신다. 왜냐? 숫자가 많으면 "이스라엘이 나하나님를 거슬러 스스로 자랑하기를 내 손이 나를 구원하였다"고 할 수 있기 때문이다삿 7:2. 두 번에 걸쳐 3만 명 중 2만 9천 7백 명을 집으로 돌려보내고 300명만으로 미디안을 공격하게 하신다. 물론 결과는 300명의 승리다. 그리고 이것은 야훼의 승리다. 야훼의 전쟁에 인간이 참여할 때 조건이 있다. 그것은 절대로 커서는 안 된다는 것이다.

그런데 가데스 바네아에서 이스라엘 백성들은 야훼의 전쟁을 이해하지 못하고 하나님을 거역하고 만다. 하나님은 가데스 바네아에서 가나안으로 북침해 올라가도록 명하셨다. 그러나 가나안 땅을 탐지한 후 이스라엘 백성들은 하나님의 명령이 도저히 불가능한 것이라며 이에 맞선다. 이들이 불순종하는 이유는, 적들은 너무 크고 자신들은 너무 작기 때문이다민 13:32-33. 이런! 바로 그 이유 때문에 하나님이 그들에게 지금 가나안 북침을 명하시는 것이 아닌가? 그런데 자신들이 작다고 싸울 수 없다니…. 이들은 야훼의 전쟁을 완전히 오해했고, 여호수아와 갈렙만 그 의미를 옳게 파악했다. 하나님은 큰 자가 아니라 작은 자를 통해 당신의 영광을 드러내신다는 사실을.

## 4. 작은 자를 택하시는 하나님

### 1) 큰 자는 어린 자를 섬기리라

큰 자를 택하는 것이 세상의 풍습이라면 하나님은 언제나 그러한 풍습을 역행하신다. 하나님은 큰 자가 아니라 작은 자를 택하신다. 신·구약성서 66권에는 하나님이 작은 자를 택하시는 사건들로 가득하다. 이러한 관점에서 창세기를 읽으면, 하나님은 항상 형이 아니라 동생에게 은총을 베푸신다는 대단히 흥미로운 사실을 발견하게 된다. 하나님은 가인이 아니라 아벨의 제사를 열납하셨다. 또 에서와 야곱 중 야곱을 택하셨다. 그때 이렇게 말씀하셨다. "큰 자가 어린 자를 섬기리라창 25:23." 그렇다. 하나님 나라의 질서는 작은 자가 큰 자를 섬기는 것이 아니라 큰 자가 작은 자를 섬기는 질서다. 또 하나님은 요셉의 열 명의 형들이 아니라 열한 번 째인 요셉에게 은총을 베푸셨으며, 유다의 두 아들, 세라와 베레스 중 베레스를 택하셨다. 요셉의 두 아들, 므낫세와 에브라임도 마찬가지다. 하나님의 은총은 큰 자가 아니라 작은 자에게 임한다.

하나님이 애굽 사람들의 노예, 히브리 사람들을 택하신 이유도 이와 같다. "야훼께서 너희를 기뻐하시고 너희를 택하심은 너희가 다른 민족보다 수효가 많기 때문이 아니니라. 너희는 오히려 모든 민족 중에 가장 적으니라신 7:7." 세상에는 허다한 강국과 제국이 있지만, 하나님은 도리어 그런 자들을 멸시하신다. 바로가 감히 하나님을 대적했던 이유는 그가 스스로 '큰' 줄 알았기 때문이다. 그래서 그는 고집을 부리고 자존심을 내세웠다. 이것이 그의 강퍅함의 이유였다. 그리고 그 때문에 그와 허다한 애굽의 백성들이 하나님의 심판을 받고 죽었다.

한나의 노래는 큰 자보다 작은 자를 택하시는 하나님의 취향을 잘 나타낸다.

"용사의 활은 꺾이고

　넘어진 자는 힘으로 띠를 띠도다.

풍족하던 자들은 양식을 위하여 품을 팔고

　주리던 자들은 다시 주리지 아니 하도다.

전에 임신하지 못하던 자는 일곱을 낳았고

　많은 자녀를 둔 자는 쇠약하도다.

…

가난한 자를 진토에서 일으키시며

빈궁한 자를 거름더미에서 올리사 귀족들과 함께 앉게 하시며

영광의 자리를 차지하게 하시는도다삼상 2:4-5, 8."

한나의 노래는 다시 마리아의 찬가로 이어진다.

"그의 팔로 힘을 보이사 마음의 생각이 교만한 자들을 흩으셨고

권세 있는 자를 그 위에서 내리치셨으며 비천한 자를 높이셨고

주리는 자를 좋은 것으로 배불리셨으며 부자는 빈손으로 보내셨도다

눅 1:51-53."

이 두 노래는 하나님 나라 질서의 전복顚覆적 특성을 잘 보여 준다. 하나님 나라의 질서는 세상의 질서를 뒤엎는다. 그래서 하나님 나라에서는 돈 많은 자가 저주를 당하며, 권력을 가진 자는 능욕을 당하며, 위대한 인간은 모욕을 받는다.

### 2) 사울과 다윗

큰 자 중에서 하나님께 택함을 받은 자가 있었다. 그는 바로 사울이었다. 사울의 "키는 모든 백성보다 어깨 위만큼 더" 컸다삼상 9:2. 큰 자가 하나님께 택함 받은 것은 이례적인 일이었다. 그러나 사울이 택함 받은 것은 그의 큰 키 때문이 아니었음을 성서는 말해 준다. 사울은 사무엘로부터 택함을 받았을 때, "나는 이스라엘 지파의 가장 작은 지파 베냐민 사람이 아니니이까? 또 나의 가족은 베냐민 지파 모든 가족 중에 가장 미약하지 아니하니이까?"라고 겸손히 응답했다삼

상 9:21. 그렇다. 하나님이 사울을 택하신 것은 그가 키가 커서가 아니라 예언자 사무엘의 말대로 "스스로 작게 여길 그 때에 이스라엘 지파의 머리가" 되게 하셨던 것이다삼상 15:17. 그러나 결국 사울은 스스로 자신이 큰 자인 줄 알고 하나님을 버리고 말았다. 사울이 하나님을 배신한 것은 그가 커서였다.

사울을 버리고 택한 인물은 다윗이었다. 하지만 예언자 사무엘은 처음에 그를 알아보지 못했다. 그가 막내요 작은 자였기 때문이다. 맨 처음 사무엘의 마음에 들었던 인물은 장자 엘리압이다. 그는 속으로 이렇게 생각했다. "야훼의 기름 부으실 자가 과연 주님 앞에 있도다삼상 16:6." 사무엘이 이렇게 생각한 이유는 그의 용모가 준수하고 키가 컸기 때문이다. 그러나 하나님은 사무엘에게 "그의 용모와 키를 보지 말라"고 하셨다삼상 16:7. 그러면서 하신 말씀이 "내가 보는 것은 사람과 같지 아니하니 사람은 외모를 보거니와 나 야훼는 중심을 보느니라"였다삼상 16:7. 하나님의 말씀은 분명하다. 사람은 겉모습과 크기를 본다. 심지어 하나님의 사람인 예언자 사무엘까지도. 겉모습의 화려함과 거대한 크기는 지독할 정도로 사람들이 좋아하는 조건들이다. 그러나 하나님은 크기와 겉모습을 '전혀' 보지 않으신다. 그런데 여기서 주의할 것이 있다. 하나님이 크기와 외모를 보지 않으신다는 뜻을 많은 사람이 잘 이해하지 못한다. 하나님이 큰 자나 작은 자나 공평하게 여기신다고 착각하는 것이다. 그렇지 않다. 하나님이 크기와 외모를 보지 않으신다는 뜻은 작은 자를 택하신다는 뜻이다.

이것이 다윗이 기름부음 받은 사건의 의미다. 사실 하나님이 다윗을 선택하셨으면 처음부터 다윗이 있는 곳으로 사무엘을 보내셔서 기름을 붓게 하시면 그만이었다. 그런데 하나님은 장자 엘리압부터, 차자 아비나답, 셋째 삼마를 차례로 보여 주시면서 다들 그냥 지나게 하신다. 넷째, 다섯째, 여섯째, 일곱째까지 한 사람씩 사무엘 앞을 지나갔다. 그러면서 그들의 키는 작아지고, 외모는 점점 보잘 것 없어졌다. 어쩌면 사무엘의 마음은 계속 조급해졌을지도 모른다. 일곱 명을 다 봤는데도 그곳에 하나님이 택한 사람은 없었다. 사무엘이 이새에게 또 다른 아들이 있느냐고 물어 보자 그때에야 비로소 막내아들을 데려오게 한다. 그리고 바로 그가 하나님이 선택하신 사람이었다. 앞의 일곱 명을 다 그냥 지나게 하시고 들에서 양이나 치는 막내둥이를 선택하게 하신 하나님의 의도는 분명하다. 사무엘서를 읽는 독자들에게 하나님은 '큰 자를 대적하시되 작은 자에게는 은혜를 주신다'는 사실을 명확히 알려 주시기 위해서다.

### 3) 다윗과 골리앗

다윗과 골리앗의 싸움은 더욱 극적이다. 이 싸움의 중심 주제는 크기였다. 왜냐하면 사무엘서 기자가 두 사람의 크기 차이를 대단히 강조하기 때문이다. 골리앗의 키는 여섯 규빗 한 뼘으로 거인이었다. 2미터 50센티미터에서 3미터 정도의 키에 해당한다. 그는 놋투구를 썼고 몸은 물고기 비늘 모양의 갑옷을 입었는데, 그 갑옷의 무게는 놋 5천 세겔이었다. 대략 60킬로그램 정도 된다고 한다. 웬만한 어른 몸무게다. 어른 하나를 옷으로 걸쳐 입은 것이다. 다리는 놋 경갑을 찼고, 어깨에는 놋 단창을 매었는데, 그 창의 자루는 베틀의 용두머리만큼 굵었고, 창의 날 무게만 철 600세겔, 7킬로그램 정도 되었다삼상

17:4-7. 이렇게 완전무장을 한 채 서 있는 3미터의 거인 골리앗! 그는 '큰' 사람이었다.

한편 골리앗의 크기에 대한 세부 묘사 바로 앞에 다윗에 대한 묘사가 나온다. 그런데 여기서 사무엘상 기자는 다윗이 작은 사람임을 강조한다. 그는 8형제 중 막내였으며, 건장한 형들과는 비교도 할 수도 없을 정도로 왜소한 미소년이었다. 다윗은 수금을 켜는 사람으로 나오는데, 이는 살벌한 전쟁터의 장면과 비교해 봤을 때 다윗이 얼마나 어울리지 못하는지를 잘 보여 주는 대목이다. 다윗의 왜소함에 대한 묘사는 그가 사울왕의 갑옷을 대신 입었을 때 절정에 달한다. 다윗이 맞지도 않는 사울왕의 놋 투구를 머리에 쓰고, 갑옷을 입고, 큰 칼을 허리에 찬 장면은 몸 개그의 극치다. 그래서 사무엘서 독자는 이 대목에 이르러 끝내 웃음을 터뜨리고야 만다. 사울왕의 갑옷은 '작은' 다윗으로 하여금 '큰 체'하라는 타협안이었다. 그러나 결국 다윗은 그냥 '작은' 사람으로 나서기로 한다. 그리고 결국 이 싸움은 작은 사람의 승리로 끝난다. 하나님은 작은 것을 선호하신다.

이 외에도 하나님이 큰 것을 미워하시고 작은 것을 선호하신다는 사실은, 구약성서 여기저기에 헤아릴 수 없이 많이 나타난다. 그리고 현대 교회가 예배하는 하나님은, 구약의 하나님과 동일하시며, 일향 미쁘시며, 회전하는 그림자도 없으신 바로 그 하나님이다. 그런데 그 하나님이 메가처치를 더 좋아하실 것이라고 생각하는가? 하나님의 취향도 현대화되셨는가?

# 제8장

# 크기에 대한 신약의 가르침

크기에 대한 이러한 관점은 신약에 와서 더욱 두드러진다. 큰 자가 아니라 작은 자를 택하시는 하나님의 취향 그리고 큰 자가 작은 자를 섬기는 하나님 나라의 질서는 예수 그리스도를 통해 가장 온전하게 드러난다.

## 1. 예수 그리스도

### 1) 성육신

신약성서는 그리스도께서 자기를 낮추신 사건으로 시작한다. 바울은 말한다. "그는 근본 하나님의 본체시나 하나님과 동등됨을 취할 것으로 여기지 아니하시고 오히려 자기를 비워 종의 형체를 가지사 사람들과 같이 되셨다" 고빌 2:6-7. 본래 예수는 하나님과 같은 분이었다. 따라서 어마어마하게 크신 분이셨다. 그런데 그런 큰 분이 엄청나게 작아지셨다. 광대하신 하나님이 작은 사람이 되셨다. 이것이 바로 '성육신incarnation' 사건의 핵심이다. 초대교회는 이 사건을 아름다운 찬가Christ Hymn로 만들어서 예배 때마다 소리 높여 불렀다.

예수는 왕자가 아니라 목수의 아들로 태어나셨다. 적자嫡子도 아니고 사생아私生兒로 태어나셨으며, 궁궐이 아니라 짐승의 구유에서 태어나셨다. 인간으로서의 최소한의 기본적인 권리마저 포기하신 채 가축 우리에서 출생하신 것이다. 왕의 출생을 알아보는 인간은 거의 없었다. 그분의 출생을 몰랐던 대부분의 일반인이야 몰라서 그랬다고 치지만, 왕궁에 사는 서기관들과 제사장들은 예수의 출생 장소까지 알고도 새 임금을 경배하러 가지 않았다. 예수는 나사렛 사람이셨다. 나사렛은 멸시받는 촌 동네였다. 그래서 나다나엘이 "나사렛에서 무슨 선한 것이 날 수 있느냐?"고 했던 것이다요 1:46. 그리고 30년간 전혀 알려지지 않은 필부의 삶을 사셨다. 인간이 되신 하나님이 피조물인 인간을 부모로 섬기며 착한 아들로 사셨다.

공생애에 접어드셨을 때 예수는 그나마 가지고 있던 것을 다 버리셨다. 가족도 버리고, 집도 버리고, 재산도 버리셨다. 한 서기관이 주님을 좇겠다고 하자 이렇게 말씀하셨다. "여우도 굴이 있고 공중의 새도 거처가 있으되 인자는 머리 둘 곳이 없다마 8:20." 빈털터리 노숙자가 바로 예수의 모습이었다. 많은 무리가 예수를 좇아 다녔지만 그분은 그들에게 자신을 의탁하지 않으셨으며요 2:24, 그들을 이용하여 뭔가를 도모하려 하지도 않으셨다. 무리가 자신을 왕으로 삼으려 하자 도리어 몸을 피하셨다요 6:15. 끝까지 작은 자로 남고자 하셨다.

예수께서 나귀를 타고 예루살렘에 입성하신 사건은 중대한 일이었다. 왜냐하면 임금으로 예루살렘에 입성하셨기 때문이다. 민심은 완전히 예수께 돌아섰으며, 수많은 사람이 예수께 "호산나, 찬송하리로다. 주의 이름으로 오시는 이 곧 이스라엘의 왕이시여"라고 외쳤다 요 12:13. 그러니까 이 날은 예수께서 이스라엘의 왕으로 즉위하신 날인 셈이다. 그러나 하얗고 늠름한 백마를 타신 것이 아니라 작고 초라한 어린 나귀를 얻어 타셨다. 작은 것을 좋아하시는 예수의 취향이 하나님의 취향과 꼭 닮았다. 참 왕, 예수는 "공의로우시며 구원을 베푸시며 겸손하여서 나귀를 타시나니, 나귀의 작은 것 곧 나귀 새끼니라 슥 9:9." 예수는 창조주시며 하나님이지만, 가장 작은 자로 오셨다.

### 2) 섬김의 삶

자신이 사람의 몸을 입고 이 땅에 오신 이유에 대해 주님은 친히 이렇게 답하셨다. "인자가 온 것은 섬김을 받으려 함이 아니라 도리어 섬기려 하고 자기 목숨을 많은 사람의 대속물로 주려 함이니라마 20:28." 섬김이란 무엇인가? 자신을 낮추는 것이다. "앉아서 먹는 자가 크냐 섬기는 자가 크냐, 앉아서 먹는 자가 아니냐? 그러나 나는 섬기는 자로 너희 중에 있노라눅 22:27." 음식점에서 고객을 섬기는 직원들처럼, 예수는 이 땅에 작은 자들을 섬기러 오셨다. 가난한 자, 약한 자, 작은 자, 죄인 등을 섬기기 위해 오신 것이다. 예수께서 이들을 섬기신다면 이들보다 더 작은 자가 되셨다는 뜻이다.

하지만 세상 나라에 사는 이들은 커지고 싶어하며, 섬김을 받고 싶어한다. 그래서 "그들의 모든 행위를 사람에게 보이고자 하나니 곧 경문 띠를 넓게 하며 옷술을 길게 하고 잔치의 윗자리와 회당의 높은 자리와 시장에서 문안받는 것과 사람에게 랍비라 칭함을 받는 것을 좋아하느니라마 23:5-7." 제자들도 자신이 제일 큰 자라고 우기며 다투었다. 심지어 예수께서 잡히시던 날 저녁에도눅 22:24. 예수는 그들 앞에서 친히 수건을 허리에 두르시고 제자들의 발을 씻기 시작하신다. 선생이 제자의 발을 말이다! 예수는 자신을 제자들보다 못한 존재로 낮추시며 작게 하셨다.

### 3) 십자가

십자가는 예수의 작아짐의 극치다. 본래 주님은 가장 큰 분이지만 이 땅에 작은 자로 오셨으며, 가장 작은 자로 섬기는 삶을 사셨다. 십자가는 큰 자가 작아지고, 가장 높은 자가 바닥까지 내려오는 천국 질서의 완성이다. 예수는 이 일을 위해 사람이 되셨다. 그래서 밑바닥 중에서도 가장 밑바닥까지 내려오셔서 인간 이하의 존재가 되셨다. "나는 벌레요 사람이 아니라 사람의 비방거리요 백성의 조롱거리니이다. 나를 보는 자는 다 나를 비웃으며 입술을 비쭉거리고 머리를 흔들며 말하되, 그가 야훼께 의탁하니 구원하실 걸, 그를 기뻐하시니 건지실 걸 하나이다시 22:6-8." 그리고 끝내 죽으셨다. 예수는 겸손의 왕이시요, 십자가는 겸손의 왕관이다.

작아짐은 십자가 복음의 핵심이다. "십자가의 도가 멸망하는 자들에게는 미련한 것이요, 구원을 받는 우리에게는 하나님의 능력이라"고전 1:18고 했을 때, 바울은 십자가를 작아짐의 도道로 소개하는 것이다. 세상 사람들은 크고, 높고, 위대한 것을 찾는다. 그래서 유대인들은 표적을 구하고, 헬라인들은 지혜를 구한다. 표적이나 지혜는 모두 커지고 높아지는 수단이다. 그러나 이것은 십자가와 반대방향이다. 십자가는 올라가는 것이 아니라 내려가는 것이며, 커지는 것이 아니라 작아지는 것이고, 위대해지는 것이 아니라 비천해지는 것이다. 따라서 누구든 부자가 되고, 사회적으로 지위가 올라가고, 성공하기를 힘쓴다면, 십자가와 반대방향으로 가는 것이다. 십자가의 길은 추락하고, 내려가고, 망하는 것이다. 말도 안 된다고? 맞다. 말도 안 된다. 그래서 바울이 십자가의 도를 미련한 것이라고 말하고, 전도를 미련한 것이라고 말하는 것이다고전 1:18, 21.

그런데 십자가는 역설이다. 예수는 십자가에서 가장 낮은 자, 가장 작은 자, 가장 초라한 자가 되셨지만, 결국 그 십자가 때문에 지극히 높아지셨다. 이것이 십자가의 비밀이며, 십자가가 그것을 믿는 자들에게 능력이 되는 이유다. 십자가는 결국 이 세상을 탈출하는 비상구며, 천국의 현관이다. 십자가의 죽음은 부활로 나아가는 직항로며, 하나님에 의해 가장 높은 자리로 상승할 수 있는 에스컬레이터다. 바울은 바로 이 십자가의 도를 평생 굳게 붙들었다. 그래서 그는 끝까지 죄인 중의 괴수로, 지극히 작은 자로 남기를 힘썼다.

따라서 십자가는 소위 잘나가는 사람들을 뒤엎는다. "지혜 있는 자가 어디 있느냐, 선비가 어디 있느냐, 이 세대에 변론가가 어디 있느냐, 하나님께서 이 세상의 지혜를 미련하게 하신 것이 아니냐고전 1:20." 구약성서에서 하나님은 소위 큰 체하는 자를 무너뜨리심으로써 영광을 드러내셨다. 마찬가지로 신약성서에서도 십자가로 큰 자, 강한 자, 똑똑한 자를 쓰러뜨리심으로써 영광을 받으신다. "하나님께서 세상의 미련한 것들을 택하사 지혜 있는 자들을 부끄럽게 하려 하시고, 세상의 약한 것들을 택하사 강한 것들을 부끄럽게 하려 하시며, 하나님께서 세상의 천한 것들과 멸시받는 것들과 없는 것들을 택하사 있는 것들을 폐하려 하시나니, 이는 아무 육체라도 하나님 앞에서 자랑하지 못하게 하려 하심이라고전1:27-29."

십자가 앞에서 우리가 자랑할 수 있는 것은 아무 것도 없다. 권력을 가진 자, 돈을 많이 가진 자, 유명한 자, 성공한 자, 똑똑한 자는 십자가 앞에서 수치와 조롱을 당할 것이다. 그러나 십자가 앞에서 자랑할 수 있는 것이 있다. 그것은 우리가 작다는 것, 미련하다는 것, 비천하다는 것, 가난하다는 것 등이다. 그래서 바울은 "내가 부득불 자랑할진대 내가 약한 것을 자랑하리라고후 11:30"고 했다. 그는 자신이 배고팠던 것, 굶주렸던 것, 매맞았던 것, 죽을 뻔 했던 것 등을 자랑했다고전 11장. 또 자신에게 불치병이 있는 것을 자랑했다고후 12장. 심지어 고린도에 처음 도착했을 때 무서워서 벌벌 떨었던 자신의 부끄러운 이력을 자랑했다. "내가 너희 가운데 거할 때에 약하고 두려워하고 심히 떨었노라고전 2:3." 십자가는 나의 작음을 통해 하나님의 영광을 드러내는 비결이기 때문에, 십자가 앞에서 작은 자는 도리어 영광을 얻는다. 하지만 십자가는 큰 자를 대적한다.


## 2. 천국 복음


천국 복음은 크기가 작다. 고래고래 소리를 지르지 않고 조용조용하고 자분자분하다. 그래서 엘리야의 하나님은 '세미한 목소리'로 나타나신 것이다. 예언자들에 의하면 메시아는 "다투지도 않고, 외치지도 않을 것이다. 거리에서 그의 소리를 들을 사람이 없을 것이다마 12:19, 새번역." 수많은 유대인이 예수께 크고 놀라운 표적을 요구했다. 그러나 예수는 그러한 요구를 거부하셨다. 표적의 강력한 효과를 이용해서 복음을 전하라는 것은 사탄의 유혹이었다. 사탄은 예수께 성전에서 뛰어내리고도 다치지 않는 모습을 본다면 수많은 사람이 순식간에 예수를 하나님의 아들로 알아볼 것이라고 설득했다. 그러나 예수는 이를 거부하셨다. 하나님 나라의 복음은 그런 특수 효과와 함께 증거될 수 있는 것이 아니기 때문이다.

예수는 수많은 대중에게도 말씀을 전하셨지만, 그들에게는 알아듣지 못하게 비유로 말씀하셨다. 그리고 소수의 제자들에게만 그 비유를 풀어서 설명하셨다. 제자들은 이것이 의아해서 물었다. "어찌하여 그들에게 비유로 말씀하시나이까?마 13:10" 그러나 예수는 "천국의 비밀을 아는 것이 너희에게는 허락되었으나 저희에게는 아니 되었나니"라고 답하셨다마 13:11. 신약성서가 반복적으로 확인해 주는 것은, 예수께서 천국 복음을 제자들만이 아니라 많은 대중에게 널리 선포했을 때도, 대중은 천국 복음을 싫어했다는 것이다. 가장 대표적인 예가 요한복음 6장에 나오는 '생명의 떡 강화'다. 예수는 이례적으로 대중에게 복음을 상당히 자세히 설명해 주신다. 그러나 대부분의 사람은 그 말씀이 어렵다며 도망쳐 버렸다. 그리고 겨우 열두 명만 남았다. 그나마 그 열두 명 중에서도 한 사람은 마귀의 자식이었다. 이처럼 천국 복음은 지극히 소수의 사람들에게만 전해질 수 있는 작은 목소리다. 생각해 보라. 올라가지 말고 내려가라, 나보다 남을 낮게 여기라, 살려고 하지 말고 죽어라 등과 같은 십자가의 복음을 좋아할 사람들이 얼마나 되겠는가? 대중에게 복음은 항상 난해하고, 상식에 맞지 않으며, 거북하고, 혐오스러운 것이다.

때문에 천국 복음은 작다. 겨자씨 한 알과 같고, 작은 밀알 같고, 한 줌의 누룩과 같다. 천국 복음을 이해하고 따를 사람은 항상 극소수다. 그래서 천국 복음은 넓은 문이 아니라 좁은 문이다. 천국 복음은 많은 사람이 찾지 않는 버림받은 문이다마 7:14. 많은 사람이 찾는다면 그 문은 필경 멸망의 문이다. 거짓 예언자는 많은 사람을 멸망으로 인도한다. 그러나 참 예언자는 적은 사람을 생명으로 인도한다. 천국 복음은 본성을 거스르며, 상식에도 맞지 않는 비주류의 복음이다. 이러한 천국 복음을 상식에 맞게, 주류에 맞게, 대중의 입맛에 맞게 편집하고 고치는 순간 복음의 생명은 사라진다. 대중이 좋아하는 복음은 이런 것이다. '예배를 잘 드리면 머리가 되고 꼬리가 되지 않는다. 하나님을 잘 섬기면 부자가 된다. 전도를 열심히 하면 하늘에 큰 상급이 있다. 봉사를 잘 하고 목사를 잘 대접하면 복을 받는다.' 성공하고, 1등하고, 올라가고, 돈 번다는 식의 복음이 바로 대중의 복음이다. 이런 복음은 가짜다. 십자가의 복음은 정확히 이와 반대다.

## 3. 제자

예수의 제자들은 모두 작은 자였다. 스스로 큰 자라고 자부하는 이들은 예수께서 멀리 하셨다. 예수는 스스로 눈을 떴다고 하는 자들요 9:41, 스스로 죄인이 아니라고 하는 자들요 9:34, 스스로 아브라함의 자손이라고 하는 자들요 8:39, 스스로 건강하다고 하는 자들마 9:11-12, 스스로 죄인들과 같지 않고 세리와 같지 않다고 생각하며 금식하는 것과 십일조 드리는 것을 자랑하는 자들눅 18:11-12을 피하셨다. 그러나 죄인, 세리, 창기, 병자, 어린이들, 가난한 자, 간음하다 현장에서 잡힌 자들은 가까이하셨다. 바로 이렇게 작은 자들 가운데서 제자를 뽑으셨다.

마태복음 18장과 누가복음 15장에는 길 잃은 한 마리의 양을 찾아 아흔아홉 마리의 양을 산 혹은 들에 놔두고 길을 나서는 목자의 모습이 나온다. 여기서 독자의 시선을 끄는 대목은 숫자의 비교다. 1 대 99의 강렬한 대조는 이 비유를 읽는 독자를 당혹케 한다. 이러한 숫자상의 비교는 하나님의 취향이 숫자나 크기, 양에 전혀 연연하지 않는다는 사실을 분명히 하며, 도리어 작고, 약하고, 적은 자들을 살피신다는 사실을 확실히 한다. 그런데 이 비유의 전문맥을 살펴보면 흥미로운 사실을 보게 된다. 예수께서 세리와 죄인들을 가까이하자 바리새인과 서기관이 원망하는 내용이 나온다. 그러니까 여기서 한 마리의 양은 죄인을, 아흔아홉 마리의 양은 바리새인이나 서기관을 나타낸다고 할 수 있다. 그렇게 보면 "죄인 한 사람이 회개하면 하늘에서는 회개할 것 없는 의인 아흔아홉으로 말미암아 기뻐하는 것보다 더 하리라눅 15:7"에서 "회개할 것 없는 의인"은 정말로 회개할 것이 없는 의인을 가리킨다기보다 '자칭 의인' 혹은 '자칭 큰 자', '자칭 하나님의 자녀'라고 하는 자들을 가리킨다고 볼 수 있을 것이다. 그러니까 여기서 예수는 자신이 자칭 의로운 자, 자칭 큰 자, 자칭 다수가 아니라, 말썽꾸러기 죄인, 작은 자, 소수를 찾아 나서는 분임을 드러내시는 것이다.

그래서 예수는 작은 자들 중에서 제자들을 뽑으셨다. 제자들 중에는 갈릴리 출신의 어부들이 많았다. 이들은 다 불학무식不學無識한 자들이었다. 개중에는 혐오스러운 부류로 여겼던 세리도 한 명 끼어 있었다. 무엇을 하는 사람들이었든지 간에, 이들은 별 볼일 없는 작은 자들이었다. 그래서 공회 앞에서 막힘없이 말하는 베드로와 요한을 보고 유대인들이 "본래 학문 없는 범인으로 알았다가 이상히" 여긴 것이다행 4:13.

제자들은 작은 자들이었고, 그래서 예수는 제자들을 '애들아' 혹은 '소자'라고 부르기를 좋아하셨던 것이다. 파송 받았던 열두 제자가 돌아와 전도 여행을 보고할 때, 예수는 하나님께 이렇게 감사 기도를 올리셨다. "천지의 주재이신 아버지여, 이것을 지혜롭고 슬기 있는 자들에게는 숨기시고 어린 아이들에게는 나타내심을 감사하나이다마 11:25." 이 말씀은 예수께서 제자들을 '어린아이'로 보신다는 뜻으로, 이때 쓰인 말은 영어로 'baby'와 같은 말이다.

이런 제자들이 어린아이들을 구박하는 일이 벌어졌다. 작은 자가 다른 작은 자를 어리다고 구박한 것이다. 이 얼마나 우스운 일인가? 노상 똑같이 작은 자들인데 다른 작은 자를 멸시하다니. 마가복음의 예수는 제자들의 이런 모습을 보시고 격노하셨다막 10:14. 천국은 큰 자가 작아지고 작은 자가 커지는 세상이다. 제자들이 예수께 택함을 입은 것은 그들이 작아서다. 그런데 그 사실도 모르고 그들은 어린아이를 작다고 무시했던 것이다. 그들은 자신들 스스로 '큰 자'인 체했던 것이다. 이는 하나님의 은총을 스스로 거부하는 일이나 다름없었다. 이것이 주님을 심히 분노케 한 것이다. 그러면서 단호하게 말씀하신다. "어린아이들이 내게 오는 것을 용납하고 금하지 말라. 하나님의 나라가 이런 자의 것이니라막 10:14."

천국은 이런 자, 즉 작은 자의 것이다. 가난한 자가 천국에 들어간다. 세리와 창기가 유대인보다 먼저 천국에 들어간다. 병든 자가 건강한 자보다, 눈먼 자가 눈뜬 자보다, 절뚝발이가 멀쩡한 사람보다, 문둥병자가 깨끗한 사람보다 먼저 천국에 들어간다. 그래서 가난한 나사로는 아브라함의 품에 안겼지만 부자는 지옥불에서 고통당하는 것이다. 하나님의 은총을 입기 위해서는 작아야 한다. 큰 체하는 것은 멸망으로 가는 지름길이다.

## 4. 초대교회와 복음 전파

초대교회 때 교인들은 사회적으로 낮은 사람들이 많았다. 가난한 자나 여자, 해방 노예 혹은 그냥 노예, 기타 사회적 약자들이 교회에서 다수를 이루었다. 그래서 주후 3세기 이방 철학자 켈수스가 조롱했던 것처럼, 기독교는 무식하고 천한 자들의 종교인 양 여겨졌다. 종교에 대해 무척 관대했던 로마 제국도 기독교만큼은 인정해 주지 않았다. 그래서 기독교는 거의 300년 동안 불법 종교로 낙인이 찍혔다. 이러한 상황에서 기독교인들은 언제나 보잘것없는 사회적 약자요 작은 자들이었다.

그러나 이들은 강한 자들이었다. 형편없고 보잘것없는 바로 이들이 로마 제국을 뒤흔들었다. 로마인들에게 최초로 기독교인의 존재를 각인시켜 준 것은 다름 아닌 네로 황제의 박해였다. 네로 황제는 로마의 대화재로 악화된 민심을 수습할 요량으로 애매한 기독교인을 방화범으로 몰아세웠다. 네로가 기독교인을 방화범으로 몰아세운 이유는 기독교인이 보잘것없는 자들이었기 때문이다. 역사가 타키투스의 증언에 따르면 기독교인은 "들짐승 가죽을 쓰고서 개들에게 찢겨 죽거나 십자가에 못박히거나 불에 타 죽었고, 날이 저물면 조명시설 역할을" 해야 했다.

하지만 놀랍게도 바로 이 사건이야 말로 로마인들의 뇌리에 기독교라는 종교를 확실하게 각인시키는 계기가 되었다. 당시 대부분의 로마인은 기독교를 유대교와 구분할 만큼의 정보도 가지고 있지 못했으며, 종종 들려오는 기독교인들에 대한 은밀하고 수상쩍은 소문 때문에 불쾌하게 생각하고 있었다. 특히 기독교인은 인간성에 반대되는 가르침을 믿는다는 이야기를 들어 왔기 때문에 상당히 부정적인 느낌을 가지고 있었다. 하지만 타키투스 자신이 고백하는 것처럼, 기독교인들이 로마를 방화할 만큼 악한 인간들이라고 생각하지는 않았다. 그런데 기독교인들은 자신에게 가해지는 잔인하고 비인간적인 처형을 의연하게 받아들이며, 평안히 죽어가는 순교의 드라마를 연출했던 것이다. 가장 작은 자들의 가장 무기력한 죽음의 장면이 가장 강력한 능력을 발휘한 것이다. 이 사건으로 인해 적지 않은 로마인들은 기독교를 다시 보기 시작했다. 작은 자를 향한 가혹한 박해는 복음의 능력을 위축하기는커녕 도리어 더 강하게 만들었다. 이것이 바로 초대교회가 붙들었던 십자가의 능력이다.

앨런 크라이더Alan Kreider의 「초대교회의 예배와 전도」*Worship and*

*Evangelism in Pre-Christendom*, KAP 역간는 주후 1세기가 지나면서 대부분의 교회에서는 전도와 선교를 별로 강조하지 않았다고 보고한다. 우선 네로 황제로부터 시작된 박해와 차별 등이 공개적인 전도를 어렵게 만들었다. 또한 초대교회 성도들은 그리스도의 이름을 극히 귀하게 여겼기 때문에 "돼지에게 진주를 던지지 말라"는 주님의 말씀을 따라 아무에게나 함부로 주님의 이름을 발설하지 않았다. 특히 대부분의 그리스도인은 사도들의 복음 전도로 주후 1세기에 이미 땅 끝까지 복음이 전해졌다고 생각했다. 이런 저런 이유로 주후 2-3세기 그리스도인들은 1세기 때만큼 전도와 선교에 열정을 보이지 않았다. 그렇다면 이 시기에 복음 전파가 위축되었는가?

아니다. 정반대다. 놀랍게도 그러한 와중에서도 천국 복음은 대단히 왕성하고 빠르게 로마 제국 전역으로 퍼져 갔다. 이는 정확히 누룩의 비유와 같았다. 주님은 작은 겨자씨가 울창한 숲을 이루고, 누룩한 덩이가 전체 밀가루를 부풀게 하는 것이 천국 복음이라고 하셨다. 그리고 그 비유대로 되었다. 그리하여 주후 3세기가 되면 제국 전체의 5퍼센트를 상회하는 인구가 그리스도인이 되었다. 어느 지역은 50퍼센트 이상, 심지어 70-80퍼센트까지 복음화가 되기도 했다. 로마의 상류층과 귀족층, 황제의 가족들 중에도 상당수가 그리스도인이 되었다. 잘 알려진 대로 콘스탄티누스 황제의 어머니 헬레나와 다른 여러 가족도 그리스도인이었다고 한다. 이 때문에 혹자는 콘스탄티누스가 기독교를 공인한 것은 불가피한 선택이었다고 말하기도 한다.

하지만 오히려 기독교가 이렇게 대중적으로 성공을 거두자 복음의 능력은 빠르게 줄어들기 시작했다. 이에 대한 우려의 목소리가 여기저기서 들려왔으나 교회는 대중적 성공 때문에 그러한 문제를 진지하게 다루지 않았다. 테르툴리아누스가 정통 기독교를 떠나서 몬타누스파 진영으로 넘어간 것이나, 히폴리투스, 노바티아누스, 도나투스 등이 주류 교회를 향해 항의한 것은 모두 기독교의 대중적 성공에 대한 우려 때문에 생겨난 것이라고 할 수 있다. 그러나 기독교는 너무도 신속하게 대중적 성공을 향해 달려갔고, 이러한 와중에 기독교의 복음은 끝내 제국의 이데올로기로 자신을 내주고야 말았다. 교회가 작았을 때는 큰 능력을 발휘했지만, 커지니까 생명력을 잃고 만 것이다. 그리고 이러한 역사는 그 후로도 반복된다. 역사는 분명히 증언한다. 복음의 능력은 크기에 반비례한다고.

## 5. 크기와 권세

이제 메가처치 얘기를 해 보자. 사람들은 말한다. 큰 교회는 큰 교회대로, 작은 교회는 작은 교회대로 각자의 역할이 있다고. 물론 그렇다. 큰 교회는 작은 교회가 할 수 없는 일을 할 수 있다. 그것은 백 번 맞는 말이다. 문제는 큰 교회가 하는 그 일이 하나님의 영광을 드러내는가이다. 자, 한번 생각해 보라. 작은 교회가 할 수 없는 일을 큰 교회가 했다. 그럴 때 그 일을 한 것은 하나님인가 아니면 큰 교회의 규모인가? 교회가 커서 가능한 일이라면, 그 일은 결국 그 교회의 큰 규모, 즉 그 교회의 돈과 인력 그리고 권력이 일구어낸 결실이 아닌가? 이런 저런 변명을 한다고 하나님의 눈을 속일 수는 없다. 큰 교회라서 할 수 있는 일이라면 하나님의 영광은 드러나지 않는다. 그 교회와 그 교회의 목사, 성도가 드러날 뿐….

이렇게 말하면 반론을 제기하는 사람이 많다. 설사 그 교회의 크기가 어떤 일을 이루어냈더라도 그것이 뭐가 그리 중요하냐고, 결국 하나님의 일이 성취된 것이고 그러면 된 것이 아니냐고. 그러나 사정은 그리 단순하지 않다. 메가처치는 큰 교회다. 크다는 것은 힘이고 권세다. 너무나 뻔한 진리는 이것이다. 크기가 메가처치의 권세라는 것! 웅장한 예배당, 거대한 집회홀, 엄청난 인파는 그 자체로 메가처치의 힘을 상징적으로 드러낸다. 메가처치는 엄청나게 많은 돈이 몰려드는 곳이다. 매주마다 걷히는 헌금 액수는 어지간한 지방 자치단체보다 많고, 웬만한 중소기업보다 많다. 더구나 그 교회가 서울의 강남지역에 있다면 교회의 부는 천문학적으로 늘어난다. 또한 메가처치는 권력이 집중된 교회다. 메가처치의 권력은 선거 때면 여실히 드러난다. 최상위 열 개의 메가처치만 마음을 모으면 대통령을 만들어 낼 수도 있을 것이다. 민주주의 사회에서 메가처치는 방대한 표밭으로, 강력한 권력을 소유한다. 뿐만 아니라 그 많은 교인 중에는 정치인도 있고, 기업인도 있고, 법조인도 있고, 학자도 있다. 교회와 목사가 이들을 동원할 때 생기는 힘은 상상을 초월한다. 그런데 메가처치는 바로 이 권세로 하나님의 사업을 성취했다고 주장하는 것이다.

그러나 과연 메가처치의 돈의 권세, 정치의 권세, 미디어의 권세 등이 하나님으로부터 나오는 권세라고 할 수 있는가? 정녕 교회는 그런 권세들을 활용하여 천국 복음을 전파하며 하나님 나라를 확장할 수 있는가? 메가처치가 뛰어 들어 하는 일들은 굉장하다. 세계 전역으로 선교사들을 파송하고, 사회복지와 구제사업을 주도하고, 지역사회를 위해 봉사하고, 기독교 서적을 출판하고, 수련회나 집회를 주최하며, 다양한 형태의 운동을 이끄는 등 헤아릴 수 없이 많은 일을 감당한다. 그런데 이 모든 일을 위해 메가처치가 활용하는 그런 권세들은 하나님으로부터 온 것이 맞는가?

불행히도 메가처치가 가지고 있으며 활용하는 권세는 하나님의 권세가 아니다. 하나님은 강한 자가 아니라 약한 자를 좋아하신다. 왜냐? 약한 자와 함께하실 때 하나님의 능력이 제대로 빛을 발하기 때문이다. 언제나 하나님은 작은 자 곁에 계시며, 약한 자들 중에 거하신다. 이것이 약함과 작음의 권세다. 십자가는 약함과 작음의 권세의 극치다. 때문에 십자가는 성도의 최고의 능력이며고전 1:18, 바울은 자신의 강함이 아니라 약함을 자랑했던 것이다고후 11:30; 12:5, 9. 그는 빌립보서에서 그리스도 예수의 마음을 본받으라고 했는데, 이는 자기를 높이고 자신의 힘을 자랑하는 것이 아니라 자기를 비우고 낮아지라는 것이었다. 그런데 메가처치는 작지 않다. 크다. 때문에 이 권세는 십자가의 권세가 아니다. 이런 권세는 세상이 준 권세일 뿐이다.

마르바 던은 「세상 권세와 하나님의 교회」*Powers, Weakness, and the Tabernacling of God*, 복있는사람 역간에서 오늘날 교회가 하나님의 권세를 버리고 세상의 타락한 권세를 붙잡는다고 했다. 그녀는 더 나아가 오늘날 교회는 그 자체로 타락한 권세가 되고 말았다고 했다. 그렇다면 하나님이 주시는 권세는 어떤 권세인가? 그녀는 말하기를 '약함의 권세'가 하나님이 당신의 자녀들에게 주시는 권세라고 했다.

또 자크 엘륄은 교회가 받은 권세는 무력武力이 아니라 무력無力함이라고 했다. 그래서 그는 그리스도인을 정의하기를, 이리들 가운데

보냄을 받은 양과 같은 자라고 했다. 이는 아무 힘이나 권세도 없이 치명적 위험 가운데 적나라하게 노출되어 있는 그리스도인의 실존을 의미한다. 그리스도인은 이리 가운데서 양으로 일하는 자다. 그러나 그에게는 힘이 있다. 그 힘은 사랑이라는 힘이다. 「폭력」 *Violence: Reflections from a Christian Perspective*, 현대사상사 역간이라는 책에서 엘륄은 그리스도인이 가진 최고의 폭력을 "사랑의 폭력"이라고 했다.

약함이 무슨 권세며, 무력함이 무슨 힘이냐고? 폭력 앞에서 사랑이 무슨 쓸데가 있느냐고? 슬프게도 이런 물음은 옳다. 이리들의 틈바구니에서 사랑으로 옷 입은 양은 찢기고 죽임을 당한다. 그래서 약함과 무력함은 아무 짝에도 쓸모가 없다. 그러나 부활이라는 반전이 있다. 즉 십자가가 끝이 아니다. 그리스도께서 다시 부활하셨다. 그래서 약함과 무능력, 사랑이 위대한 힘이 되는 것이다. 그리고 이것이 바로 십자가의 능력이요, 신비며, 비밀이다. 바울의 말처럼, 믿지 않는 자들에게 십자가는 멸시와 조롱거리다. 그러나 믿는 자들에게는 하나님의 능력이 된다. 그래서 마르바 던의 말대로, 그리스도인의 작음, 약함, 무능력은 하나님이 거하시는 성전이 된다. 그 작음과 약함이 하나님의 임재를 드러낸다. 그러나 메가처치는 이러한 사실을 믿지 않는다. 메가처치는 웅장함, 거대함, 위대함 속에 광대하신 하나님이 임재하신다고 말한다. 이는 착각이고, 미신이며, 십자가의 능력을 믿지 않는 불신앙이다. 메가처치는 자신의 큰 규모로 뭔가를 할 수 있다고 우긴다. 그러나 분명한 것은, 메가처치가 가진 권세가 십자가의 권세는 아니라는 사실이다.

# 메가처치 교회관 논박(1): 거룩한 나라

9장부터 14장까지는 메가처치의 교회관, 예배관, 설교관에 대해 다룰 것이며, 각 주제에 대해 두 장씩 할애할 예정이다. 앞장은 각 주제에 대한 성서의 가르침을 살펴볼 것이고, 뒷장은 성서의 가르침을 바탕으로 메가처치를 논박하는 내용으로 채워질 것이다. 이렇게 구성한 이유는 이 책의 메가처치 논박이 비판을 위한 비판이 되지 않도록 하기 위해서이고, 아울러서 이 책이 현대 교회에 대한 피상적인 비판으로만 그치지 않기를 바라기 때문이다. 즉 앞장에서의 설명은 뒷장의 메가처치 논박에 대한 더욱 깊이 있는 시각을 제공해 줄 것이며, 나아가 교회관, 예배관, 설교관 등에 대한 성서적 대안을 모색해 줄 수 있으리라고 믿는다. 자, 이제 먼저 교회관에 대해 살펴보자.

## 1. 신성함과 거룩함

교회란 무엇인가? 교회에 대한 전통적 가르침은 교회가 하나이며,
거룩하며, 보편적이고, 사도적이라는 것이다. 이 네 가지 교회에 대한
신조 중에서도 가장 오래되고 중요한 것은 교회의 거룩함이다. 거룩
함은 교회의 가장 근본적인 특성에 속한다. 하지만 거룩이란 도대체
무엇인가? 교회의 역사에서 거룩이란 말만큼 자주 오해되어 온 말도
없을 것이다. 교회가 거룩하다고 할 때 거룩이 뜻하는 바가 무엇인지
를 먼저 알아야 한다. 도대체 거룩이란 무엇인가?

### 1) 신성함

교회는 거룩하다. 하지만 거룩함holiness은 신성함sacredness이 아니
다. 그렇다면 신성함은 무엇이고, 거룩함은 또 무엇인가? 19-20세기
의 많은 종교학자가 신성함에 대한 연구를 해 왔고, 그 중 대표적인
인물이 루돌프 오토다. 그는 「성스러움의 의미」분도 역간에서 성스러
움의 본질을 종교적 감정에서 찾았다. 소위 누미노제라고 부르는 이
종교적 감정에는 극도로 '두려우면서' 동시에 놀랄 만큼 '신비스러
운 감정'이 자리잡고 있다는 것이 그의 생각이었다. 이 신비스러운 공
포감 속에 성스러움의 본질이 자리잡고 있다는 것이다. 그러니까 오
토에 의하면 거룩함이란 신비스러운 분위기, 체험, 그로 인한 감정 등
과 관계가 있다.

한편, 반 델 레에우Gerardus van der Leeuw나 엘리아데Mirchia Eliade는
조금 다르게 성스러움을 정의한다. 그들은 성스러움을 어떤 고정적

인 실체로 보지 않고 일상적인 것과 대조되는 그 무엇으로 보았다. 예를 들어, 보통의 사과나무가 20개 안팎의 열매를 맺는데 어떤 나무가 무려 40개나 열매를 맺는다면, 사람들은 바로 이 범상치 않은 나무로부터 뭔가 신성한 힘을 느낀다는 것이다. 폴리네시아인들은 이 나무를 '마나mana 나무'라고 부르는데, 이는 나무 속에 뭔가 성스러운 기운이 있다고 여기는 것이다. 그러니까 이들에 따르면 성스러움은 평범하지 않음, 일상적이지 않음 등에서 찾아야 한다. 사람들은 이러한 성聖과 속俗의 메커니즘을 활용하여 신성한 장소, 신성한 나무, 신성한 집, 신성한 물건, 신성한 사람 등을 구별하여 정하고 그것들로 종교를 구성한다. 하지만 이러한 설명은 종교현상학적 '신성함'을 설명하는 것일 뿐이며 성서가 말하는 '거룩함'과는 거리가 멀다.

### 2) 거룩함

레위기 19장 2절에서 야훼는 이스라엘 백성에게 이렇게 명령하신다. "너희는 거룩하라. 이는 나 야훼 너희 하나님이 거룩함이니라." 거룩은 하나님 백성의 제1의무요 과제다. 그렇다면 성서가 말하는 거룩함이란 무엇인가? 토라가 명시하는 제사법이나 정결규례 혹은 기타 여러 성서 기록을 보면 성서의 거룩함이 종교현상학적 신성함과 별로 다른 것 같지 않다. 그래서 오토나 엘리아데 같은 종교현상학자들은 유대교나 기독교에 나타난 거룩함이 이슬람교, 불교, 힌두교, 기타 토속 신앙에서 말하는 거룩함과 대동소이하다는 사실을 밝히는 데 주력해 왔다. 나도 종교로서의 유대-기독교가 종교현상학적인 신성함의 요소를 완전히 배제한다고 생각하지는 않는다. 하지만 성서가 거룩함을 말할 때는 신비한 분위기나 특이한 종교적 감정 혹은 일상과 구별되는 비범한 어떤 것을 말하는 게 아니다.

성서는 매우 특이한 의미로 거룩함을 정의한다. 성서가 말하는 거룩함은 '떨어져 있다', '분리되다', '구별되어 있다'는 뜻이다. 그렇다면 무엇으로부터 분리되어 있는가? 종교현상학적 의미에서의 신성함은 일상성, 평범함, 범상함으로부터의 구별을 말한다. 그러나 성서 전체의 맥락을 살펴볼 때 분리되어야 할 대상은 일상이 아니라 죄다. 그렇다면 죄란 무엇인가? 성서가 말하는 죄란 개인적이고, 내면적이고, 윤리적인 오류를 넘어서는 것으로, 세상 질서를 따르는 것을 말한다. 그리고 세상 질서를 따르는 것은 세상 임금을 따르는 것이요, 이는 동시에 야훼에 대한 반역을 의미한다. 그러니까 반역의 질서인 세상으로부터 분리되는 것이 바로 거룩이다.

거룩은 무슨 신성한 주술적 힘을 보유하는 것이 아니라 죄와 세상으로부터 분리되는 것을 의미한다. 하지만 그렇다고 거룩이 도덕적 완전성을 말하는 것은 아니다. 한스 큉Hans Küng의 말대로 하나님의 백성의 거룩함은 완전함으로 나아가는 과정이며 여정이지 완전함 자체가 아니다. 즉, 거룩이란 어떤 완전한 경지나 수준에 도달하는 것이라기보다는 잘못된 방향으로부터 올바르게 돌이키는 것이요, 올바른 방향을 향해 세상으로부터 부단히 멀어지는 것이며, 완전함을 향해 나아가는 과정과 여정을 말한다.

세상으로부터 분리된다고 해서 거룩이 전적으로 인간의 노력을 의미하는 것으로 오해해서는 안 된다. 거룩은 은총이다. 즉, 먼저 하나님이 당신의 백성을 세상에서 불러내신다. 그러나 동시에 부름받은 백성 스스로가 세상을 뿌리치고 나와야 한다. 그렇게 세상으로부터 분리되어 나온 백성을 하나님은 당신의 백성으로 삼으시며 은총으로 거룩하게 하신다. 그래서 거룩에는 인간의 결단과 노력이라는 측면과 하나님의 은총이라는 두 가지 측면이 동시에―'반반씩'이 아니라 '동시에'―존재한다. 하나님이 자기 백성에게 "거룩하라"고 말씀하실 때, 이는 세상으로부터 떨어져 나오라는 명령을 의미하는 것으로 보는 게 합당하다. 요컨대, 거룩이란 하나님이 베푸시는 은총이지만, 동시에 인간 편에서는 세상으로부터 분리해 나가는 결단과 방향, 여정을 의미한다. 그래서 거룩의 핵심은 반反세상이다.

## 2. 하나님 나라와 세상

세상으로부터의 분리란 구체적으로 무엇을 말하는가? 이를 제대로 이해하기 위해서는 먼저 세상을 이해해야 할 것이다. 그리고 세상을 이해하기 위해서는 성서 전체에 전제되어 있는 하나님 나라와 사탄 나라세상의 대립을 이해해야 할 것이다. 물론 하나님 나라 대對 세상의 충돌은 신약에 이르러서야 명료하게 드러나는 것이 사실이지만, 구약에도 분명히 전제되어 있는 세계관이다. 특별히 창세기 내러티브는 두 나라의 대립에 기초한 세계관 및 역사관을 성서 전체에 드리우는 데 결정적인 역할을 한다.

창세기를 보면 1-2장은 천지창조와 인간창조 그리고 에덴동산의 창설 이야기가 나온다. 여기서 우리는 하나님이 다스리시는 하나님의 나라를 본다. 그러다가 3장에 뱀의 유혹과 인간의 반역 이야기가 나온다. 이때 하나님의 나라는 뱀의 나라로 바뀐다. 여기서부터 사탄의 나라가 시작된다. 3-11장까지는 사탄의 나라가 무서운 속도로 확산되어 가는 모습을 보게 된다. 그러다가 12장에 이르면 하나님이 아브라함을 택하시는 장면을 볼 수 있다. 아브라함으로부터 시작되는 족장들의 이야기는 하나님이 사탄의 나라를 다시 하나님의 나라로 되돌리시기 위한 구원의 역사를 시작하셨음을 보여 준다. 요셉 이야기는 하나님의 구원의 역사에서 한 정점을 이룬다. 허다한 백성들이 요셉에게 몰려와 자발적으로 종이 되겠다고 말하는 대목은창 47:25, 그들이 바로의 종이 되겠다고 한 것이기는 하지만, 마지막 날 열방이 하나님께로 돌아오는 종말론적인 회복의 장면을 예표한다. 그러니까 창세기 이야기는 하나님 나라-사탄 나라-하나님 나라의 도식으로 읽을 수 있다. 이처럼 창세기에는 하나님 나라와 사탄 나라의 대립이 분명하게 전제되어 있다.

### 1) 하나님 나라의 통치 질서

하나님 나라의 신학은 '다스림'이라는 관점으로 나라를 이해하라고 조언한다. 그러니까 하나님의 나라는 하나님이 다스리시는 나라이고 사탄의 나라는 사탄이 다스리는 나라다. 그렇다면 각각의 나라를 다스리는 통치 질서는 어떻게 다른가? 먼저 하나님의 통치 질서를 살펴보자.

창세기를 보면 하나님이 인간을 창조하시고 그를 지극히 높이신 후에 그에게 세상 만물을 통치하도록 명령하시는 것을 볼 수 있다. "생육하고 번성하여 땅에 충만하라, 땅을 정복하라, 바다의 물고기와 하늘의 새와 땅에 움직이는 모든 생물을 다스리라창 1:28." 오랫동안 이 명령은 문화명령이라 불렸다. 그리고 이 문화명령은 개발명령의 동의어처럼 여겨졌다. 예컨대, 대로우 밀러Darrow L. Miller의 「생각은 결과를 낳는다」Discipling Nations, 예수전도단 역간는 문화명령을 개발명령으로 이해한 전형적인 사례를 보여 준다. 그러나 이는 참으로 큰 오해다. '땅을 정복하고 생물을 다스리라'는 명령은 본래 하나님 자신이 하셔야 할 일을 인간에게 대신 맡기신 것이다. 인간은 '하나님 대신' '하나님의 방식으로' '하나님의 세계'를 다스리는 '하나님 나라의 분봉왕'이다. 따라서 그의 통치방식은 반드시 하나님의 통치를 모방한 것이라야 한다. 그렇다면 하나님의 통치는 어떤 것인가?

첫째, 이름을 부르는 것이다. 창세기 1장에서 하나님은 세계를 창조하신 후에 꼭 그것들에게 이름을 지어 주셨다사 40:26. 1장에서만 하나님은 '낮', '밤', '하늘', '땅', '바다' 등 최소한 다섯 개의 이름을 지어 주셨다. 아담도 하나님이 지어 주신 이름이다. 그런데 아담도 짐승들의 이름을 짓는다창 2:19-20. 이 점에서 아담은 하나님을 닮았다. 그러니까 아담이 짐승들의 이름을 짓는 것은 하나님의 방식을 모방하는 통치 행위였던 것이다. 이름을 짓는 행위는 한편으로는 권위와 주권을 의미한다. 하나님은 자신의 발아래 있는 것들의 이름을 지으셨고, 사람도 자신의 발아래 있는 것들의 이름을 짓는다. 그렇지만 이 이름을 짓는 행위는 독재적인 행위가 아니다. 이름을 짓는 것은 사랑의 행위다. 최소한 반역이 일어나기 전까지는 말이다. 하나님이 온 세상 만물의 이름을 다 아신다는 것은 무슨 뜻이겠는가? 그 모든 것을 보살피고 돌보신다는 뜻이다. 아담이 동물들의 이름을 짓는 것은 정확히 하나님의 통치를 모방하는 행위였다창 2:19. 즉, 아담은 하나님을 모방하여 에덴의 모든 생물을 돌봐야 했다.

아담이 자기 아내의 이름을 지어 주는 데서 이름 짓는 것이 사랑의 행위임이 극명하게 드러난다. "이는 내 뼈 중의 뼈요 살 중의 살이라. 이것을 남자에게서 취하였은즉 여자라 부르리라창 2:23." 원어로 보면 더욱 인상적이다. "남자이쉬에게서 취하였은즉 여자이솨라 부르리라." '이쉬'와 '이솨', 정말로 한 글자 차이다. '네케바'라는 말이 있는데도 아담이 굳이 '이솨'라는 말로 여자를 부른 것에 주목해야 한다. 즉, '이솨'는 아담이 자신의 아내와 완전하게 하나가 되었음을 강조하려는 의도로 선택된 이름이었다. 아담의 이름 짓는 행위는 사랑의 연합을 드러내는 행위였다. 그리고 목자 되신 우리 주님도 이렇게 자기 양들의 이름을 부르신다. "그가 자기 양의 이름을 각각 불러 인도하여 내느니라요 10:3." 이처럼 이름을 부르는 행위는 사랑의 행위다. 김춘수의 시 "꽃"이 이러한 사랑의 이름 짓는 행위를 잘 묘사해 준다.

내가 그의 이름을 불러 주기 전에는

그는 다만 하나의 몸짓에 지나지 않았다.

내가 그의 이름을 불러 주었을 때, 그는 나에게로 와서 꽃이 되었다.


이름을 불러서 몸짓이 꽃이 되게 하는 것, 이것이 하나님의 통치 원리요 인간이 받은 통치 명령이다. 하나님은 결코 하나님의 동산을 불도저로 밀어 거기에 길을 내고, 건물을 세우라고 명령하신 적이 없다. 동산 안에 모든 풀과 나무, 새, 짐승, 풀벌레들까지 이름을 알고 사랑으로 그 이름을 부르라고 우리를 부르셨다. 따라서 하나님의 통치 명령은 사랑의 명령이요, 세심한 정원사가 되라는 명령이며, 시인이 되라는 명령이었다. 거듭난 수도사 프란체스코가 새와 대화하고 꽃과 함께 노래할 수 있었던 것은, 그가 하나님의 통치 비밀을 깨달았기 때문이다. 헤르만 헤세가 정원일의 즐거움 속에서 시를 쓰고 그림을 그릴 수 있었던 것처럼, 하나님은 자신의 놀라운 환희와 기쁨의 세계로 아담 부부를 초청하셨다. 그리고 그 아름다운 세계에서 시인의 눈으로 그 모든 생명의 경이에 탄복하고, 노래하고, 사랑하라고 명하셨다. 기억하자, 하나님의 눈은 시인의 눈이다. 그리하여 하나님의 사람들도 시인이 된다. 다윗처럼 말이다.

둘째, 하나님의 통치는 섬김의 통치다. 먼저 하나님이 본을 보이셨다. 인간을 창조하신 것 자체가 섬김이다. 천지 창조 6일째 되던 날, 뭍의 육축들까지 창조하신 하나님이 갑자기 창조 과정을 멈추신다. 그리고 하늘의 천군天軍들을 불러 모으시고 천상의 어전회의를 개최하신다. 의제는 인간이라는 동물 창조에 관한 것이었다. 심사숙고의 과정을 거쳐 드디어 인간 창조가 결정되었다. 우리는 여기서 인간 존재의 신비와 함께 하나님 나라의 놀라운 본질과 마주하게 된다. 이날 결정된 결의안에 의해 인간이라는 대단히 독특한 짐승이 만들어졌다. 인간은 다른 짐승과 다를 바가 전혀 없이 흙으로 지어진다. 그러나 야훼께서는 짐승과 다를 바가 하나도 없는 인간을 지극히 높이기로 작정하신 것이다. 어느 정도까지? 하나님과 거의 다를 바 없는 정도까지. 그래서 다윗은 시편에서 이렇게 노래한다. "주님께서는 그를 하나님보다 조금 못하게 하시고, 그에게 존귀하고 영화로운 관을 씌워 주셨습니다시 8:5, 새번역. 개역한글판은 '천사보다 조금 못하게 하시고'라고 번역했으나, 원어는 '엘로힘'이라고 되어 있으니 '하나님보다'라고 번역해야 옳을 것이다." 인간은 하나님보다 살짝 못한 그런 존재였다. 애굽의 바로식으로 표현하자면 하나님이 인간보다 '높은 것은 왕좌뿐'이다참조. 창 41:40.

인간이 짐승 중에서 출생했으나 하나님만큼 높임을 받았으니, 나머지 짐승들은 자연스럽게 인간의 발아래 놓이게 된다. 그래서 다윗은 이렇게 노래한다. "주님께서 손수 지으신 만물을 다스리게 하시고, 모든 것을 그의 발아래에 두셨습니다. 크고 작은 온갖 집짐승과 들짐승까지도, 하늘을 나는 새들과 바다에서 놀고 있는 물고기와 물길 따라 움직이는 모든 것을 사람이 다스리게 하셨습니다시 8:6-8, 새번역. 천지의 창조주가 하나님이고, 천지의 소유주도 하나님이다. 따라서 하나님이 세계를 직접 다스리시는 것은 지극히 당연한 일이다. 그러나 하나님은 인간을 높이시고, 인간에게 통치권을 위임해 주셨다. 자리만 내주신 것이 아니라 자신의 모든 영광과 존귀를 인간에게 부어주시면서 그리 하셨다. 적절한 비유일지는 모르겠지만, 메가처치의 담임목사가 실습 전도사에게 조건 없이 담임목사직을 물려주고 자신은 원로목사로 물러나 앉는 것과 같다. 하나님은 왕의 자리에서 물러나 인간을 그 자리에 앉게 하심으로써 숙연한 섬김의 모범을 보이셨다. 그리고 인간은 그것을 보고 배워서 땅과 생물들을 섬기도록 사명을 받았다. '하나님은 인간을 섬기시고, 인간은 세계를 섬기는 것', 이것이 최초의 하나님 나라 통치 방식이었다.

이름을 부르는 통치가 사랑을 만들어 낸다면 섬기는 통치는 평화를 만들어 낸다. 섬김이 있는 곳에는 경쟁이나 투쟁이 없고 평화만이

존재한다. 이사야 11장은 최초의 하나님의 동산에 있었음직한 종말
론적 평화의 광경을 아름답게 묘사한다.

> "이리가 어린 양과 함께 살며
>
> 표범이 어린 염소와 함께 누우며
>
> 송아지와 어린 사자와 살진 짐승이 함께 있어 어린아이에게 끌리며,
>
> 암소와 곰이 함께 먹으며
>
> 그것들의 새끼가 함께 엎드리며
>
> 사자가 소처럼 풀을 먹을 것이며,
>
> 젖 먹는 아이가 독사의 구멍에서 장난하며
>
> 젖 뗀 어린아이가 독사의 굴에 손을 넣을 것이라사 11:6-8."

여기서 볼 수 있듯이, 하나님의 통치의 가장 큰 특징 중 하나는 약
육강식에 의한 먹이사슬이 존재하지 않는다는 것이다. 먹이사슬 대
신에 섬김의 사슬이 지배한다. 그래서 그곳에는 평화, 곧 야훼의 샬롬
이 있었다. 평화는 하나님의 바실레이아통치의 당연한 귀결이다.

### 2) 사탄 나라의 통치 질서

이제 사탄 나라, 곧 세상의 통치 질서에 대해 살펴보자. 앞에서 하
나님 나라의 통치는 이름을 부르는 사랑의 통치요, 섬김을 통한 평화
의 통치라고 했다. 그러나 아담의 반역과 함께 하나님 나라의 통치 방
식은 뒤집어지고 말았다. 이것은 단순한 변화가 아니다. 천하가 뒤집
어진 대사변이며, 근본적인 세계 대변혁이었다. 본래 하나님의 나라

는 '큰 자가 작은 자를 섬기는 세계'였다. 하나님이 인간을 섬기시고, 인간은 피조물을 섬기는 세계였던 것이다. 이런 점에서 하나님의 나라는 섬김의 사슬이 지배하는 역삼각형의 세계다. 그러나 뱀은 이것을 먹이사슬이 지배하는 정삼각형의 세계로 바꾸어 버렸다. 역삼각형이 정삼각형으로 뒤집어진 것이다.

이러한 세계관의 대변혁이 뱀의 유혹하는 말 속에 들어 있었다. "너희가 그것을 먹는 날에는 너희 눈이 밝아져 하나님과 같이 되어 선악을 알 줄 하나님이 아심이니라창 3:5." 뱀에 의하면, 세상은 피라미드의 모양으로 그 맨 꼭대기가 왕의 자리요 가장 영광스러운 신의 자리다. 그런데 부당하게도 이 자리를 하나님이 차지하고 있다. 하지만 인간이 오르지 못할 이유가 전혀 없다. 선악과는 피라미드의 정점에 오를 수 있는 열쇠니까. 그러나 비열하게도 하나님은 자신의 지배를 영속화하기 위해 이를 못 먹게 하신다. 그러니까 '네가 먹어서 피라미드의 정점에 **올라서라!**'고 하신 것이다.

전혀 다른 방식으로 세계를 바라보게 만드는 이 치명적 유혹을 접하자 인간의 눈은 순식간에 뒤집히고 만다. 자고로 눈은 마음의 창이다. 역삼각형의 세계관이 순식간에 정삼각형의 세계관으로 바뀌었다. 이제 인간은 '조금만 더' 앞으로 나아가면 피라미드의 정점에 오를 수 있다고 생각하게 되었다. 고약한 하나님이 비열하게 이를 훼방하지만 무슨 상관이랴, 바로 눈앞에 열쇠가 있는데. 순간 선악과는 전혀 다르게 보이기 시작했다. "여자가 그 나무를 본즉 먹음직도 하고 보암직도 하고 지혜롭게 할 만큼 탐스럽기도 한 나무인지라창 3:6."

참으로 놀라운 역전이다. 섬김의 사슬은 먹이사슬로 바뀌었으며,

역삼각형의 세계는 정삼각형의 세계로 바뀌었다. 아서 러브조이Arthur O. Lovejoy가 「존재의 대연쇄」*The Great Chain of Being,* 탐구당 역간에서 잘 보여 주듯, 최고 존재로부터 맨 밑바닥까지 사다리 모양으로 이어지는 존재들의 계층구조는 서양 사상을 관통하여 흐르는 일관된 세계관이다. 또 폴 히버트Paul Hiebert의 연구에 따르면 피라미드 모양의 세계관은 인도-유럽 신화의 본질적 요소이기도 하다. 피라미드 모양의 서열적 세계관은 세계에서 가장 보편적인 세계관일 것이다. 아담의 타락 이후 피라미드 모양의 세계관이 온 세상을 뒤덮었다.

피라미드 모양의 세계관 안에서 하나님에 대한 관점도 바뀌었다. 하나님은 더 이상 스스로 자신을 낮추시는 섬김의 본보기가 아니라, 질투심 많은 독재자로 보였다. 하나님의 세계 속으로 탐욕과 경쟁, 지배의 세계관이 침투해 들어온 것이다. 절대반지 앞에서 무기력하게 무너지고 말았던 프로도처럼 아담은 여지없이 무너지고 말았다. 그리고 기어이 선악과를 따먹고서 피라미드의 정점에 오르고야 만다. 이러한 점에서 아담이 선악과를 따먹은 행위는 일종의 정치적 쿠데타였다. 맥베스가 아내와 작당하고 던컨 왕을 참살하고 왕관을 찬탈한 것처럼, 아담도 아내와 함께 야훼 하나님을 배신하고 그분의 보좌를 강탈하고 만 것이다. 이것은 분명 반역이었다!

아담의 반역으로 말미암아 천하가 뒤집어지고 새로운 나라가 건설되었다. 이것이 바로 사탄의 나라다. 이와 함께 새로운 통치 질서가 생겨났다. 이름을 부르는 통치 방식은 여전히 남았지만 내용은 크게 바뀌고 말았다. 과거 아담은 피조물의 이름을 불러 줌으로써 그들의 존재를 인정해 주고, 배려하며, 보살피는 통치를 행했다. 특히 아내의 이름을 불러 줌으로써 자신과 아내와의 동일성을 확인하고 연합과 친밀감을 가감 없이 드러냈다. 그러나 이제 피라미드 체제 내에서 이름을 부르는 통치 행위는 상대방의 존재를 규정하고, 통제하고, 억압하는 행위로 바뀌었다. 아담이 아내에게 '하와'라는 새 이름을 지어준 이유도 바로 여기에 있다. 아담은 이미 이름을 가지고 있는 아내에게 굳이 새 이름을 지어 준다. 이는 아내에 대한 자신의 가장으로서의 지위와 지배권을 공고히 하기 위해서다. 이와 함께 아담과 하와의 관계는 근본적으로 바뀌고 말았다. 마르틴 부버Martin Buber식으로 말하자면, 나와 너Ich-Du의 관계가 나와 그것Ich-Es의 관계로 변질된 것이다. 즉, 이름을 불러주는 통치가 과거에 사랑과 연합이라는 열매를 낳았다면, 이제는 타인에 대한 지배와 억압의 열매를 낳았다.

아울러서 큰 자가 작은 자를 섬기는 섬김의 통치도 바뀌지 않으면 안 되었다. 하나님이 인간을 섬기시고 그 섬김의 본을 따라 인간이 피조물을 섬기는 것이 본래 하나님이 바라셨던 통치 방식이었다. 그러나 새로운 질서는 뱀이 여자를, 여자가 남자를, 남자가 하나님을 치고 올라와서 정복하고 지배하는 질서다. 아래로 내려가는 하향식 섬김이 위로 올라가는 상향식 정복으로 바뀌고 말았다. '1등이 아니면 죽음을 달라.' 이것이 새로운 세계를 살아가는 정복자들의 구호였다.

섬김의 통치가 평화를 낳았다면 정복의 통치는 경쟁을 낳는다. 반역의 질서 속에서, 세상의 모든 피조물은 서로와 무한히 경쟁하는 사이가 되었다. 이를 토마스 홉스식으로 표현하면, '만인에 대한 만인의 투쟁'이라고 할 수 있을 것이다. 경쟁, 투쟁, 전쟁은 반역의 질서, 곧 세상의 가장 근본적인 특징이 되었다. 여자에게 내려진 두 번째 저주를 보면 사랑으로 한 몸을 이루기 위해 힘써야 마땅할 부부 관계마저 경쟁과 투쟁의 질서에 사로잡히게 되었음을 알 수 있다. 새번역으로 읽어 보자. "네가 남편을 지배하려고 해도 남편이 너를 다스릴 것이다창 3:16." 반역 이후에 가정은 주도권 쟁탈의 전쟁터로 바뀌게 되었다.

역삼각형 모양의 하나님 나라 질서가 피라미드 모양의 세상 질서로 뒤집어진 뒤, 섬김의 사슬은 먹이사슬로 바뀠다. 약육강식이라는 정글의 법칙이 온 세상을 뒤덮은 것이다. 승자, 강자, 큰 자, 높은 자가 모든 것을 독차지하는 승자독식이 정당화되었다. 그래서 너도나도 1등이 되기 위해 더욱 힘쓰는 것이다. 하지만 이것은 하나님 나라의 질서가 아니라 옛 뱀의 정신, 곧 반역의 질서에 속하는 것들이다. 이 반역의 질서 속에서 왕과 왕이, 나라와 나라가, 남자와 여자가, 형과 동생이, 본처와 첩이 서로 경합하며 투쟁한다.

## 3. 하나님의 대안 공동체

우리는 지금 성서가 말하는 거룩에 대해 살펴보는 중이다. 성서가 말하는 거룩은 무시무시하면서도 신비스러운 분위기나 경이로운 신적 기운과 관계되는 것이 아니다. 거룩이란 세상으로부터 분리된 질서를 말한다. '하나님 나라-세상-하나님 나라'라는 도식으로 이해하면, 거룩이란 세상의 질서를 떠나서 다시 하나님 나라의 질서로 돌아오는 것을 말한다. 그러니까 사탄의 통치로부터 벗어나서 에덴의 질서로 회복되어 가는 과정을 말한다. 그리고 이것이 바로 하나님의 구원이다. 구원받은 하나님의 백성은 언제나 세상의 질서를 떠나 하나님 나라의 질서 속으로 들어오는 자들이다. 그래서 하나님의 백성은 세상과 대립하고 대조된다. 세상에 대한 대조, 여기서 성서가 말하는 거룩의 핵심을 찾을 수 있다.

### 1) 가인 자손 vs. 셋의 자손

가인은 세상에 속한 자로, 그의 정신은 옛 뱀의 정신을 물려받은 것이다. 가인에게 세계는 피라미드 모양으로 최정상의 1인자만이 지배하는 세계다. 하나님은 큰 자가인가 아니라 작은 자아벨에게 은총을 베푸시지만, 가인은 큰 자만이 모든 것을 가져야 마땅하다고 생각한다. 심지어 하나님의 은총마저도. 그가 생각할 때, 하나님은 고대의 모든 신이 그러하듯 1인자의 신으로 지배자를 돌보는 신이다. 그런 가인이 볼 때, 하나님이 아벨의 제사를 받으셨다는 것은 아벨이 1인자가 되었다는 뜻이요 자신이 아래로 굴러 떨어졌다는 뜻이다.

가인은 분노한다. '최고가 아니면 죽음을 달라.' 옛 뱀의 정신은 가인에게 또 한 번 선악과를 따먹도록 유혹한다. 하나님은 가인에게 경고하셨다. 뱀의 정신이 문 앞에 웅크리고 앉아서 가인을 유혹할 때를 기다리고 있으니 그 뱀의 정신을 잘 다스리라고창 4:7. 하지만 가인은 옛 뱀의 유혹에 넘어가 아벨을 죽인다. 옛 뱀은 처음부터 거짓말하는 자요 살인자다요 8:44.

동생을 죽인 가인을 하나님은 추방하신다. 왜 추방하시는가? 그것은 바로 이 가인의 정신으로부터 아담 가족, 특히 셋의 후손을 보호하시기 위해서다. 즉, 세상에 속한 자 가인을 아담 가족으로부터 분리해 내심으로써, 아담 가족 특히 셋의 후손을 세상으로부터 구별하셨던 것이다. 이처럼 구약시대에 지리적 분리는 세상으로부터의 분리를 유지하는, 즉 거룩한 삶을 살 수 있는 중요한 조건이었다. 그래서 하나님이 족장들에게 가나안 땅을 떠나지 말고 애굽으로 내려가지 말라고 엄히 명하셨던 것이다. 이러한 점에서 하나님이 가인을 아담 가족으로부터 분리해 내심은 아담 가족과 후에 있을 셋의 후손을 거룩하게 구별하기 위한 조치였음을 알 수 있다. 아담 가족으로부터 분리된 가인은 하나님의 보호 없이도 스스로를 보호할 수 있는 도시를 건설함으로써 세상의 길을 걷는다. 그러나 셋의 후손은 늘 하나님의 가호加護 안에 거함으로써 세상으로부터 분리된 거룩한 삶을 산다.

창세기 4장과 5장에 나타나는 가인의 계보와 셋의 계보는 대단히 흥미로운 사실을 보여 준다. 가인의 계보에서 두드러지게 나타나는 것은 업적이다. 가인은 도시를 건설했으며, 야발은 가축 기르는 법을 개발했고, 유발은 음악의 아버지가 되었으며, 씰라는 발명왕이 되었다. 이들은 한결같이 위대한 업적을 쌓아 불후의 명성을 남겼다. 라멕은 별로 업적을 쌓지 못했지만, 자신이 역사상 가장 잔인하고 난폭한 자로 기억되기를 원했다창 4:20-24. 어찌하든지 최고가 되고 싶어하는 라멕의 모습은 영락없는 옛 뱀의 정신 그대로다. 그 옛날 선조 아담을 사로잡았던 뱀의 업적주의가 가인의 후손들을 사로잡은 것이다.

업적주의란 무엇인가? '인생은 짧고 예술은 길다'는 오래된 경구가 말해 주듯, 삶이 그 자체로는 무가치하다는 관점이다. 업적이 있어야 삶이 가치가 있다는 것이다. 아담은 맨몸이 혐오스러워 옷을 덧붙였다. 그리고 사람들은 맨삶이 혐오스러워 업적을 덧붙이려 했다. 이처럼 업적으로 삶을 구원하려는 시도가 바로 업적주의다. 무명無名의 필부의 삶은 헛된 삶이다. 아무런 업적이 없는 무지렁이들은 시간이 지나면 아예 존재하지 않는 자들이 되고 만다. 그러나 위인의 업적은 시간이 지나도 사라지지 않는다. '호랑이는 죽어서 가죽을 남기고, 사람은 죽어서 이름을 남긴다'고 했던가. 반역 이후 사람들은 위대한 업적을 쌓아 불후의 명성을 남기려고 발버둥친다. 가인의 후예들은 바로 이 업적주의에 사로잡혀 살았던 자들이다.

한편 셋의 후손에게는 도무지 업적에 대한 기록이 보이지 않는다. 대신 셋의 후손들은 나이가 기록되어 있다. 이들은 한결같이 천 년에 육박하는 천수天壽를 누렸다. 셋의 후손들은 업적보다는 생명을 더욱 중히 여긴 것이다. 즉, 셋의 후손은 세상의 질서를 따르지 않고 업적주의가 아니라 생명주의를 붙들었다. 셋의 후손들이 누렸던 향년享年은 에덴에서의 영생을 닮았다. 특히 에녹은 다른 사람들보다 짧은 365세를 살았지만 죽음을 보지 않고 영생으로 들어갔다. 즉, 셋의 후손은 반역 이전의 에덴의 삶과 대단히 가까운 삶을 살았으며, 심지어 에덴과의 칸막이가 없어지기조차 했던 것이다. 이것이 가능할 수 있었던 것은 하나님이 가인을 지리적으로 분리해 놓으심으로써 셋의 후손을 구별하셨기 때문이다.


### 2) 홍수와 노아의 가족

가인의 후손과 셋의 후손의 지리적 분리는 한동안 셋의 후손을 거룩하게 구별해 주었다. 그러나 창세기 6장 초두에서 이러한 분리가 순식간에 무너지는 것을 볼 수 있다. 그것은 바로 가인의 후손과 셋의 후손 간의 통혼 때문이었다. 셋의 후손이 가인의 후손과 족외혼을 하는 바람에 세상의 정신이 삽시간에 셋의 후손을 점령하고 말았다. 결혼은 세상으로부터의 분리를 무너뜨리는 강력한 위협이다. 그래서 후에 족장들은 철저하게 족내혼을 고수했던 것이다. 어쨌거나 족외혼으로 말미암아 셋의 자손이 세상과 뒤섞이고 말았다. 그리하여 야훼의 신은 셋의 자손을 떠나고 말았으며, 하나님의 거룩한 백성들은 짐승과 다를 바 없는 단백질 덩어리로 전락하고 말았다창 6:3. 그리고 세상의 질서가 온 땅에 관영하게 되었다창 6:5.

결국 하나님은 대홍수를 일으키신다. 홍수는 세상의 질서를 향한 심판이라는 측면과 세상으로부터 노아의 가족을 분리해 내신다는 측면을 동시에 가지고 있다. 성서는 옛 뱀의 정신이 지배하는 세상 속에서 노아만이 옛 뱀의 정신을 거부한 자였다고 설명한다창 6:9. 즉, 홍수를 통해 세상으로부터 노아 가족을 분리해 내심으로써, 다시 한 번 자신의 백성을 거룩하게 분리해 내셨던 것이다. 혹자는 방주 안에 정한 짐승과 부정한 짐승이 함께 있었기 때문에 방주가 충분히 거룩하지 않았다고 주장하지만, 이는 거룩을 제의적 기준으로만 바라보는 오류다. 방주는 세상 질서로부터 분리되어 있었기에 충분히 거룩한 공간이었고, 따라서 노아의 가족은 거룩한 백성들이었다.


### 3) 제국과 언어의 분리

노아에게는 셈, 함, 야벳이라는 세 아들이 있었다. 그런데 함은 아버지로부터 저주를 받는다. 이는 노아가 술 취해서 벌거벗고 자고 있을 때 함이 이를 보고 소문을 내며 다녔기 때문이다. 참소와 고발은 사탄의 직업이다욥1:9; 계 12:10. 즉, 함은 사탄의 정신에 사로잡힌 자였다. 그래서 아버지로부터 저주를 받는다. 반면에 아버지의 허물을 덮어주었던 셈은 사탄의 정신을 거부하고 거룩한 면모를 드러냈다. 이 때문에 셈은 아버지로부터 큰 축복을 받는다.

그러나 이상하게도 역사는 정반대로 흐르는 것 같다. 왜냐하면 10장부터 나오는 세 형제의 계보 중에서 가장 강성한 자손은 바로 함의 후손이기 때문이다. 특히 함의 후손 니므롯은 역사상 최초로 강대한 제국의 건설자가 되었다창 10:10. 그의 제국의 중심지는 시날 땅이었는데, 바벨, 에렉우르, 악갓, 갈레 등이 그곳에 있었다. 때문에 시날 땅에 세워진 바벨탑은 니므롯이 건설한 탑이 아니었을까 싶다. 중요한 것은 바벨탑 건설에 함의 자손뿐만 아니라 셈과 야벳의 자손들도 동원되었다는 사실이다. 노아의 자손은 전부 이 반역의 탑 건설에 동원되었다. 이는 거룩한 백성의 실종을 의미한다. 모든 인간은 지구상에 존재하는 단 하나의 제국의 신민으로 소속되었으며, 그들은 제왕의 명령과 통치의 지배를 받아 바벨탑 건설에 동원되었다. 단 하나의 의지가 세계를 통치했으며, 세계는 단 하나의 피라미드 체제로 편입되었다.

이 숨막힐 듯한 지배와 행정의 왕국으로부터 하나님은 자신의 백성을 구별해 내셔야 했다. 이를 위해 먼저 하신 조치가 바로 언어의 혼잡이다. 언어의 혼잡은 자연스럽게 민족民族과 어족語族을 구별한다. 사실 이러한 민족의 분열은 본래 하나님의 뜻이 아니다. 하나님의 뜻은 온 세계 만민이 한 언어로 소통하고 사귀는 것이다. 그러나 통일된 언어는 소통과 사귐이 아니라 악마적 제국을 건설하는 수단이 되고 말았기에, 부득이 하나님은 언어를 분리하시고 민족을 나누셨다. 그리고 이러한 제국의 해체를 통해 거룩한 민족의 출현을 예비하셨다신 32:8.

### 4) 갈대아 우르 vs. 아브라함의 자손

아브라함의 고향은 갈대아 우르이며, 이는 니므롯 제국의 중심지다. 즉, 아브라함 가문은 함의 자손과 분리되지 않은 채 세상에 속해 살던 자들이다. 여호수아 24장 2-3절에 나타난 바와 같이, 그들은 야훼가 아닌 다른 신들을 섬기던 부정한 자들이었다. 그런데 하나님이 나타나셔서 아브라함을 고향과 친척으로부터 분리해 내신다. 이제 아브라함은 세상 질서로부터 분리된 거룩한 백성으로 발탁된다.

아브라함의 선택이 과거 셋이나 노아, 셈의 선택과 다른 점은, 하나님이 아브라함의 자손을 거룩한 백성의 시조로 삼으셨다는 것이다. 그리하여 아브라함 이후로 모든 하나님의 거룩한 백성은 아브라함의 자손으로 불리게 되었다. 그리고 또 한 가지는, 아브라함을 선택하신 궁극적 목적이 결국 세상 전체에 복을 주시기 위해서라는 것이다. 그러니까 하나님은 단순히 세상과 구별된 거룩한 백성을 세우시는 데 그치는 것이 아니라 이 거룩한 백성을 통해 세상을 다시 자신에게 되돌릴 구원 계획을 준비하셨던 것이다.

우리는 여기서 창세기 12장 1-3절에 나오는 아브라함의 언약을 살펴볼 필요가 있다. 왜냐하면 이 언약에 세상을 구원하기 위한 하나님의 마스터플랜이 들어 있기 때문이다. 먼저 하나님은 아브라함을 갈대아 우르에서 분리해 내신다. 그 다음 아브라함에게 복을 주신다. 그리고 종국에는 아브라함이 받은 복이 세상으로 흘러간다. 이러한 구도는 과거 에덴에서 하나님이 세우셨던 그 질서의 반복이다. 에덴에서 하나님은 인간을 섬기셨고, 인간은 피조 세계를 섬겼다. 마찬가지로 아브라함의 언약에서는 먼저 하나님이 아브라함 자손에게 복을 주시고, 아브라함의 자손은 세상에 복을 준다. 아브라함을 통해 열방이 복을 얻게 되는 것, 바로 이것이 세상을 구원하시는 하나님의 마스터플랜이다. 그리고 이러한 하나님의 구원 계획에서 결정적으로 중요한 것이 바로 하나님의 백성이 지속적으로 세상과 분리되는 거룩한 백성으로 존재하는 것이다.

### 5) 야곱 vs. 이스라엘

거룩이라는 관점에서 봤을 때, 야곱의 삶은 중대한 의미와 가치를 지닌다. 거룩이란 세상으로부터의 분리를 의미하며, 이를 위해 세상과 지리적으로나 문화적으로 거리를 유지하는 것은 중요하다. 그러나 거룩은 단순히 지리적인 분리나 족내혼의 원칙을 지키는 것 이상이다. 세상의 정신으로부터 근본적으로 구별된 삶을 사는 것이 바로 참 거룩임을 야곱의 삶이 보여 준다. 창세기 기자는 파란만장한 야곱의 삶을 세밀하게 기록하면서 세상으로부터 분리되는 거룩이 무엇인지를 자세히 풀어 놓는다. 그의 삶을 간단히 요약하면, '야곱에서 이스라엘로 변화되는 과정'이라고 할 수 있다. 그리고 이를 다른 말로 하면, '작은 자가 큰 자를 섬기는 질서'에서 '큰 자가 작은 자를 섬기는 질서'로 변화되어 가는 과정이라고 할 수도 있을 것이다.

야곱이 태어나기 전에 하나님은 이삭 부부에게 다음과 같은 약속을 주셨다. "두 민족이 네 복중에서부터 나누이리라. 이 족속이 저 족속보다 강하겠고, 큰 자가 어린 자를 섬기리라창 25:23." 이는 하나님 나라의 질서가 피라미드 모양의 세상 질서와 다른 역삼각형 모양의 질서임을 나타내는 말씀이다. 따라서 세상 풍속과는 반대로 장자가 오히려 동생을 섬기게 되리라는 예언이다. 그러나 야곱은 복중에서부터 장자가 되기 위해 발버둥쳤다. 그는 천성적으로 권력지향적이었으며, 세상 질서를 추구했다. 그래서 호시탐탐 기회를 노리다가 팥죽 한 그릇으로 장자의 명분을 샀고, 아버지를 속여 축복권까지 빼앗았다. 그는 늘 2인자 콤플렉스에 시달리면서 1등이 되기 위한 삶을 살았다.

하지만 얍복 강에서 하나님이 야곱을 이스라엘로 변화시키신다. 이스라엘의 뜻이 무엇인가? '하나님을 이겼다'는 뜻이다. 뒤집어서 이것은 '하나님이 져주셨다'는 뜻이다. 즉, 이스라엘이라는 이름은 정확히 '큰 자가 작은 자를 섬기는 하나님의 통치'를 보여 준다. 그래서 야곱이 에서를 만난 자리에서 "내가 형님의 얼굴을 뵈온즉 하나님의 얼굴을 본 것 같사오며"라고 고백할 수 있었던 것이다창 33:10. 얍복 강 사건을 통해 비로소 형을 형으로 인정하는 겸손을 배우기 시작했다.

그러나 야곱의 변화는 느리고 더디었다. 그런 야곱이 아들 요셉의 삶을 목격하면서 하나님의 통치 질서를 더욱 뼈저리게 절감한다. 요셉의 두 번의 꿈은 큰 자가 작은 자를 섬기는 하나님 나라의 질서를 상징적으로 보여 주는 것이었다. 형들은 그 옛날 가인처럼 요셉의 꿈 이야기에 발끈한다. 하지만 야곱은 요셉을 꾸짖으면서도 꿈 이야기를 마음에 담아 둔다창 37:11. 그리고 과연 그 꿈은 이루어졌다. 바로의 총리가 된 요셉을 보면서, 야곱은 하나님 나라의 질서가 자신이 평생 추구해 왔던 세상 질서와 얼마나 다른지를 여실히 깨닫는다.

그리하여 노년의 야곱은 두 손자, 므낫세와 에브라임을 자신의 양자로 입적할 때 동생인 에브라임에게 오른손을 얹어 축복한다. 요셉이 이를 만류하려 하자 야곱은 이렇게 답했다. "나도 안다. 내 아들아, 나도 안다. 그도 한 족속이 되며 그도 크게 되려니와 그의 아우가 그보다 큰 자가 되고 그의 자손이 여러 민족을 이루리라창 48:19." 이것은 정확히 그가 태어나기 전에 하나님이 주셨던 약속과 일치한다. 야곱은 평생 세상의 질서와 하나님 나라의 질서 사이에서 갈등하다가 마침내 하나님 나라의 질서를 깨닫는 경지에 이른다.

### 6) 애굽 vs. 이스라엘

창세기는 '하나님 나라-세상-하나님 나라'의 도식으로 읽을 수 있는 대표적인 텍스트다. 앞에서 언급했듯이 1-2장은 하나님 나라의 모습이, 3장은 반역이, 4-11장은 세상 나라의 급속한 확장이 나타난다. 12장부터는 반역의 질서, 곧 세상을 다시 돌이키시는 하나님의 구원 역사가 시작되는데, 그러한 구원 역사는 점진적으로 발전하다가 요셉 이야기에 이르러서는 세상 만민이 하나님의 통치 아래 되돌아오리라는 종말론적 전망으로까지 나아간다.

이렇게 해서 창세기가 끝나고 출애굽기가 시작된다. 출애굽기는 이스라엘 백성이 애굽에서 분리되어 나오는 것으로 시작된다. 이것은 정확히 창세기 12장, 즉 아브라함이 본토로부터 분리되어 나오는 것의 반복이다. 창세기를 숙독한 독자라면 출애굽 이야기를 읽을 때 우르에서 아브라함을 불러내시는 하나님의 부르심을 들을 수 있을 것이다. 그리고 동시에 이스라엘의 출애굽 사건이 열방을 다시 하나님의 통치 아래로 돌이키게 하실 종말론적 구원 완성을 지향하고 있음을 간파할 수 있을 것이다.

바로 이러한 내용이 출애굽기 19장의 시내 산 언약에 잘 나타나 있다. 시내 산 언약에서 보듯, 하나님이 이스라엘을 세상 나라가 보는 앞에서 애굽에서 불러내심은 그들로 제사장 나라가 되며 거룩한 백성이 되게 하시기 위해서다출 19:6. 제사장 나라라는 말이 보여 주는 것은 이스라엘 백성의 정체성이 하나님과 세상 열국 사이의 중재자라는 사실이다. 이는 아브라함이 하나님의 복을 세상에 유통하는 중재자가 되었던 것과 같은 맥락이다. 즉, 하나님은 단순히 이스라엘만 구원하는 것이 아니라 이스라엘을 통해 온 세상을 구원하기 원하셨던 것이다.

이를 위해 이스라엘이 반드시 해야 할 일이 있는데, 그것은 먼저 거룩한 백성이 되는 것이다. 거룩이란 옛 뱀의 정신으로 출현한 세상 질서로부터 동떨어져 있다는 뜻이다. 하나님의 구원 경륜은 세상으로부터 거룩한 백성을 구별하여 내시고, 그에게 먼저 복을 주시는 것으로 시작된다. 그렇게 되면 하나님의 거룩한 백성은 열방 가운데 두드러진 존재가 되며, 표지와 기호가 된다. 하나님의 백성은 무엇보다 먼저 세상 질서로부터 스스로를 구별하여 거룩한 백성의 정체성을 잘 지켜 나가야 한다. 그리 할 때 하나님이 당신의 거룩한 백성에게 말할 수 없는 큰 복을 내리시며, 이를 본 세상 만민이 종국에는 시온으로 몰려올 것이다. 이것이 하나님의 구원 계획이다. 따라서 이스라엘의 최우선 과제는 세상으로부터 분리된 거룩한 백성으로 존재하는 것이다. 이러한 관점에서 하나님이 가나안의 일곱 족속을 진멸하라고 명령하신 이유를 이해할 수 있다. 가나안 족속의 진멸은 한편으로는 가나안 족속을 향한 하나님의 심판이면서, 다른 한편으로는 이스라엘 백성이 세상으로부터 분리되는 거룩의 조건이었다.

하지만 이스라엘 백성이 세상과 분리되는 거룩한 삶을 살기 위해 정말로 필요한 것은 토라였다. 토라는 모세를 통해 이스라엘 백성에게 주어진 하나님의 뜻이다. 토라는 하늘로부터 땅으로 내려온 하나님의 계시이며 인간의 창작물이 아니다. 따라서 토라는 이 땅에 존재하는 모든 규범과 법률과 근본적으로 구별된다. 토라는 옛 뱀의 정신과 전혀 다른 정신을 담고 있다. 토라는 고대근동 지역의 다른 모든 민족과 근본적으로 분리되는 삶을 살도록 요구한다. 때문에 토라는 거룩하다. 그리고 그것을 준수하는 자도 거룩해진다. 하나님이 이스라엘에게 토라를 준수하도록 신신당부를 하신 이유는, 토라가 이스라엘 백성을 거룩하게 구별할 것이기 때문이다. 토라는 에덴으로 돌아가게 하는 복락원의 길이요, 잃어버린 생명을 다시 찾는 생명의 길이다. 따라서 토라를 준수하는 자는 하나님이 주시는 참 생명을 다시 얻는다.

토라는 십계명을 비롯하여 모세오경 여기저기에 광범위하게 나타나는 여러 규례를 모두 포함한다. 전통적으로 토라는 '~하라'는 긍정적 계명 248개, '~하지 말라'는 부정적 계명 365개, 그래서 모두 613개의 계명으로 구성되어 있다고 한다. 내용상 토라에는 제의적 규례, 도덕적 규례, 사회적 규례 등이 포함되어 있다. 이러한 토라는 시간이 갈수록 해석이 더해지고 적용이 추가되어 점차 방대해지고 정교해졌다. 하지만 예언자들은 이러한 많은 내용의 토라를 요약하고 또 요약하기를 좋아했는데, 이들이 토라의 핵심 사상으로 꼽은 것은 '자비' 곧 '헤세드'였다. 이러한 예언자적 전통을 이어받아 예수께서도 '사랑아가페'을 토라의 완성이라고 선언하셨다. 바울 역시 예수의 가르침을 이어 받아 사랑이 없으면 아무 것도 아니라고 선언한다. 토라의 핵심은 자비와 사랑이다.

토라의 핵심 정신인 자비와 사랑은 옛 뱀의 정신과 근본적으로 충돌한다. 옛 뱀의 정신은 서로 경합하여 큰 자가 작은 자를 다스리는 무한경쟁과 약육강식의 정신이다. 그래서 옛 뱀의 정신이 지배하는 세계는 피라미드 모양이다. 하지만 토라의 정신은 큰 자가 작은 자를 섬기는 사랑과 섬김의 정신이다. 그래서 역삼각형의 모양이다. 하나님의 나라에는 경쟁과 다툼, 전쟁이 없으며, 큰 자는 섬김으로 작은 자를 다스린다. 하나님은 이스라엘이 토라를 준수함으로써 하나님 나라의 질서를 체득하고, 세상 한복판에서 사랑과 평화의 거룩한 질서를 실현하기를 기대하셨다. 하지만 이스라엘은 실패했다. 옛 뱀의 정신은 이스라엘을 권력에 중독된 이방 나라들 중 하나가 되게 하고 만다.


## 7) 세상 vs. 교회

예수 그리스도께서 이 땅에 오셔서 선포하신 복음은 천국 복음, 곧 하나님 나라의 복음이었다. 주님이 천국 복음을 선포하셨을 때 전제된 것은 천국이 옛 뱀의 질서인 세상 전체와 대립한다는 사실이다. 따라서 예수의 세계관에서 천국과 세상은 충돌한다. 천국은 하나님이 다스리시는 나라지만, 세상은 사탄이 다스리는 나라다. 천국은 세상과 근본적으로 분리되고 구별된 거룩한 나라다.

예수의 삶과 가르침을 통해 천국의 질서는 명백히 드러난다. 그것은 큰 자가 작은 자를 섬기는 질서다. 예수는 소위 큰 체하는 자들과 사사건건 부딪히셨으며, 그들을 공격하고 정죄하셨다. 대신에 병든 자, 소외된 자, 가난한 자, 죄인들을 찾으셨으며, 그들을 섬기셨다. 즉, 피라미드 모양의 세상 질서를 뒤집어 역삼각형 모양의 하나님 나라 질서로 만드신 것이다. 십자가는 역삼각형의 아래쪽 꼭짓점이다. 바울의 '그리스도의 찬가'에 잘 나타나듯이, 예수는 지극히 높으신 하나님의 본체셨으나 가장 낮은 곳으로 내려와 십자가로 역삼각형의 아래쪽 꼭짓점을 찍으셨다. 역삼각형 모양의 하나님 나라 질서를 완성하신 것이다. 따라서 십자가로 나아가는 예수 그리스도의 삶은 세상 질서와 근본적으로 분리된 거룩의 표본이다.

교회란 바로 이 예수를 따르는 자들의 공동체다. 예수는 분명하게 말씀하셨다. "나를 따라오려거든 자기를 부인하고 자기 십자가를 지고 나를 따를 것이니라마 16:24." 이 말씀은 교회가 세상과 정반대의 길을 걷는 자들의 모임이라야 한다는 뜻이다. 누구라도 예수를 따르기 원한다면 예수처럼 자신의 십자가를 져야 한다. 그러한 예수 추종자들의 모임이 교회다. 때문에 교회는 세상과 분리된 거룩한 공동체일 수밖에 없다.

이러한 예수의 교회관을 잘 나타내 보여 주는 말이 빛, 소금, 산 위의 동네라는 말이다. 이 세 가지 유비는 모두 교회가 세상 질서 일반과 근본적으로 구별되어 있음을 나타낸다. 교회가 빛이라고 할 때 세상 질서는 어두움이라는 뜻이요, 교회가 소금이라고 할 때 세상은 맛없고 썩기 쉬운 음식이라는 뜻이요, 교회가 산 위의 동네라고 할 때 세상은 산 아래 동네라는 뜻이다. 이러한 교회는 세상과 근본적으로 분리되어 있는 고로 도무지 숨길 수 없다마 5:14. 교회의 독특하고 구별된 특징은 세상 앞에 드러날 수밖에 없으며, 이러한 거룩한 광채는 특별히 착한 행실로 드러난다. 세상은 이런 교회의 착한 행실을 보고 하나님께 영광을 돌리니, 이것이 하나님이 지극히 기뻐하시는 예배요 찬송이다.

세상과 교회의 근본적 분리는 교회에 대한 사도들의 공통된 관점이다. 교회에 대한 가장 깊이 있는 신학적 설명을 남겼던 에베소서에서 바울은 세상과 교회의 관계를 어둠과 빛의 관계로 상정한다엡 5:8. 교회는 빛이 되어 자신의 빛으로 어둠의 일을 폭로하고 드러내는 일을 감당해야 한다엡 5:11. 또 바울은 빌립보서에서 '그리스도의 찬가'를 인용한 후에 그리스도의 십자가의 삶을 따라 산다면 "여러분은 이 세상에서 별처럼 빛날 것입니다빌 2:15, 새번역"라고 했다.

베드로 역시 교회를 어두움과 대조되는 빛으로 보았다. "그러나 너희는 택하신 족속이요, 왕 같은 제사장들이요, 거룩한 나라요, 그의 소유가 된 백성이니, 이는 너희를 어두운 데서 불러내어 그의 기이한 빛에 들어가게 하신 이의 아름다운 덕을 선포하게 하려 하심이라벧전 2:9. 이 말에서 우리는 그 옛날 시내 산에서 선포되었던 '시내 산 언약'의 울림을 듣게 된다. 애굽으로부터 불러내심으로써 열국 가운데 빛이 된 민족으로 살라는 시내 산에서의 하나님의 명령이 이제 교회에 넘어왔다. 교회는 옛 뱀의 정신으로 말미암아 생겨난 세상 질서로부터 불러냄을 받은 제2의 출애굽 공동체다. 그리고 교회는 기이한 빛 가운데로 들어가게 되었다. 교회는 어두움의 세상 질서로부터 분리되고 그것과 거리를 둠으로써 거룩한 나라의 정체성을 잃지 말아야 한다. 그렇게 할 때 하나님의 기이한 덕을 어두운 세상에 선포할 수 있다. 따라서 교회의 전도와 선교는 교회의 거룩함에 기초를 둔다.

## 4. 거룩의 여정

이제 우리는 성서가 말하는 거룩을 제대로 이해할 수 있게 되었다. 거룩은 엄숙한 종교적 제의나 신비한 영적 기운이 아니다. 바티칸을 정점으로 하는 신성한 교회 제도도 아니고 거룩한 예전도 아니다. 예배 및 기도 생활이나 성서 묵상도 거룩한 생활이 아니다. 거룩은 세상 질서로부터 분리된 것으로, 철저하게 삶과 관계된다. 그러니까 거룩이란 일종의 라이프 스타일이요 새로운 문화다. 예수께서 제자들에게 빛과 소금의 삶을 살라고 하셨을 때, 이는 세상과 근본적으로 다른 삶의 양식을 창조해 내어 살라는 말씀이었다. 때문에 교회는 문화의 창조라는 사명을 부여받았다.

교회가 창조해야 할 새로운 라이프 스타일에는 어떤 것들이 있을까? 무엇보다 업적주의를 포기해야 한다. 업적주의는 아담을 꼬드겼던 뱀의 치명적 유혹이다. 업적주의는 피라미드 모양의 세상 질서를 만드는 세상 정신의 정수다. 따라서 교회가 거룩해지기 위해서는 업적주의를 포기해야 한다 이를 위해서는 최고의 자리에 올라가려는 모든 노력을 중지해야 한다. 피라미드의 정점으로 올라가려는 모든 노력은 업적주의의 산물이다. 또 모든 자랑거리를 버려야 한다. 사도 바울은 자신의 자랑거리를 배설물이라고 부르면서 쓰레기통에 내던졌다빌 3:8. 업적주의를 포기한 성도는 십자가가 유일한 자랑거리다. 자랑거리가 없으니 경쟁할 이유도 없다. 사도 바울이 말한 대로, 자랑은 오직 자신에게만 있을 뿐 남에게는 없다갈 6:4. 이제 타인과의 경합은 끝났다. 그리고 섬김을 받으려는 자세도 버려야 한다. 역삼각형의 하나님 나라 질서에서는 밑에서 섬기는 자가 더 큰 자다.

둘째, 지배를 단념해야 한다. 하나님은 지배하지 않는 분이다. 선악과가 에덴 동산 한가운데 아무런 장벽 없이 심겨 있었다는 사실에 주목하라. 하나님은 우리를 강제로 에덴 동산에 붙잡아 두는 분이 아니다. 하나님은 오로지 자발적 순종으로 자신의 백성을 통치하신다. 지배는 사탄의 통치다. 따라서 그리스도의 제자들도 형제를 강제로 굴복시키려 해서는 안 되며, 내 뜻대로 형제를 좌지우지하려 해서도 안 된다. 교회는 상명하복의 조직이 아니라 형제들의 자발적 협의의 공동체다. 억지로 내 뜻을 형제에게 관철시키려는 시도는 폭력을 부른다. 폭력은 주님이 거두어 가셨다. 모든 형태의 폭력을 포기하는 것은 길고도 지루한 평화 훈련이 필요하다. 이것을 배우고 학습하는 곳이 교회다. 유혹과 선전도 포기해야 한다. 오늘날 교회는 소위 성장이라는 미명 아래 유혹과 선전을 얼마나 자주 활용하는가? 이것을 그쳐야 한다. 사생활의 제국을 건설하는 것 역시 포기해야 한다. 타인의 간섭을 받지 않고 제 멋대로 하려는 태도야 말로 지배자의 태도다. 성도는 이러한 사생활의 제국을 포기하고 서로가 서로에게 간섭하고 관여하는 공동체로 들어와야 한다.

셋째, 탐욕주의를 버려야 한다. 본래 하나님이 주신 욕망은 선한 욕망이다. 그러나 옛 뱀의 유혹과 함께 인간은 거짓된 욕망을 소유하게 되었다. 거짓된 욕망은 만족을 모르는 무한한 욕망이다. 현대인은 돈과 재산에 대한 무한한 욕망에 사로잡혀 있다. 뿐만 아니라, 편안함과 쾌적함, 상품의 소비, 오감을 자극하는 쾌락에 대한 무한한 욕망에 사로잡혀 있다. 특히 광고, TV, 영화, 세상 문화와 풍속은 그러한 탐욕주의를 당연시한다. 그러나 성도는 이 모든 거짓된 욕망에 대한 유혹을 거부해야 한다. 그리고 일용할 양식의 복음과 생명주의를 택해야 한다. 그리고 누림의 영성을 계발해야 한다.

넷째, 가족을 버려야 한다. 가족을 버리라는 말은 가정을 파괴하라는 뜻이 아니다. 가족의 악마성을 버리라는 뜻이다. 가족의 악마성은 먼저 가부장제에서 나타난다. 가부장제는 가족이 사탄적인 피라미드 체제에 종속된 결과다. 성도의 가족은 사랑의 가족이라야 한다. 두 번째로 가족의 악마성은 가족의 폐쇄성과 가족 이기주의에서 나타난다. 아벨 페라라Abel Ferrara의 영화, "차이나 걸China Girl"은 중국계와 이탈리아계 사이에서 벌어지는 끔찍한 비극을 보여 주는데, 이는 가족이 얼마나 지독한 편견과 오만을 지탱하는 악마적 구조인지를 여실히 보여 준다. 가족의 폐쇄성은 전 인류를 한 가족으로 부르시는 하나님의 가족을 거부하게 한다. 타인, 남, 외인, 적을 만들어 내는 것 역시 가족 구조다. 거룩이란 이러한 가족의 악마성을 포기하는 것을 말한다. 그리고 만인을 한 가족으로 부르시는 하나님의 가족 공동체 안으로 들어오는 것을 의미한다. 이와 함께 모든 종류의 원수 관계를 청산하고 용서와 화해의 삶을 훈련해야 한다.

거룩은 과정이고 여정이다. 다큐멘터리 영화 "용서, 그 먼 길 끝에 당신이 있습니까?"는 거룩의 여정을 잘 보여 준다. 유영철의 손에 의해 어머니와 아내, 아들을 잃어버린 가톨릭신자 고정원씨는 모든 사람의 만류에도 불구하고 유영철을 용서하기로 결단한다. 그의 결단으로 인해 그는 다른 피해자 가족들로부터 비난을 듣고 딸들과도 멀어진다. 그 스스로도 순간순간 솟아오르는 분노와 슬픔으로 인해 자신의 선택을 확신하지 못한다. 그럼에도 불구하고 그는 뚜벅뚜벅 용서의 길을 걸어간다. 유영철을 위해 탄원서를 쓰고, 유영철에게 용서를 전하는 편지를 쓰고, 당사자가 만나 주지도 않지만 그를 면회하러 교도소를 찾는다. 그의 걸음이 바로 거룩을 향한 여정이다. 교회는 세상으로부터 돌아서서 거룩을 향해 한 걸음씩 나아가는 나그네다. 똑바르지 못하고 갈지자로 비틀거리기도 하지만, 세상으로부터 분리된 그 걸음이야 말로 하나님이 요구하시는 거룩의 여정이다.

# 메가처지 교회관 논박(2): 세상에 속한 메가처지

교회는 거룩한 나라다. 거룩은 반역의 질서, 곧 세상과 분리된 것을 말한다. 하지만 메가처치는 이러한 거룩을 알지 못한다. 십자가 달린 건물 안에 자주 모인다는 것만 빼면 메가처치는 세상과 아무런 차이가 없다. 메가처치는 지독할 정도로 세상에 속한 교회다.

## 1. 탐욕주의에 물든 메가처치

메가처치의 불행은 탐욕주의가 복음 전도와, 그리하여 교회 성장과 결합되었다는 데 있다. 결국 교회 성장이 탐욕과 뒤엉켜 버리고 말았다는 데 문제가 있다. 처음부터 그랬던 것은 아니다. 하나님의 사람들은 언제나 '물이 바다를 덮음같이' 하나님을 아는 지식이 온 땅에 편만하기를 갈망하는 마음으로 일신의 영달을 버리고 복음 전하는 일에 뛰어들었다. 바울과 사도들이 그러했으며, 아일랜드의 성자 패트릭Patrick이 그러했고, 종교개혁자들과 초기의 부흥 운동가들 그리고 허다한 선교사들도 그러했다. 하지만 점차 복음 전도에 대한 소망과 열정은 탐욕으로 변질되기 시작했다. 어느 시기라고 단정하기는 어렵지만, 분명히 오늘날 교회 성장은 개인 및 집단의 이익과 연결되어 있다.

복음 전도가 개인 및 집단의 이익과 연결된 예는 신약성서에서도 찾아 볼 수 있다. 예컨대, 바울 사도가 로마 감옥에 투옥되었을 때 빌립보교회의 일부 지도자들은 바울을 능가하는 영향력을 획득하고자 복음 전도에 열을 올린 적이 있었다. 그러니까 이들은 복음 전도를 자신의 유익과 연결했던 것이다. 이와 비슷한 일이 오늘날 개신교회 안에서 일어난다. 그런데 오늘날의 상황이 과거와 다른 것은 복음 전도를 개인의 이익과 연결하는 것을 당연하게 여길 뿐만 아니라 여러 가지 장치로 이것을 정당화한다는 것이다.

교회의 성장이 개인과 집단의 이익으로 직결될 수밖에 없는 이유는 바로 개신교회의 개교회주의 때문일 것이다. 종교개혁이 교회의 그릇된 권위로부터 신앙을 구해 낸 측면에 대해서는 백번 환영할 일이지만, 개혁가들이 교회의 통일 문제에 대한 적절한 대안을 제시하지 못한 점은 큰 잘못이었다. 교회는 종교개혁 이후 점차 뿔뿔이 갈라지더니 급기야 20세기 중반을 넘어서면서 완전히 개교회로 분리되고 말았다. 오늘날 개교회주의는 극단적 수준에까지 이른다. 1층 슈퍼마켓, 2층 장로교회, 3층 감리교회, 4층 침례교회, 지하는 나이트클럽. 이것이 지금 우리의 자화상이 아닌가. 개교회주의는 시장 상황을 속절없이 받아들이고 말았으며, 홉즈의 말대로 '만인모든 교회에 대한 만인모든 교회의 투쟁'에 휘말리고 말았다. 이러한 상황에서 교회 성장은 불가피하게 개인 및 집단의 이익과 연결될 수밖에 없다.

신학 공부를 하고 안수를 받은 어느 목사가 개척을 하려고 한다. 냉혹한 시장의 한복판에 들어가려는 것이다. 몇몇 지인의 후원과 헌금이 있을 수도 있고, 또 얼마 정도는 교단의 지원도 있다. 하지만 예배 처소를 구입하고, 간판을 달고, 십자가를 세우고, 성구를 들여 놓고, 부대비용을 지불하는 책임은 순전히 목사 혼자서 져야 한다. 비록 많은 경우 교회가 법인으로 등록되기는 해도 말이다. 때문에 목사는 자신의 집을 팔거나 전세금을 빼서 비용을 부담할 수밖에 없다. 심지어 은행에서 거액의 담보대출을 받기도 한다. 우리 나라에서는 이처럼 목사가 통 크게 많은 돈을 헌금하는 것을 보면 믿음이 크다는 둥, 큰 희생을 했다는 둥 하면서 칭찬하는 분위기다. 하지만 이와 함께 교회의 운명은 목사의 운명과 완전히 얽히고 만다. 그리고 이것이 불행의 씨앗이다. 이상의 교회 개척 과정은 교회 성장이 목사의 생존의 문제와 직결될 수밖에 없는 이유를 잘 보여 준다.

교회를 성장시키지 못하면, 그 목사는 자녀 교육은 고사하고 세 끼 밥도 못 먹는다. 굶는 것으로 그치면 좋으련만 부채를 감당하지 못하면 전과자가 되기도 한다. 도저히 견딜 수 없어서 목사가 과외나 보험 세일즈, 대리운전, 일용직 근로를 전전하기라도 하면 주변 사람들은 수군거린다. "목사가 굶어 죽더라도 강단에 엎드려 기도해서 교회를 부흥시켜야지, 돈이나 벌러 다니다니…저러니 교회가 만날 그 모양 그 꼴이지…쯧쯧." 그러니 돈도 맘 놓고 벌지 못한다. 이는 단순히 주변 사람들의 시선 문제가 아니다. 목사 자신이 경험하는 자괴감은 말로 표현할 수가 없다. 그러다가 행여나 목회를 포기하는 날에는 예수를 배반한 가룟 유다나 된 것 같은 죄책감에 시달린다.

반대로 목사가 교회를 크게 성장시켰다고 가정해 보자. 그렇다면 그 목사가 교회로부터 보상을 기대하는 것이 부당한가? 부담만 지고 보상은 받지 말라는 말인가? 바로 여기에 문제가 있는 것이다. 교회의 성장은 일차적으로는 목사의 생존과 직결되며, 나아가 교회 성장이 담임목사 개인의 이해관계와 너무도 밀접하게 연결되어 있다는 것, 이것이 문제의 핵심이다.

현대 개신교회에서 교회와 목사는 사실상 동일시된다. 바로 이 때문에 교회 성장이 목사 개인의 탐욕과 뒤엉키고 마는 것이다. 현재 이것을 끊을 길이 개신교의 목회 패러다임 내에서는 존재하지 않는다. 교회의 성장과 목사의 복지는 너무도 긴밀하다. 교회가 성장하면 담임목사의 사례비도 올라가고, 평수 넓은 사택도 제공되고, 자가용도 교체된다. 목사 가족의 기본적인 생활비는 교회가 부담한다. 차량 유지비, 전화요금이나 카드값도 교회가 대부분 부담한다. 자녀 교육비는 물론이고 유학 비용도 교회가 지원해 준다. 설사 교회가 지원하지 않더라도 든든한 후원자들의 헌금이 대부분을 충당해 준다. 공식적인 사례비 이외에 목사에게 들어오는 후원금과 선물은 상상을 초월한다. 교회 성장의 속도나 규모가 비범하게 두드러지면 목사는 교인들의 존경은 물론이거니와 각종 매체의 스포트라이트를 받게 된다. 책을 써도 베스트셀러가 되고, 고액의 인기 강사로 물망에 오른다. 가히 인생역전이다!

이처럼 교회의 성장은 목사 개인에게 엄청난 부와 명예를 가져다 준다. 모르긴 해도 서울 강남 지역의 메가처치 담임목사는 장관급 이상의 부와 권력, 명예를 얻을 수 있을 것이다. 상황이 이럴진대 어느 목사가 교회 성장을 마다하겠는가? "마음이 부패하여지고 진리를 잃어 버려 경건을 이익의 방도로 생각하는 자들의 다툼이 일어나느니라딤전 6:5"고 바울이 엄히 경고하건만, 현실은 교회 성장이 목사의 탐욕과 직접적으로 연결되어 있다.

교회 성장을 담임목사 개인의 탐욕과만 연결시키는 것은 온당치 않다. 오랫동안 그 지역에서 가장 큰 교회로 자리매김해 왔던 교회가 있었다. 그런데 개척한 지 얼마 안 된 신흥 교회가 이 교회보다 더 크게 성장했다. 그러자 교인들이 담임목사를 무능하다는 이유로 내쫓아 버렸다고 한다. 이것은 교회의 성장이 목사 개인의 이익과만 연결되어 있지 않음을 보여 준다. 교회의 성장은 교인들의 자존심을 세워 기분 좋게 하고, 예배와 각종 모임을 역동적이 되게 하고, 좋은 시설과 프로그램을 즐길 수 있는 기회가 늘어나게 한다. 새로 건축을 하면 근사한 건물과 인테리어를 즐길 수도 있고, 다양한 활동에 참여할 수도 있다. 앞의 예에서처럼 교회의 성장은 교인들의 명예를 세우는 데도 도움이 된다. 즉, 교회가 성장하면 '우리 교회'가 잘 된다고 하는 일종의 대리만족을 제공한다. 교인들의 집단적 탐욕도 교회 성장과 긴밀하게 연결되어 있는 것이다.

교회 성장은 교단에도 큰 이익이 아닐 수 없다. 특히 교세가 미약한 교단의 경우는 메가처치가 많을수록, 또 교단의 전체 교회가 성장하면 할수록 교단의 힘과 위세가 늘어난다. 교단의 힘이 늘어나면 그만큼 교단의 영향력이 커지고, 다양한 형태의 교단 사역도 힘 있게 추진할 수 있다. 물론 교단 총회의 재정 및 위세의 증가도 빼놓을 수 없다. 범교회적 행사나 국가적인 행사에서 총회장이 초청받을 가능성도 커질 테니 말이다. 이러저러한 이유로 교단은 무엇보다도 각 교회의 성장을 지원하는 데 투자를 아끼지 않는다. 이처럼 교회의 성장은 교단의 탐욕과도 연결되어 있다.

나아가 교회의 성장은 기독교 인구의 전반적인 증가를 가져온다. 때문에 기독교인으로서의 자부심을 고양하는 데도 도움이 되며, 기독교의 사회적 지위도 상승한다. 그렇게 되면 정치적으로나 경제적으로 많은 특혜를 받을 수 있는 것이다. 사실 지난 수십 년 동안, 기독교의 비약적인 성장은 정권을 잡은 자들로 하여금 기독교의 눈치를 보게 만들지 않았는가. 이러한 이유로 기독교는 전체 기독교 인구의 증가라는 점에서 한 마음으로 매진해 왔다. 아마도 개신교회가 유일하게 연합하는 경우는 종교 인구를 조사할 때 숫자로 협력하는 것일 게다.

이처럼 교회의 성장은 담임목사 개인 및 교인, 교단, 그리고 기독교 전체의 이해관계와 연결되어 있다. 그리고 이러한 이유로 교회 성장은 개인 및 집단의 탐욕과 연결된다. 그러나 교회는 이 사실을 깨닫지 못한다. 이는 교회가 신학을 동원하여 교회 성장을 하나님의 최고 바람인 양, 그리하여 절대선인 양 치켜세웠기 때문이다. 그래서 남들은 다 아는데 교회만 자신이 탐욕주의에 사로잡혀 있음을 모르는 것이다. 진정한 개혁을 원한다면, 교회는 탐욕을 회개해야 한다. 하지만 이것은 결코 간단한 일이 아니다. 왜냐하면 교회 성장과 목사나 교인

의 이익과의 연결점을 끊어야 하기 때문이다. 이런 점에서 개신교회
는 가톨릭교회를 본받을 필요가 있다. 그러나 가톨릭교회가 진정한
대안은 아니다. 참된 대안은 오직 신약성서와 초대교회의 모범뿐이다.

## 2. 업적주의에 물든 메가처치

옛 뱀의 정신으로부터 나온 샴쌍둥이가 탐욕주의와 업적주의다.
메가처치는 탐욕주의와 함께 업적주의에 사로잡혀 있다. 메가처치는
그 자체로 위대한 업적이다. 사람들은 메가처치나 메가처치 담임목
사를 보고 '대단하다'고 감탄한다. 실제로 메가처치는 굉장한 교회
고, 메가처치의 담임목사는 대단한 인물이다. 메가처치의 웅장한 예
배당과 주변 건물, 넓은 주차장, 각종 부대시설, 거대한 인파의 교인
들, 다양한 프로그램, 고도의 전문성, 감동적인 이벤트 등은 정말 대
단하다. 또 담임목사의 탁월한 설교, 강력한 카리스마, 추진력, CEO
를 방불케 하는 리더십, 화려한 이력, 해박한 지식, 수많은 학위, 치밀
한 행정력, 영성, 거기에 외모까지, 정말 대단하다. 사람들은 이 모든
것을 목사 개인의 업적으로 여긴다. 그리고 무엇보다 목사의 업적은
교회를 크게 키우는 것으로 결산된다.

혹자는 이런 업적이 세속적인 업적과는 다르다고 말한다. 그러니
까 교회의 업적은 하나님의 업적이요, 성령께서 이루신 업적이라고
말하고 싶은 것이다. 물론 수단과 내용면에서 교회의 업적은 세속적
업적과 차이가 있다. 그러나 질적으로나 결과적으로 교회와 목사의
업적은 정치인이나 기업인의 세속적 업적과 다를 바가 없다. 왜 그런

가? 모든 형태의 업적 속에는 아담의 반역 의지가 자리잡고 있기 때문이다.

아담의 반역 의지란 결국 최고의 자리를 향해 올라가려는 욕심이다. 그러니까 최고의 자리를 향해 올라가려는 모든 행위 속에서 우리는 본질상 동일한 업적주의의 정신을 발견할 수가 있는 것이다. 다시 말해서 업적주의는 늘 피라미드의 정점을 향해 올라가는 것을 지향한다. 축구 선수가 유럽의 프로축구리그에서 맹활약을 하는 것, 무명의 배우가 출연한 영화가 대박을 터뜨려 대중들의 사랑을 받는 것, 과학자의 연구논문이 세계 유명 잡지에 실리는 것, 정치인이 영향력을 크게 확대해서 한자리 차지하는 것, 기업가가 매출을 크게 신장시켜서 굴지의 기업을 일궈 내는 것 등은 정상을 향해 올라간다는 점에서 모두 동일한 업적주의다. 분야는 다르지만 위대한 업적을 쌓아 불후의 명성을 얻으려는 업적주의 정신이 모든 행위 이면에 자리잡고 있다. 그렇다면 이러한 업적주의가 작은 교회를 메가처치로 크게 성장시키고 싶어하는 열망과 무슨 차이가 있겠는가?

아담의 반역 이후 업적주의자들의 세상이 열렸다. 그러나 하나님은 항상 업적주의를 미워하셨다. 하나님이 "교만한 자"를 물리치신다고 할 때약 4:6, 이는 업적주의자들을 물리치신다는 뜻이다. 물론 어떤 행위가 사람들로부터 평가를 받아 명성과 업적으로 쌓이게 되는 것은 불가피한 일이다. 하지만 문제는 인간이 그러한 명성과 업적을 추구하는 것, 그리하여 다른 사람들보다 더 높은 지위에 오르는 데 관심을 기울이는 것, 이것이 바로 교만이며, 하나님은 이것을 미워하신다. 그래서 다윗은 이렇게 고백했던 것이다. "야훼여 내 마음이 교만

하지 아니하고 내 눈이 오만하지 아니하오며 내가 큰 일과 감당하지 못할 놀라운 일을 하려고 힘쓰지 아니하나이다시 131:1". 다윗은 한 나라의 왕이었지만 항상 업적주의에 물들지 않기 위해 노력했다. 이사야가 보는 야훼의 길은 큰 산과 작은 산들이 모두 낮아져 평지가 되는 길인데사 40:4, 이는 소위 위대한 업적주의자들의 업적을 낮추시고 하나님만이 홀로 높아지시는 길이 열린다는 뜻이다.

신약성서도 마찬가지다. 마태복음에 나오는 사탄의 두 번째 유혹, 즉 성전에서 뛰어 내리라는 유혹은 업적주의에 대한 유혹이었다. 예수의 아우들이 예수께 "당신이 행하는 일을 제자들도 보게 여기를 떠나 유대로 가소서. 스스로 나타나기를 구하면서 묻혀서 일하는 사람이 없나니 이 일을 행하려 하거든 자신을 세상에 나타내소서요 7:3-4"라고 했을 때, 그들은 "형님, 한번 뜨시죠"라고 유혹했던 것이다. 그들을 사로잡은 것은 세상의 정신, 곧 사탄의 업적주의였다. 그래서 예수께서 아우들에게 "세상이 너희를 미워하지 아니하되 나를 미워하나니 이는 내가 세상의 일들을 악하다고 증언함이라요 7:7"라고 말씀하신 것이다. 여기서 알 수 있는 것은 주님이 업적주의를 세상의 정신으로 보시며 이를 정죄하신다는 사실이다. 바울이 빌립보교회 성도들에게 예수의 마음을 본받으라고 했을 때, 그는 위로 올라가는 업적주의가 아니라 아래로 내려가는 십자가의 정신을 가르친 것이다빌 2:5-11. 따라서 바울이 날마다 구원을 이루라고 했을 때, 이는 업적주의에 물든 세상을 떠나서 십자가의 정신이 다스리는 하나님의 바실레이아 안으로 들어오라는 말이었다.

그러나 그리스도인이 십자가의 정신이 아닌 위로 올라가는 업적주의의 길을 선택한 결과 메가처치가 생겨났다. 앞에서도 언급했듯이 오늘날 개신교회는 교회가 목사와 동일시된 기이한 모습을 띠고 있다. 그래서 통상 메가처치는 '아무개 목사의 ○○교회'라고 불린다. 교회를 크게 성장시킨 사람은 사람들의 입에 오르내리고, 유명세를 타고, 책을 쓰고, 인기 강사가 된다. 이는 사람들이 교회를 성장시키는 것을 목사 개인의 업적으로 여기기 때문이다. 실제로 목사 개인의 역량은 교회 성장과 긴밀한 관련이 있다. 그래서 목사의 능력은 종교 시장에서 훌륭한 경쟁력이 된다. 교회가 목사를 청빙하는 조건들을 보라. 언제부터 목사가 박사Ph. D., Th. D. 학위가 있어야 취업이 되었던가? 요즘 목사들은 하다못해 목회학박사D. Min. 학위라도 따려고 난리고, 심지어는 외국에서 가짜 학위증서까지 산다. 무엇 때문인가? 경쟁력 제고를 위해서다. 목사는 자신의 경쟁력을 높이기 위해 난리다. 설교 실력, 강의 실력, 찬양 인도 실력, 기도 실력, 귀신 쫓는 실력 등 종교 시장에서 상품가치가 있는 업적들을 찾아 동분서주한다.

## 3. 피라미드 모양의 메가처치

메가처치는 거대한 피라미드 체제 속에 존재하며, 그 중에서도 최상층부에 위치하는 교회다. 뿐만 아니라 메가처치는 그 자체로 하나의 완벽한 피라미드 체제를 이루고 있다.

### 1) 피라미드 체제에 갇힌 메가처치

앞에서도 언급했지만, 현대의 메가처치는 시장 상황에서 태동했다. 교회가 분열되고, 교구제가 무너지고, 선교의 시대가 열림으로써, 종교 및 교단, 개교회의 무한한 선택이 가능해진 현대의 시장 상황이 아니었다면 오늘날의 메가처치는 결코 생겨날 수 없었을 것이다. 다시 말해서 메가처치는 시장의 산물이다. 그리고 시장은 무한경쟁, 약육강식, 승자독식의 질서가 합법화된 공간이다. 역사상 처음으로 기독교 신앙이 시장이라는 형태로 나타났다. 시장 속에서는 모든 것이 팔고 사는 상품으로 치환된다. 슐러 목사의 말대로, 판매자는 목사와 교회이고 구매자는 신자와 불신자다. 이 시장 상황 속에서 오직 강자만이 살아 남는다. 기독교 시장에서 살아 남은 강자는 '가장 영적인 사람 혹은 교회'로 여겨진다. 그리고 그 교회와 목사를 향한 환호, 갈채, 존경이 끊이질 않는다. 이러한 모습은 거대한 피라미드 체제를 형성한다. 이기는 자는 상층부로 올라가고, 지는 자는 하층부로 굴러 떨어지는 피라미드 말이다.

피라미드 모양의 시장 질서에서 벌어지는 게임은 제로섬 게임이다. 이기는 자가 있으면 지는 자도 있다. 마치 도박판에서 따는 자가 있으면 잃는 자도 있는 것과 다르지 않다. 기독교 시장도 마찬가지다. 메가처치가 경쟁에서의 승리자이기 때문에, 패배자가 존재할 수밖에 없다. 하나의 메가처치는 수십, 수백 개의 군소교회의 패배 위에서만 설 수 있다. 물론 몇몇 목사는 경쟁 상황을 개선해 보려고 존경할 만한 시도를 한다. 그럼에도 불구하고 교회끼리 경쟁하는 근본 판을 뒤엎는 일은 일어나지 않는다. 어떤 이는 교회 간의 성장 경쟁이 종식되는 일은 현대 사회에서, 더구나 한국 교회에서 불가능하다고 말한다. 정말 불가능할까? 혹시 한 번도 시도해 보지 않은 것은 아닐까? 하나님이 수십만 명을 한 교회로 모으시는 기적은 일으키시면서 만연해 있는 교회 간의 경쟁을 종식시키는 기적은 일으키실 수 없단 말인가? 야훼의 손이 짧아진 걸까?민 11:23

경쟁에서의 승리자에게는 피라미드의 상층부로 올라갈 기회가 주어진다. 그래서 부, 명예, 존경이 주어지지만, 패배자에게는 가난, 수치, 그리고 처진 어깨만이 주어진다. 더욱 나쁜 것은 승리자에게는 '하나님이 사랑하시는 자'니 '능력의 종'이니 하는 수식어가 붙지만, 패배자에게는 '무능하고, 악하고, 게으른 종'이라는 낙인이 찍힌다. 세상 나라에서는 패배자를 위한 구제책이라도 있지만, 기독교 시장에서는 그런 사회보장책도 없다. 그러면서 이렇게 말한다. "지들도 기도해서 부흥시키라고 그래!"

그리하여 패배자들은 금식하며 삼각 산 꼭대기에서 능력을 달라고, 부흥을 달라고 목이 터져라 부르짖거나, 교회 성장 세미나가 있는 곳을 전전한다. 결국 패배자들도 이러한 시장 상황 속에 적응할 수밖에…. 점차 모든 목사와 교회가 피라미드 체제에 편입된다. 어디 그뿐인가? 성공한 자들을 바라보는 부러운 시선들이 수많은 사람을 신학교로 부른다. 그들은 기독교 시장의 경쟁 상황을 더욱 치열하게 만든다. 그래서 교인의 수는 줄어드는데 교회의 수는 늘어난다. 어느 일간지의 보도에 따르면, 지난 8년간 교회의 숫자는 자그마치 22퍼센트나 늘었다고 한다. 이는 지난 10여 년간 개신교 인구의 숫자가 1.5퍼센트 정도 감소했다는 통계청의 발표와 묘한 대조를 이루는 수치다. 그러다 보니 지독한 수급 불균형이 생길 수밖에. 이러한 수급 불균형은 메가처치를 더욱 빛나게 한다. 그래서 사람들은 더욱 메가처치로 몰린다. 미국의 경우 상위 10퍼센트의 메가처치로 전체 교인의 50퍼센트가 집중된다고 한다. 그러니까 90퍼센트의 교회가 나머지 50퍼센트의 교인을 나눠 갖는 셈이다. 모르긴 해도 우리 나라도 마찬가지일 것이다. 작은 교회는 생존조차 위협을 받는다. 그래서 매년 3천 개 정도의 교회가 문을 닫는다. 그리고 그보다 훨씬 더 많은 교회가 다시 생겨난다.

참으로 지독한 악순환이다. 이러고도 교회가 세상으로부터 존경을 받을 수 있을 것 같은가? 초창기 한국 교회는 민족의 희망이었다. 기독교인들이 전하는 복음뿐만 아니라 그들의 주장과 삶은 무너져가는 민족을 재건할 수 있는 길을 보여 주는 희망의 등불이었다. 그래서 전체 기독교 인구가 증가했던 것이다. 그런데 보라. 한편에서는 여남은 명 데리고 끼니를 걱정하며 목회하는 극빈층 목회자들이 있는데, 다른 한편에서는 온 세상 곳곳마다 체인점까지 세워가며 위성으로 설교를 중계하는 목회자들이 있다. 하나님이 어느 편의 예배를 받으실 것인가? 진정 피라미드의 정점에 있는 메가처치의 예배와 찬송이 하늘에 상달되리라고 믿는가?

## 2) 피라미드 모양의 메가처치 구조

메가처치 내부를 들여다보자. 어린아이의 눈으로 들여다보면 메가처치는 그 자체로 거대하고 산뜻한 하나의 피라미드 체제임을 단박에 알 수 있다. 세 사람이 길을 가면 그 중에 따를 지도자가 있다는 말이 있다. 맞다. 사람이 모이면 그 중에 지도자가 생기는 것과 그 지도자를 중심으로 권력이 집중되는 것은 불가피한 일이다. 하물며 수

천, 수만 명이 모이는 메가처치에서 담임목사를 중심으로 돈과 권력이 집중되는 것이 어찌 필연적이지 않겠는가. 메가처치의 문제는 바로 여기서 출발한다. 한 사람에게 돈과 권력이 집중되는 것 말이다. 이러한 현상은 교회의 규모가 커질수록 더욱 극명하게 드러난다. 교회가 대형화될 때 권력의 소수 집중은 더욱 가속화될 수밖에 없다. 거대한 규모의 집단을 움직이려면 그만큼 신속한 상황 판단, 의사 결정, 결정 사항의 빠른 전달이 필수적이기 때문이다. 이를 위해 목사가 CEO가 되고, 교회가 피라미드 체제를 취하는 것은 불가피하다.

소그룹을 활성화하면 메가처치의 문제를 해결할 수 있다고 변명하는 이들이 있다. 그러나 소그룹이 발달된 메가처치라고 해서 피라미드 체제를 취하지 않는 것은 아니다. 중앙 집중과 지방 분권은 언제나 함께 간다. 따라서 조직 내 전체 구성원들의 자발성을 높이고 각 구성원들에 대한 깊이 있는 문제의 파악과 대처를 위해 소그룹은 필수적이다. 그러니까 소그룹에 대한 필요는 굳이 교회라서 특별한 것이 아니라 모든 조직의 생리다. 오히려 소그룹은 담임목사 1인의 통치 의지가 더 효과적으로 조직 전체에 실현되도록 돕는 지배의 수단일 뿐이다. 즉, 소그룹이 메가처치를 더욱 확장하고 든든하게 뒷받침하는 수단이 되어 버리기 때문에 메가처치의 대안이라고 보기는 어렵다.

지배의 수단이 아닌 소그룹은 가능할까? 글쎄, 이런 소그룹이라면 혹시 모르겠다. 매주일 예배를, 본 교회가 아니라 소그룹에서 자체적으로 드리는 것이다. 그리고 한 달이나 두 달에 한 번 정도만 전체가 특정 장소에서 느슨한 중대형 규모의 자발적 연합 모임으로 모이는. 그다지 현실성은 없어 보인다. 나를 소그룹 운동을 하는 사람으로 오해하지는 말라. 나는 그저 지금의 소그룹이 현 상황의 판도를 바꾸는 데 별 도움이 되지 못함을 말하고 싶을 뿐이다.

메가처치의 피라미드 체제는 대충 다음과 같은 형태를 취한다. 피라미드의 정점에 담임목사가 존재하고, 주변에는 잘 선발된 유능한 부목사급 목사들이 스태프로 포진한다. 다시 그 밑으로는 협동목사나 전도사, 기관 사역자 등이 있다. 이는 아직 신학적으로는 정당화되지 않았지만 가톨릭교회의 주교, 사제, 부제의 삼중직제와 별 차이가 없다. 사역자 밑으로는 평신도 교구장, 구역장, 기타 직분자들이 줄지어 서 있다. 여기에 유급직원들도 빼놓을 수 없다. 물론 맨 말단에는 평신도가 위치해 있다. 이러한 피라미드 체제가 특별히 도덕적으로 악하다고 말하고 싶지는 않다. 이것은 세상 나라 어디서나 나타날 수밖에 없는 필연적인 현상일 뿐이다. 다만 내가 하고 싶은 말은, 이것이 하나님 나라의 질서가 아니라 세상 나라 질서의 일부일 뿐이라는 것이다.

따라서 메가처치에도 세상에서 일어나는 일과 똑같은 일이 일어나는데, 바로 권력 장악의 문제다. 설교를 하든, 목양을 하든, 뭘 하든, 메가처치 안에서는 목사가 맨 먼저 권력을 장악하지 않고는 아무 것도 할 수가 없다. 이상한 교회여서도 아니고, 목사가 사악해서도 아니다. 그냥 뻔한 권력과 조직의 생리일 뿐이다. 그래서 메가처치 안에서는 자주 「삼국지」를 능가하는 계파 간의 모사와 술수, 정치가 난무한다. 부교역자들끼리 모여 밥 먹는 자리에서 나누는 교회 내의 정치 이야기를 듣고 있노라면, 거의 무협 영화를 보는 느낌이다. 물론 그들도 그 자리에 가면 똑같아진다. 그래서 메가처치 안에서는 원로 목사와 신임 목사 간, 목사와 장로들 간, 담임목사와 부교역자들 간, 혹은 담임목사의 총애를 받으려는 부교역자들 간, 그리고 성도들 간의 경쟁이 불가피하다. 형제들이여, 교회에서 혹 그런 모습을 보더라도 너무 놀라지 마시라. 그저 그러려니 하시라. 이는 세상 어디서나 볼 수 있는 모습이니 말이다.

더 큰 문제는 메가처치가 이러한 경쟁을 부추겨서 이를 교회 성장의 방편으로 활용한다는 점이다. 그래서 메가처치 안에서는 다 같이 경쟁한다. 그리고 그 가운데 유능하고, 힘 있고, 똑똑하고, 카리스마 넘치는 누군가가 교회를 장악한다. 통상 교회 내에서 실력은 '숫자'로 평가된다. 가장 많이 전도해 오고, 가장 많이 교회에 붙어 있게 하고, 가장 많이 모임에 참석시키는 사람에게 '능력 있는 사람'이라는 훈장이 붙는다. 물론 이들에게 포상과 성과급, 빠른 승진이 주어지는 것은 당연하다. 그리고 피라미드의 상층부로 조금씩 더 올라간다. 이 얼마나 세상적인 모습인가.

이러한 문제들은 모두 메가처치가 하나님 나라의 질서가 아니라 세상 나라의 질서에 사로잡혀 있기 때문에 일어나는 일들이다. 재삼재사 강조하지만, 이 모든 현상은 개인의 도덕성의 문제도 아니요 어쩌다가 생겨나는 부수적인 문제도 아니다. 개인차가 전혀 없는 것은 아니지만, 이 모든 것은 메가처치의 구조 안에 내재하는 본질적인 문제다. 또 한 가지 알아야 할 사실은 메가처치가 그 자체로 완벽한 피라미드 체제이기 때문에 최정상에 누가 올라가도 결과는 같다는 것이다. 종종 최정상의 자리에 올라야 할 사람이 담임목사냐, 장로단이나, 평신도냐를 가지고 '교회 개혁' 운운하는데, 이는 난센스일 뿐이다. 참된 교회 개혁은 피라미드 체제를 역삼각형의 질서로 바꾸는 것뿐이다.

## 4. 제국이 되어 버린 메가처치

### 1) 기독교 제국의 등장

최근에 메가처치는 새로운 형태로 변신을 꾀하는 것 같다. 한 곳에서 교회를 확장하는 일을 넘어서서 천지사방으로 교회를 확장한다. 그래서 전국으로, 더 나아가 전 세계로 체인점 세우듯 지교회를 설립하고, 그곳에 신임하는 부목사나 교인들을 파송하고, 관리하며, 위성으로 예배까지 중계한다. 과거에는 교단이 있었고, 또 얼마 전에는 비슷한 목회 철학을 공유하는 교회들끼리 느슨하게 연합하고 협력하는 모임이 있기는 했다. 하지만 전 세계에 수십, 수백 개의 지교회를 1인의 통치 의지로 관리하고 지배하는 모습은 전혀 새로운 것이다. 이러한 메가처치의 문어발식 확장은 기존 교회들에 엄청난 위협을 준다. 그래서 최근 어느 신도시에서는 기존의 중소 교회들이 연대하여 메가처치의 진출에 공동 대응을 하고 있다. 도대체 이게 뭐하는 짓인가? 우리는 지금 개신교식 제국주의의 출현을 보고 있다.

제국주의는 독점적 지배를 말한다. 독점적 지배가 있는 곳에 제국이 있다. 나폴레옹 1세나 3세가 프랑스를 중심으로 유럽을 지배하여 로마 제국의 영광을 부활시키려 했을 때, 그들은 제국을 꿈꾸었다. 뿐만 아니라 자본주의 시장에서 소수 초거대기업이 자본을 흡수하여 시장을 독점적으로 지배할 때도 이를 제국주의라고 한다. 예컨대, 개신교회가 십일조의 영웅으로 떠받드는 석유왕 록펠러John Davison Rockefeller는 미국의 정유소 95퍼센트를 독점 지배한 스탠더드 오일 트러스트를 설립했는데, 이를테면 이것이 경제적 제국주의의 한 예라고 할 수 있을 것이다. 따라서 제국은 정치적 영역을 넘어서서 모든 영역에 존재한다. 메가처치의 거대한 시장 독점은 정확히 종교적 제국의 모습을 보여 준다.

### 2) 지배

제국이 이루어지기 위해서는 독점적 지배가 반드시 필요하다. 그러니까 다수의 의지가 하나의 통치 의지에 복종해야 하며, 지배 의지는 전체를 제 뜻대로 통제할 수 있어야 한다. 이러한 지배는 단순히 말하면 하나의 통치 의지가 타인에게로 확장되는 것을 말한다. C. S. 루이스는 이러한 지배를 타인의 영혼을 먹어치우는 것이라고 표현했다. 타인의 영혼을 집어삼켜 뱃속에서 소화시켜 버리는 것, 이것이 지배다. 이러한 식으로 전체 구성원들이 하나의 통치 의지에 귀속될 때, 그러니까 한 사람이 다수의 영혼을 뱃속에 넣고 소화시켜 버릴 때, 비로소 건강한 조직이 성립될 수 있다. 이렇게 되면 각 구성원은 통치자의 수족手足으로 전락하게 되고, 통치자는 조직 내 모든 구성원을 자신의 신체 일부처럼 용이하게 다스릴 수 있다. 이는 거대한 인조인간이라고 할 수 있으며, 이러한 지배가 극단적으로 확장된 형태가 제국이다.

그러나 성서는 이러한 형태의 지배를 악이라고 정죄한다. 야훼 신앙은 기본적으로 반제국적이다. 월터 브루그만Walter Bruggemann은 예언자들이 심취했던 야훼 신앙이 얼마나 반제국적이었는지를 자신의 역저 「예언자적 상상력」*The Prophetic Imagination*, 복있는사람 역간 예정에서 잘 보여 주었다. 또 김세윤을 비롯한 여러 신학자는 신약성서의 반제국적 독법을 제안하는데, 최근에는 알랭 바디우Alain Badiou, 슬라보예 지젝Slavoj Zizek, 조르지오 아감벤Giorgio Agamben과 같은 무신론적 마르크스주의자들이나 진보주의자들마저 바울의 사상을 반제국적 관점으로 보려고 노력한다. 옳다. 성서는 제왕에 의해 민초들이 지배당하는 것을 늘 반대해 왔다. 성서에 따르면, 오직 하나님만이 통치자요, 모든 이스라엘 사람은 다 형제며 골육일 뿐이다. 왕을 포함해서 말이다.

구약성서는 하나님이 왕의 제도를 대단히 싫어하셨음을 계속 증언한다. 하나님이 사무엘을 통해 이스라엘 백성에게 들려주신 왕의 제도의 폐해를 살펴보라삼상 8:10-18. 형제 중 하나가 다른 형제를 임의로 통제하고 지배하는 것을 하나님이 매우 역겨워하셨음을 알 수 있다. 야훼 신앙은 참으로 반제국적이다. 누구도 감히 다른 사람을 임의로 지배할 수 없다. 하나님만이 지배하신다. 그리고 모두는 형제다.

예수는 이러한 구약의 반제국적 사상을 더욱 심화시키셨다. 예수는, 아버지는 하나님 한 분뿐이며 선생과 지도자도 그리스도 한 분뿐이라고 하셨다마 23:8-10. 이러한 예수의 사상의 핵심은 한 문장으로 요약될 수 있다. "너희는 다 형제니라마 23:8." 그리스도께서 교회의 머리가 되신다는 바울의 사상도 교회가 기본적으로 반제국적 공동체라는 뜻이다. 따라서 교회 내에서 타인에게 행사하는 지배력, 곧 1인에 의한 다수의 지배는 원칙상 존재할 수 없다. 이 점에서 중세 가톨 릭교회 역시 제국이었다.

사도행전을 보면 교회는 중요한 문제가 생길 때마다 회의를 개최했음을 알 수 있다. 물론 회의를 주재하는 의장은 있었다. 예컨대, 궐석이 난 가룟 유다의 자리를 채우기 위해 새로 사도를 뽑을 때 그 회의는 베드로가 주재했던 것 같다. 반면에 이방인 선교 방식에 관해 토론하기 위해 모였던 사도행전 15장의 예루살렘 공의회에서는 야고보가 상당히 강력한 권위를 가진 것 같다. 이렇게 의장이 있었음에도 불구하고 교회는 중요한 사안을 결정하기 위해 자유토론을 했고, 기도로 하나님의 뜻을 물었으며, 심지어 제비를 뽑기도 했다. 여기서 중요한 것은 어느 한 개인이 일방적으로 자신의 뜻을 타인에게 강요하지 않았다는 것이다. 모두 동등한 입장에서 자신이 생각하는 하나님의 뜻을 발표했으며, 이로써 통치하시는 분은 오직 그리스도뿐이라는 신앙을 확고하게 고수했다. 이처럼 초대교회는 회의하는 영성을 개발했던 것이다. 이것은 회의가 영성과 반대된다고 하는 오늘날 한국교회의 모습과는 또 얼마나 다른가?

불행히도 메가처치에서는 지배를 당연할 뿐만 아니라 권장할 만한 것이라고 말한다. 효율적인 목회를 위해 그리고 하나님의 뜻을 온전히 실현하기 위해 담임목사는 목회적 리더십을 발휘하도록 독려를 받는다. 메가처치는 극히 현실적인 이유에서 지배를 선호한다. 담임목사가 강력한 리더십을 발휘하지 못하면, 교회의 조직은 느슨해지고 교인들은 활력을 잃는다. 질서가 없고, 어지럽고, 혼란스럽다. 항상 실수가 터지고 뭐 하나 제대로 되는 일이 없다. 뿐만 아니라 목사의 지도력이 충분히 강하지 못하면 소위 권력누수 현상이 일어나서 돈과 권력에 굶주린 사람들이 몰려와 지도자에 반기를 드는 일이 생긴다. 그렇게 되면 교회는 시끄러운 잡음과 분란에 휩싸일 소지가 많아진다. 그러다가 행여나 담임목사의 리더십에 정면으로 저항하는 세력이라도 생기면 교회는 전쟁터로 변하고 만다. 이러한 사태를 미연에 방지하기 위해서라도 목사는 전체 조직을 효과적으로 장악하고 지배하는 왕이 될 수밖에 없다.

종종 권력 다툼이 없이 매끄럽게 잘 운영되는 메가처치를 건강한 교회라고 말하는 이들을 본다. 그러나 나는 이에 동의할 수 없다. 왜냐? 잡음이 없고 운영이 매끄럽다는 뜻은 담임목사가 교회를 잘 장악했다는 뜻이다. 그리고 이는 그만큼 전체 교회가 목사 한 사람의 통치 의지에 훌륭하게 귀속되고 있다는 증거다. 메가처치에서는 담임목사의 의견 커뮤니케이션communication이 있을 뿐 공동체 전체의 사귐communion은 존재하지 않는다. 지배만이 존재할 뿐이다.

### 3) 제정일치

제정일치祭政一致란 종교 권력과 정치 권력이 뒤섞여 하나가 된 상태를 말한다. 학자들에 의하면 대다수의 고대 제국은 제정일치제를 택했다고 한다. 왜 그랬을까? 그것은 종교를 통해 신민臣民으로부터 제국과 제왕에 대한 충성심을 효과적으로 끌어낼 수 있기 때문이다. 즉, 제국은 단순히 인간적인 조직이 아니라 신神이 세운 나라라고 말함으로써 제국과 제왕에 절대 충성해야 하는 명분을 만들어 낼 수 있었다. 신이 세운 제국에서 왕은 신과 제국을 연결하는 접촉점이었다.

왕은 신의 특별한 은총을 입은 자다. 때문에 고대 이집트와 같은 곳에서 왕은 신이거나 신의 아들로 추대되었다. 중동 지역에서는, 그보다 조금 못하기는 하지만, 왕은 신의 대리자 혹은 신의 최고 사제로 추대되었다. 그래서 신은 왕에게 특별히 은총을 베풀어 자신의 뜻을 비밀스럽게 계시한다고 믿었다. 고로 왕은 신의 뜻을 가장 잘 아는 자다. 그래서 왕의 뜻은 신의 뜻이 된다.

그러나 성서는 이러한 사상에 동의하지 않는다. 성서는 '신=왕'의 도식을 거부한다. 신은 오직 야훼 하나님뿐이다. 나머지는 다 형제다. 사울 왕이 제사를 드리려다가 하나님께 버림받았다는 사건은 의미심장하다. 고대 왕국에서 왕은 정치적 최고 통수권자일 뿐만 아니라 최고 사제였으니 왕이 제사를 집전하는 것은 당연했다. 그러나 하나님은 이를 인정하지 않으셨다. 왕은 그저 잠시 백성을 통치하는 정치적 기능인일 뿐 제사장은 아니다. 다윗 왕이 예언자 나단으로부터 책망을 받았다는 사실 역시 중요하다. 고대 왕국에서 왕은 그 누구보다 신의 뜻을 잘 아는 사람이었기 때문에 신의 뜻으로 왕이 책망받는 일은 매우 이례적이었다. 성서의 하나님은 왕이 아니라 전심으로 자기를 찾는 자에게 나타나시어 자신의 뜻을 계시하셨다신 6:5; 대하 16:9.

놀랍게도 메가처치는 야훼 신앙보다는 고대 왕국의 이교적 통치 이데올로기를 택한다. 메가처치 목사와 교인들이 생각하는 건강한 교회의 모습은 어떠한 모습일까? 교회의 모든 돈과 권력은 담임목사에게 집중되어 목사가 마음대로 하나님의 일을 할 수 있도록 돕는다. 그러면 담임목사는 늘 기도와 말씀으로 하나님과 친밀하게 교제하여 하나님의 뜻을 분별한다. 그렇게 하나님의 뜻을 분별했으면 담임목사는 자신에게 있는 돈과 권력을 동원하여 하나님의 뜻을 실행한다. 성도들은 자신과는 맞지 않을지라도 목사님의 뜻을 하나님의 뜻으로 알고 전적으로 순종한다. 그렇게 해서 교회가 하나님의 뜻을 이룰 때 건강한 교회라고 생각한다.

이러한 관점에 따르면, 메가처치의 담임목사는 하나님의 특별한 은총을 입은 자요, 그래서 하나님의 뜻을 가장 잘 분별할 수 있는 사람으로 전제된다. 물론 다른 교인들도 하나님과 교제할 수 있음을 부인하지는 않지만 담임목사가 하나님과 가장 친하다고 믿는다. 담임목사 스스로도 그렇게 생각하거나 가르친다. 기름부어 세우신 당신의 종이니 하나님이 담임목사와 함께하신다는 것이다. 그러니까 담임목사는 하나님의 뜻을 직접 받아서 교회를 목양하고, 온 성도는 일사분란하게 담임목사의 지시에 순종해야 한다는 것이다. 하지만 이것이 왕의 뜻은 하나님의 뜻과 동일하다는 고대의 사상과 무엇이 다른가? 그러니까 담임목사의 뜻에 반항하는 자는 하나님께 반항하는 자가 되는 게 아닌가? 결국 메가처치는 담임목사 한 사람의 의지에 흡수되고 통합된 제국이지 않은가? 하지만 이러한 교회관은 구약의 가르침도, 예수의 가르침도, 바울의 가르침도 아니며, 어디까지나 극히 이교적인 사상일 뿐 성서의 야훼 신앙과는 무관하다.


## 4) 세습

제국이 되어 버린 메가처치는 후손에게 교회를 세습하는 것까지 닮아간다. 돈과 권력이 담임목사에게 집중되다 보니 교회의 사유화私有化가 일어나는 것은 당연한 일이다. 목사는 개인의 뜻대로 교회의 돈, 인력, 자원을 활용할 수 있다. 그러자니 교회는 담임목사 개인의 재산처럼 사유화되기 일쑤다. 여기서 세습이 나타나는 것은 너무도 당연한 일이다. 요즘 세습에 대해 하도 말이 많으니까 메가처치들끼리 이리저리 빙빙 돌려서 물려주기도 한단다. 참 별일이다.

세습이 왜 문제인가? 교회 세습에서 문제가 되는 것은 자식이 아버지의 목회 사역을 물려받는 것이 아니다. 세습 자체는 문제될 것이 없다. 세습 문제의 본질은 교회라는 이름으로 모종의 '이익'이 사유화되고 이를 자식에게 부당하게 승계한다는 데 있다. 그러니까 문제는 첫째, 교회가 이익을 만들어 내는 이익 창출 기관이 되었다는 것이며, 둘째 이것이 한 개인에게 집중되고 사유화된다는 것이며, 셋째 이것이 부당한 방식으로 증여나 세습이 된다는 점이다. 따라서 세습 문제는 제국이 된 메가처치의 한 측면에 불과하다. 세습 문제를 해결하기 위해서는, 먼저 메가처치 현상을 개선해야 한다. 참으로 교회가 개혁되기를 바란다면, 먼저 교회가 이익을 창출하는 일이 합당한 것인지, 이 이익이 1인이나 소수에게 집중되는 것이 옳은지, 그리고 이것을 승계하는 과정이 정당한지 신약성서의 가르침에 따라 판단해야 할 것이다. 그리고 이 모든 것보다 앞서 메가처치 현상이 과연 성서적인지를 진지하게 고민해 봐야 할 것이다.


## 5. 도무지 거룩할 수 없는 메가처치

교회는 거룩하다. 거룩하지 않다면 더 이상 교회가 아니다. 그리고 거룩이란 세상으로부터 분리되는 것을 말한다. 하지만 메가처치는 세상과 분리되지 않으며, 그럴 수도 없다. 신학이 메가처치가 거룩해지는 것을 막기 때문이다.

### 1) 최초의 오류

초대교회 300년 동안 교회와 세상은 흑과 백처럼, 밤과 낮처럼, 동에서 서가 먼 것같이 뚜렷하게 구별되었다. 그래서 교회는 거룩했다. 초대교회 교인들은 세상과 너무나 다른 교회 공동체를 잘 알았으며, 그 안에 소속될 수 있었다. 하지만 교회는 곧 거룩성을 잃고 세상과 같아졌다. 무엇 때문인가? 로마 제국의 핍박? 콘스탄티누스주의? 슬프게도 오류의 시작은 교회 안에서 먼저 발생했다.

어떤 오류인가? 그것은 교회가 지나치게 거룩을 강조한 것이다. 교회가 거룩을 지나치게 강조했다니, 이건 또 무슨 말인가? 초대교회는 무엇보다 거룩을 강조했다. 그러다 보니 교회는 점차 거룩을 도덕적 완전성으로 이해하게 되었고, 세상으로부터 분리되는 과정과 여정으로 이해하기보다 죄가 없는 상태로 이해했다. 침례/세례를 받는다는 뜻은 무죄한 자가 된다는 뜻이며, 다시는 죄를 짓지 않는다는 뜻이다. 그리고 교회는 무죄한 공간으로 여겨졌다. 그러면서 거룩은 점차 율법주의적으로 이해되었다. 그러자 사람들은 침례/세례를 연기하려는 경향이 생겨났다. 콘스탄티누스 황제도 죽기 직전에 침례/세례를 받은 사람 중 하나다.

거룩을 율법주의적으로 이해하자 교회는 큰 혼선을 빚기 시작했다. 특히 박해 때 예수를 부인한 배교자들을 다시 받아들일 것이냐를 놓고 교회는 갈팡질팡했다. 교회의 거룩을 강조하는 엄격주의자들은 배교자를 무조건 받아들일 수 없다고 주장했고, 그리스도의 용서와 은총을 강조하는 복음주의자들은 가급적 죄인들을 다시 받아들여야 한다고 주장했다. 그러나 양쪽 다 심각한 문제를 안고 있었다. 몬타누스, 테르툴리아누스, 히폴리투스, 노바티안, 도나투스와 같은 엄격주의자들은 거룩을 인간의 노력과 행위로 이해하는 경향이 있었다. 나아가 자신들을 기준으로 참 교회와 거짓 교회를 구분하기 시작했다. 한편 이에 반대했던 칼리스투스, 사이프리안, 아우구스티누스 등의 복음주의자들은 그리스도의 용서의 은총을 지나치게 남발함으로써 교회의 거룩성을 훼손하고 말았다. 아무리 죄를 지어도 회개만 하면 교회에 다시 들어올 수 있는 것처럼 만들어 버린 것이다. 그러니 교회는 더 이상 거룩할 필요가 없어졌다. 처음에는 교회가 엄격주의적 경향을 고수했지만 점차 복음주의 쪽으로 기울었다.

### 2) 알곡과 가라지의 비유

배교자를 다시 받아들이는 문제로 논쟁할 때 중요하게 부각된 말씀 중 하나가 바로 '알곡과 가라지'의 비유다. 특히 온건한 복음주의자들이 이 비유를 즐겨 인용했는데, 그들은 이 비유를 다음과 같이 이해했다. 주님이 알곡 씨를 심으셨고, 그래서 교회가 생겨났다. 그런데 사탄이 교회 안에 몰래 가라지 씨를 심었다. 그래서 교회 안에는 알곡도 있고 가라지도 있다. 하지만 가라지를 뽑으려 해서는 안 된다. 자칫 가라지와 함께 알곡도 뽑을 수 있기 때문이다. 주님만이 알곡과 가라지를 아시기에, 주님이 재림하셔서 알곡과 가라지를 나누는 심판을 하실 때까지 내버려 둬야 한다.

하지만 이런 식의 해석은 문제가 있다. 알곡과 가라지가 공존하는 '밭'은 교회가 아니라 세상이라고 주님이 말씀하셨기 때문이다. "밭은 세상이요마 13:38." 이 말씀에 따르면, 주님이 세상에 알곡 씨를 뿌리셨고 마귀도 세상에 가라지 씨를 뿌린 셈이다. 세상에 알곡과 가라지가 공존하지만 주님은 마지막 날 재림하셔서 알곡과 가라지를 심판하실 것이다. 이것이 좀더 적합한 해석이다. 따라서 이 비유는 교회 안의 알곡과 가라지에 대해 하신 말씀이 아니다.

또 만일 '씨'를 개인이 아니라 교회로 본다면 전혀 다른 뜻으로 해석할 수도 있다. 즉, 세상에는 참 교회와 거짓 교회가 공존한다. 거짓 교회를 뽑으려고 해서는 안 된다. 거짓 교회를 뽑으려다 참 교회를 뽑을 수도 있으니 말이다. 마지막 날 주님은 참 교회와 거짓 교회를 심판하실 것이다. 이런 식으로 이 비유를 해석한다면 우리는 세상 가운데서 참 교회가 되기 위해 노력해야 할 것이다. 그리고 이를 위해 교회 안의 거짓 신자를 가려내는 일에도 힘써야 할지 모른다.

그렇다면 가라지를 뽑으란 말인가? 모른다. 하지만 마태복음 13장에 나오는 이 비유를 통해 교회 안의 가라지를 뽑으라거나 말라는 결론을 끌어낼 수 없다는 것만은 분명히 알 수 있다. 그러나 교회는 부주의하게도 이 비유를 교회 안의 알곡과 가라지의 문제로 보고 말았다. 그래서 교회 안에 가라지가 존재하는 것을 당연시했다. 하지만 이것은 실로 엄청난 문제를 만들어 내고 말았으니, 교회가 세상과 구별될 이유를 서서히 잃어버리고 만 것이다. 특히 중세 가톨릭교회는 교회를 '성도의 교제'로 보기보다는 '죄인들을 위한 학교' 혹은 '죄인들을 위한 병원'으로 보기를 즐겨 했다. 그래서 교회는 점차 가라지로, 즉 회개하지 않은 죄인들로 넘쳐나기 시작했다.


### 3) 가라지 천국

루터와 함께 시작된 종교개혁은 신학적이고, 윤리적인 측면에서 큰 개혁을 이루어 냈다. 그러나 불행히도 교회가 거룩해야 한다는 신약성서의 가르침을 온전히 이해하는 데는 실패했다. 이 문제를 집요하게 지적한 아나뱁티스트교회가 나타나기는 했지만, 과거 가톨릭교회와 마찬가지로 종교개혁자들도 이들을 이단으로 정죄하고 핍박했다. 종교개혁자들은 원칙적으로 유아세례를 거부하지 않았으며, 교회와 국가의 분리가 얼마나 중요한지를 제대로 인식하지 못했다. 그러면서 교회는 근본적으로 세상으로부터 분리된 거룩한 공동체여야 한다는 신약의 가르침을 천상에 존재하는 '보이지 않는 교회'에 해당하는 것으로 치부해 버렸다. 아울러 그들은 '죄인들의 학교'라는 중세의 교회관을 그대로 이어받았으며, 교회에 알곡과 가라지가 공존하는 것은 불미스러운 일이 아니라고 가르쳤다. 오히려 교회에 죄인이 있는 것은 권장할 만한 일이라고까지 주장했다. 왜냐하면 교회를 죄인을 불러 복음을 전하고 회개시키는 곳으로 보았기 때문이다.

제1, 2차 대각성 운동 때 많은 부흥 운동가는 교회보다 야외에서 복음 전하기를 좋아했다. 그들은 될 수 있으면 많은 불신자를 야외 집회장으로 불러 모았다. 집회에는 찬송도 있고, 기도도 있고, 설교도 있었으며, 구원의 역사도 있었다. 그렇다면 이 야외 집회장을 교회로 보아야 할 것인가? 부흥 운동가들이 야외 집회장을 교회 자체로 본 것 같지는 않다. 하지만 교회가 아니라고 할 수도 없다. 왜냐? 그곳에서 설교자에 의해 거룩한 복음이 선포되니 말이다. 죄인들이 아무리 많이 모였더라도 복음의 선포와 그로 인한 회심의 역사가 있다면 그 곳은 교회가 아닌가?

바로 이러한 관점을 받아들인 교회가 메가처치다. 메가처치는 교회 안에 얼마나 많은 죄인이 있는지, 교인 중 얼마나 많은 수가 아직 회심하지 않았는지에 대해서는 별로 문제 삼지 않는다. 교회 안에 알곡과 가라지는 함께 있을 수 있다. 오히려 교회에는 죄인들이 몰려와야 한다. 예수 그리스도께서도 죄인들의 친구가 되지 않으셨던가? 그러니 교회가 죄인들을 배척하는 것은 옳지 않다고 주장한다. 오히려 한 사람이라도 더 많은 죄인이 교회에 들어와서 복음을 듣고 구원을 얻으면 얼마나 귀한 일이냐고 반문한다. 결국 교회에 얼마나 많은 흠과 주름이 있는지에는 관심을 기울이지 말며, 또 교인들의 연약함과 죄 짓는 모습에 대해서도 관심을 기울이지 말라고 한다. 다만 말씀이 역사하여 죄인을 구원하는 복음의 역사만 보라고 말한다.

때문에 오늘도 메가처치의 목사들은 이렇게 설교한다. "사람을 강권하여 데려다가 내 집을 채우라눅 14:23." 즉, 메가처치는 교회가 철저하게 전도 중심적으로 바뀐 교회다. 물론 여기서의 전도란 천국 복음을 선포해서 사람들을 세상으로부터 탈출하게 만드는 제2의 출애굽이 아니다. 메가처치의 전도란 닥치는 대로 사람을 물어 오는 것을 말한다. 신자건 불신자건 상관없다. 어느 교회에 다니는지 묻지도 않고 또 묻더라도 그 답은 별 상관이 없다. 죄인에게 회개하고 세상을 떠날 것인지에 대해서도 요구하지 않는다. 딱 한 가지 묻는 것이 있다면 이것이다. "우리 교회 나올래?" 그래서 메가처치는 회개하지 않는 자들의 소굴이다. 하기야 메가처치 자체가 세상에 속해 있는데 무슨 수로 세상을 떠나라고 말하겠는가? 그래서 메가처치는 가라지 천국 이다.

### 4) 백혈병 환자

언젠가 아내가 갑자기 열이 40도까지 올라가고 오한이 나서 급하게 응급실로 실려 간 적이 있었다. 처음에는 감기인 줄 알았는데, 검사를 해 보니 백혈병 증세라는 것이다. 백혈구 수치가 정상인의 3분의 1 정도로 줄어들었다. 금세 다시 백혈구 수치가 늘어났기에 망정이지 하마터면 큰일날 뻔했다. 그때 의사에게 들은 설명은 아직도 기억에 생생하다. 본래 우리가 사는 환경에는 온갖 병원균이 가득해서 그것들이 항상 몸 안으로 침투해 들어온다는 것이다. 우리가 잘 인지하지 못하지만, 몸 안에 있는 백혈구나 면역체계가 쉬지 않고 그러한 병원균과 싸우기 때문에 몸이 정상적으로 기능할 수 있다는 것이다. 그런데 만일 백혈구가 줄어들거나 면역체계가 약해지면 우리의 몸은 삽시간에 외부의 병원균에 감염되어 병들어 죽고 만다는 것이다. 나는 그때 그 의사의 말이 교회를 향한 주님의 메시지는 아닐까 하고 생각했다.

교회를 그리스도의 몸이라고 했을 때, 교회 밖에는 온갖 병원균이 득실거린다. 그것은 바로 옛 뱀의 정신과 그 정신이 만들어 놓은 온갖 세상적인 풍습들이며, 이러한 것들이 항상 교회 안으로 침투해 들어오려고 하는 것은 매우 당연한 일이다. 문제는 교회가 이러한 세상의 병원균을 막아주지 못하면 고열이 나고, 오한에 시달리고, 온갖 병증에 시달리다가 끝내 죽고 만다는 사실이다. 따라서 교회가 건강하게 존립할 수 있기 위해서는 교회 안에 백혈구와 같은 면역체계가 제대로 작동해야 한다.

그렇다면 교회의 면역체계란 무엇일까? 교회의 면역체계란 교회를 세상으로부터 분리시켜 주며 그러한 분리를 지속적으로 유지시켜 줄 수 있는 것을 말한다. 신약성서에서 우리는 교회의 면역체계를 침례/세례와 성찬 그리고 권징 등에서 찾을 수 있다. 먼저 침례/세례를 살펴보자. 초대교회에서 침례/세례는 교회의 출입구요 천국의 현관이었다. 즉, 침례/세례는 세상과 교회의 경계며 사탄 나라와 하나님 나라의 국경선이다. 프랭크 바이올라가 잘 지적했듯이, 초대교회 교인들은 침례/세례를 신앙 혹은 구원과 동의어인 것처럼 이해했다. 그렇다고 침례/세례 의식이 구원을 가져다준다고 생각하지는 않았다. 적어도 주후 1세기에는 말이다. 구원이란 세상과 죄와의 인연을 끊고 전혀 새로운 삶의 현장 속으로 들어오는 것을 의미하는데, 침례/세례가 이 새로운 삶을 살게 되는 결정적 계기를 의미했다. 따라서 침례/세례는 세상과 교회를 구분하는 분기점이었으며, 속됨과 거룩함의 경계선이었다. 교회는 세상을 탈출한 자들에게만 침례/세례를 베풀고자 노력했고, 이로써 스스로를 보호할 수 있었다.

둘째로, 성찬도 교회의 거룩성을 유지하는 면역체계 역할을 했다. 성찬을 거룩한 식사라고 할 때, 의식주의자들은 성찬의 떡과 포도주 그리고 예전과 의식에서 신성하고 거룩한 성질을 찾으려고 노력한다. 하지만 이는 성찬을 오해한 것이다. 성찬은 예수 그리스도께서 제자들과 나누셨던 마지막 만찬으로부터 유래했다. 성찬이 거룩한 이유는 떡과 포도주 혹은 예전과 의식이 거룩해서가 아니라, 거룩한 사람들이 나누는 식사이기 때문이다. 즉, 성찬은 출애굽한 이스라엘 백성들이 광야에서 만나를 먹는 것과 같이 세상으로부터 도망쳐 나온 하나님의 백성들이 거룩한 교회에서 함께 나누는 식사인 것이다. 그러니까 성찬을 거룩하게 만드는 것은 세상으로부터의 분리다. 따라서 세상으로부터 분리되지 않은 자가 먹는 음식은 성찬이 될 수 없다. 때문에 성찬을 회복하기 위해 제단을 차리고, 초를 켜고, 가운을 입고, 심각하게 의식을 집행하기보다 스스로 세상으로부터 분리되었는지를 살펴볼 일이다. 초대교회 예배의 중심은 성찬이었는데, 교회는 예배 때마다 자신이 세상으로부터 분리되었는지, 성도들은 자신이 성찬을 받기에 합당한지를 돌아보았다. 때문에 성찬은 교회를 거룩하게 하는 면역체계 역할을 할 수 있었다.

권징 역시 빼놓을 수 없는 교회의 면역체계다. 종종 권징을 담임목사나 장로들이 권위적으로 아랫사람을 다스리고 치리하는 행위로 오해한다. 물론 신약성서에서, 특히 바울의 목회서신에서 일차적으로 교회 지도자에게 권징의 권한이 있다고 가르치는 것은 사실이다. 하지만 본래 권징이란 공동체 전체가 할 일이다. 권징에는 불순종하는 자나 죄 짓는 자를 책망하고 징계하는 부정적인 의미만 있는 것이 아니다. 긍정적인 의미에서 권징이란 서로 다독이며 세상 가운데서 신앙을 잃지 않고 끝까지 소망 가운데 견디며 승리하도록 권면하는 것을 말한다. 당시에는 교회가 친밀한 공동체였기 때문에 이것이 더욱 가능했다. 때문에 권징이란 윗사람이 아랫사람에게 일방적으로 이래라 저래라 명령하는 것이 아니다. 한때 중세 가톨릭교회에서 교황과 성직자가 이러한 권징의 권한을 독점하여 지배 체제를 정당화하는데 활용한 적이 있었지만, 이는 권징을 오용한 것이다. 권징이란 교회가 한 가족이며 또 한 공동체이기 때문에 자연적으로 생겨나는 기능이었다. 또 권징이란 교회가 세상과 분리된 거룩한 백성이라는 생각 때문에 자기 보존을 위해 항상 힘써야 하는 공동체의 활동이었다. 우리 몸속의 면역체계처럼 말이다.

하지만 오늘날 메가처치는 이상의 면역체계가 마비되고 말았다. 우선 침례/세례의 기능이 마비되었다. 오늘날 메가처치에서 교인이 된다는 것은 더 이상 침례/세례를 받는 것을 의미하지 않는다. 메가처치에서 교인이 되는 방법은 무엇일까? 세상으로부터 분리되는 것은 상상도 못할 일이다. 침례/세례는 받으면 좋지만 굳이 안 받는다고 교인이 못 되는 것은 아니다. 메가처치가 좋은 것은 굳이 침례/세례를 받지 않아도 편안히 교회를 다닐 수 있기 때문이다. 메가처치에서 교인이 되는 방법은 교회에 출석하는 것이다. 아무 것도 안 해도 된다. 나가기만 하면 된다. 그래도 뭐라고 하는 사람은 없다. 조금 찝찝하면 등록하면 된다. 등록하겠다고 하면 언제라도 두 손을 들고 환영할 것이다. 그러니 등록은 마음 내킬 때 하면 된다. 그 전에는 그냥 편안히, 아무도 모르게, 조용히 출석만 해도 소위 '출석교인'이라고 불러 준다. 얼마나 마음이 넓은 곳인가. 물론 제대로 교인이 되려면 새가족반에 등록하고, 구원의 확신도 점검받고, 기타 부서활동이나 봉사도 해야 한다. 그러나 이 모든 것은 세상 탈출과 거리가 멀다. 그저 '믿습니다' 한 마디면 모든 과정을 무사통과할 수 있다. 어쨌거나 메가처치는 침례/세례가 실종된 교회다.

둘째, 메가처치는 성찬을 잃어버렸다. 수천 수만 명의 사람에게 한 꺼번에 성찬을 베푼다는 것은 여간 번거롭고 힘든 일이 아니다. 그래서 메가처치는 주일 낮예배 때 성찬을 잘 베풀지 않는다. 정확히 말해서 베풀 수가 없다. 그리고 성찬이라고 하는 것이 분위기상 메가처치와 잘 어울리지 않는다. 메가처치는 현대성을 극대화한 교회로, 도시 교회요 테크노 처치다. 이런 메가처치에서 성찬 예배는 어쩐지 중세적이고, 미신적이고, 지나치게 종교적인 냄새를 풍긴다. 즉, 현대인의 감수성과 조화되기가 쉽지 않은 것이다. 더구나 개신교의 성찬신학은 메가처치로 하여금 더욱 성찬을 경홀히 여기게 만든다. 이상하게도 개신교회는 성찬의 문제에 있어서만큼은 츠빙글리의 견해를 따르는데, 그의 영향 때문에 오늘날 개신교회에서 특히 메가처치에서 성찬의 횟수는 1년에 4회 미만으로 줄었다. 츠빙글리에 따르면, 성찬이란 그리스도의 대속의 죽음을 '기념'하는 것이다. 그러니까 중요한 것은 기념이지 성찬 자체가 아니라는 것이다. 이 때문에 개신교회는 불신자가 성찬을 받는 데 대해 개의치 않는다. 츠빙글리의 성찬론에 따르면 믿음 없는 불신자가 받는 음식은 성찬이 아니라 그저 떡과 포도주일 뿐이다. 따라서 개신교회에서, 특히 메가처치에서 성찬은 교회를 거룩하게 하는 데 아무런 힘도 발휘할 수가 없다. 먹어도 그만 안 먹어도 그만이다.

권징의 기능 역시 마비되었다. 교회가 세상으로부터 분리된 거룩한 공동체로 살아남기 위해 성도들이 서로 사랑과 선행을 권면하고 격려하는 일은 메가처치에서 찾아볼 수 없다. 세상과 분리되어야 한다는 이야기는 들어 보지도 못했고, 기껏해야 기독교인다운 모양을 갖추는 것에 대해 들었을 뿐이다. 메가처치가 친밀한 공동체가 깨진 교회라는 점은 교회의 권징을 더욱 어렵게 한다. 그래서 권징은 담임목사의 목양 기능으로 넘어가고 말았다. 담임목사는 자기 교회에 맞는 양육 프로그램을 개발해서, 스태프를 교육시키고, 그들을 통해 전체 교인을 양육하도록 교회를 운영한다. 수많은 셀이 조직되고, 다양한 프로그램이 공장처럼 가동되면서, 전체 교인을 동력화한다. 그러나 이런 메가처치의 활동은 그저 교인들에게 성서를 읽히고, 묵상하게 하고, 성서를 공부하게 하고, 기독교인이라면 알아야 할 기본적인 기독교 상식과 기도할 때 쓰는 용어를 가르칠 뿐이다. 그 이상은 할 수가 없다. 아주 가끔 특이한 강사가 교인들에게 강하게 도전하는 메시지를 전하기도 하지만, 그때뿐이다. 권징이 사라진 가장 결정적인 이유는 교인들이 다른 교회로 가 버리기 때문이다. 그러니까 교인이 제 멋대로 교회를 선택하고, 또 다른 교회는 그런 철새 교인들을 제 맘대로 받아들여 주기 때문에 권징이 불가능하다. 이것은 한 교회에서 출교당하면 모든 교회로부터 출교당했던 초대교회에서는 상상도 할 수 없는 일이다. 이처럼 개신교의 개교회주의는 권징의 기능을 무력화해 버렸으며, 교회는 그저 교인들이 떠날까 봐 전전긍긍하며 교인들의 비위를 맞추는 데 여념이 없다.

이처럼 메가처치의 면역체계는 마비되어 버렸다. 면역 체계가 마비되었기 때문에 세상의 정신과 문화가 교회 안으로 자유롭게 통과해 다닌다. 그런데도 메가처치는 뭘 어찌해야 할지 모른다. 할 수 있는 일은 그저 유행을 바꿔 보는 것이다. 외국에서 붐을 일으키는 몇 가지 목회 프로그램을 유행 따라 도입해서 이리 저리 써 본다. 그러나 아무리 해도 세상과 분리되는 일은 일어나지 않는다. 이는 메가처치의 면역체계가 완전히 망가졌기 때문이다. 참으로 오늘날 그리스도의 신부는 백혈병이나 AIDS에 걸리고 말았다.

## 6. 메가처치의 거룩의 표지

메가처치는 거룩을 상실한 교회다. 그러나 메가처치도 교회인 만큼 그리고 하나의 종교기관인 만큼 세속적인 모습을 하고 있을 수는 없다. 그래서 거룩을 상실한 메가처치는, 다른 모든 종교가 그렇듯이, 새로운 표지와 신성한 상징으로 자신을 치장한다.

### 1) 교회의 신성화

예수 그리스도의 가르침과 사도들의 교훈은 감당할 수 없을 정도로 우상파괴적이다. 특히 신이 평범한 사람의 형상을 지니고 이 땅에 오셨다는 성육신의 가르침만큼이나 충격적인 선언은 도무지 타의 추종을 불허한다. 이것이 초기 기독교가 이교도들의 눈에 무신론으로 보였던 이유다. 하지만 초기 기독교는 신성한 대상은 소유하지 않았을지라도 진정한 의미에서 거룩을 추구했다. 그것은 바로 세상 질서 일반으로부터 분리되는 것이었다. 즉, 초대교회는 제도나 종교, 제의가 아닌 삶에서의 거룩을 추구했으며, 그것을 달성했다.

하지만 교회는 빠르게 거룩의 면모를 잃어가기 시작했다. 삶에서의 거룩을 잃자 교회는 제의적 신성함으로 대체하기 시작했다. 침례/세례가 신성해졌다. 침례/세례의 물이 신성해졌으며, 의식과 주문도 신성해졌다. 성찬도 신성해졌다. 떡과 포도주가 신성해졌으며, 사제의 동작이나 제의적 문구도 신성해졌다. 성직자라는 신성한 사람들과 주교, 사제, 부제라는 성직이 생겨났다. 성직을 수여하는 안수 의식도 신성해졌다. 이와 함께 일곱 가지 성사가 정해졌다. 로마 주교는 극단적으로 신성해져서, 교황이라는 이름으로 그리스도의 현현처럼 높여졌다. 마리아는 성모로, 위인들은 성인으로, 교회당도 성당으로, 그 안에 있는 상들은 성상으로 성별되었다. 미사도 신성한 제의로 바뀌었고, 바티칸을 정점으로 하는 거대한 가톨릭교회는 성교회로 여겨졌다. 신성한 날짜가 정해졌고, 신성한 절기가 정해졌다. 온갖 종류의 신성한 것들이 교회와 일상을 뒤덮었다. 참 거룩 대신 제의적 신성함으로 꾸민 것이다.

종교개혁은 이러한 신성한 것들을 미신적인 것이라며 개혁의 칼을 들이댔다. 제단, 촛불, 성상 등이 사라졌으며, 성모 및 성인 숭배도 사라졌다. 교황도 거부되었다. 성사는 일곱 가지에서 두 가지로 축소되었다. 많은 신성한 것이 제거되었다. 허나 이러한 개혁은 미진했다. 교회의 거룩성을 온전하게 드러내는 데는 실패했기 때문이다. 그러자 개신교회는 발 빠르게 재신성화의 길에 들어섰다. 우선 성서를 신성화했다. 성서 구절은 맥락에 관계없이 그 자체로 진리를 드러낸다고 믿었으며, 나중에는 토씨 하나까지 영감되었다는 축자영감설이 등장했다. 아울러 목사의 설교가 신성해졌다. 그래서 설교는 거룩한 하나님의 말씀으로 여겨졌다. 만인제사장직을 고수한 개신교회는 처음에는 성직자를 거부했으나 점차 이것도 받아들였다. 그래서 목사를 거룩한 주의 종이라 칭하기 시작했다. 교회당도 신성해지고, 주일도 신성해졌다. 기도하고, 찬양하고, 말씀을 읽는 행위도 세속적 활동보다는 신성한 것으로 여겨졌다. 개신교회 역시 정도의 차이는 있지만 가톨릭교회와 비슷한 길을 걸어갔다.

### 2) 메가처치의 신성화

사실 메가처치는 기존의 개신교회 전통을 다시 한 번 갱신한 교회다. 그래서 개신교 전통이 신성하게 여겼던 것들을 상당 부분 개혁했다. 과도한 종교적 언어와 표현들을 갱신하고, 지나치게 전통적인 음악 장르도 현대화했다. 건물도 더 이상 중세 고딕 성당을 연상케 하는 양식으로 통일되지 않는다. 거대한 체육관이나 극장, 문화센터 혹은 사무실과 같은 세속적 예배당이 등장했다. 무대 위로는 록밴드가 올라가기도 하고, 예배 때 영화를 보기도 한다. 메가처치는 현대인들의 취향과 정서에 맞지 않는 고리타분한 형식들을 개혁하는 데 많은 노력을 경주했다. 이런 점에서 메가처치는 우상파괴적이다.

하지만 이러한 개혁은 도리어 메가처치를 위기에 빠지게 했다. 그것은 메가처치가 인간의 본성적인 욕구인 신성화에 대한 기대를 채워 주기에는 너무 세속적으로 보인다는 것이다. 지나치게 비종교적인 메가처치는 사람들에게 종교적 영감을 불러일으키지 못하는 것처럼 보인다. 사실 비신성화는 복음이 본래 표방하는 것이다. 그러나 문제는, 복음은 거짓 신성을 참된 거룩으로 바꾸지만 메가처치는 거짓 신성을 파괴만 한다는 데 있다. 메가처치는 세상으로부터의 분리라는 참된 거룩을 보여 주지 못한 채, 그저 외형만 개혁했다.

이 때문에 메가처치의 개혁에는 한계가 있다. 음악 장르가 개혁되었다고는 하지만, 여전히 가사나 내용은 전통적인 찬송가나 복음성가를 그대로 담고 있다. 여전히 십자가는 높이 달리고, 축자영감설은 유지되고, 목사는 거룩한 하나님의 종이며, 목사의 설교는 그 자체로 신성한 것으로 여겨진다. 양식이 바뀌었다고는 하지만, 여전히 교회당은 신성한 종교적 상징이며, 중세적 성상을 대체한 새로운 상징들이 여기저기 나붙는다. 무엇보다도 주일 낮예배는 교인들에게 신성한 시간과 공간으로 확실하게 자리매김하고 있다. 분위기나 형식이 바뀌기는 했어도 말이다. 그래서 여전히 메가처치 교인들은 예배 때 교회당에 모여 교회당 밖을 가리키며 '세상'이라고 부른다. 예배당에 모여 있다는 사실 자체가 세상으로부터 구별된다는 듯 말이다.

### 3) 메가처치의 신, 규모의 신

신성화와 관련해서 메가처치는 전혀 새로운 스타일의 신성을 개발해 냈다. 그것은 바로 규모라는 신성이다. 사람들은 갑자기 큰 규모로 성장한 교회를 보고 '부흥했다'느니 '성령께서 강력하게 역사하신다'고 말한다. 왜 이렇게 생각하는 걸까? 오늘날 메가처치는 특이한 형태의 교회론을 발전시켜 놓았는데, 그것은 교회의 규모가 하나님이 역사하시는 증거인 동시에 참 교회됨의 표지라는 것이다.

앞에서 맥가브란의 교회 성장학의 전제는 하나님 나라의 확장이 교회의 성장과 같다는 것이라고 말한 적이 있다. 그의 뒤를 이은 교회 성장학자들은 맥가브란의 교회 성장을 개교회의 성장으로 바꿔 말하기 시작했다. 이제 개교회의 성장은 기독교 선교 및 하나님 나라의 확장과 동일한 것으로 여겨졌다. 개교회의 성장은 기독교 선교를 확대하는 것이요, 하나님 나라를 확장하는 것이 되었다. 그러니 교회와 목사의 할 일은 오로지 교회를 성장시키는 것이 되었다.

교회의 성장은 이제 건강한 교회의 표지요, 충성스러운 일꾼의 증거가 되었다. 다른 것은 부차적이다. 오로지 교회를 성장시키는 것이 중요하다. 첫째도 교회 성장이요, 둘째도 교회 성장이요, 셋째도 교회 성장이다. 교회의 성장은 마태복음 28장, 마가복음 16장, 누가복음 24장 그리고 사도행전 1장에 나오는 지상 명령의 수행과 동일한 것이 되었다. 그래서 목 좋은 곳에 무조건 예배당을 크게 짓고 빈 자리를 채우는 것이 목사와 교회의 사명이 되었다. 예배당의 텅 빈 자리를 보시면 하나님이 슬피 우신다는 감상주의까지 생겨났다. 교회 성장은 하나님의 영원한 꿈이라고 주장하기까지 한다. 그래서 교회 성장을 방해하는 사람은 하나님을 대적하는 자요, 적그리스도요, 사탄의 종으로 여겨졌다. 목사들이 눈물로 통회하며 자복하는 회개의 제목은 교회를 성장시키지 못한다는 것이다. 성장한 교회는 선한 교회요, 성장하지 않은 교회는 악한 교회다. 교회의 성장은 선과 악을 판단하는 기준처럼 여겨졌다. 교회의 크기가 모든 것을 설명한다. 참으로 메가처치에서 교회의 크기는 교회의 표지 자체가 되어 간다.

거대한 예배당으로 쏟아져 들어오는 인파들, 웅장한 홀에 운집한 거대한 군중, 뜨거운 열기, 힘찬 찬송 소리, 이들에 의해 연출되는 장면은 감격적이다. 사람들은 이 거대한 규모의 군중이 연출하는 스펙터클에 압도된다. 그리고 그곳에 가면 정말 성령께서 운행하시는 것 같은 느낌을 받는다. 이제 규모는 성령의 현존을 느끼게 하며, 교회의 거룩함을 가늠하게 하는 표지처럼 여겨진다. 그러나 오토의 말을 기억하자. 인간은 거대하고 어마어마한 것으로부터 누멘적인 감정을 느낀다고 했다. 종교현상학자들이 한결같이 보고하는 바에 의하면, 인간은 거대함에서 성스러움을 느낀다. 거대한 산, 거대한 강, 거대한 나무, 거대한 바위 등은 일종의 역현力顯으로, 신성한 힘을 방출해 낸다. 종교현상학적으로 봤을 때 크기는 절대로 중립적인 것이 아니라 신적인 것이다. 물론 그 신이란 이교도의 신이다.

메가처치는 성과 속의 변증법을 통해 기묘한 방식으로 성스러움을 드러낸다. 웅장한 모임은 그 자체로 전혀 평범하지 않은 장면을 연출한다. 평범하지 않은 그 무엇인가는 신적인 것이요, 이 신적인 것은 하나님적인 것이요, 성령적인 것이라고 간주한다. 어마어마한 규모의 집회가 사람들에게 전해 주는 전율적 매혹Mysterium Tremendum은 하나님의 역사가 아니라 이교적 종교성일 뿐이다. 거대한 규모의 찬양단, 워십팀, 찬양대, 지축을 울리는 설교자의 마이크 소리, 거대하게 확대된 설교자의 이미지 등, 모든 것이 일상적 공간에서 전혀 체험할 수 없는 비범한 경험이다. 그리고 이것이 메가처치를 신성한 그 무엇이 되게 만든다.

마리아는 자신의 찬가에서 이렇게 노래한다. "능하신 이가 큰 일을 내게 행하셨으니 그 이름이 거룩하시며." 무엇이 큰 일인가? 누가복음 1장의 찬가에서 마리아가 노래하는 "큰 일"이란 "권세 있는 자를 그 위에서 내리치셨으며 비천한 자를 높이셨고 주리는 자를 좋은 것으로 배불리셨으며 부자는 빈 손으로 보내셨" 다는 것이다. 그러나 메가처치의 교인들은 거꾸로 이해한다. 하나님이 작은 교회들을 무너뜨려 메가처치를 더욱 크게 성장시켜 주신 것을 두고 '큰 일'이라고 이해한다. 메가처치의 하나님은 작은 자의 하나님이 아니라 큰 자의 하나님이 되어 간다. 그러는 사이 하나님은 야훼에서 바알과 그모스가 되어 간다.

# 제11장

# 메가처치 예배관 논박(1):
# 삶의 기술, 예배

예배를 '인생 최고의 가치'로 김기현은 정의했다. 예배란 Worth가치와 Ship상태, 활동, 역할 등의 합성어다. 그래서 김기현의 말대로 예배란 가치를 알아보고 그 가치에 합당한 존경을 돌리는 행위를 말한다. 이러한 점에서 영국의 TV 프로그램, "브리튼스 갓 탤런트Britain's Got Talent"는 예배의 훌륭한 예다. 그 프로그램에 출현한 폴 포츠Paul Potts는 휴대폰 판매원이었다. 그런 그가 푸치니의 오페라 "투란도트"에 나오는 '공주는 잠 못 이루고'라는 아리아를 불렀을 때 스튜디오에 모인 관중들은 열광했고, 심사위원 세 명도 충격을 받았다. 그가 노래를 끝냈을 때 여자 심사위원 아만다는 이렇게 말했다. "우리는 지금 작은 석탄 하나를 발견한 것이라고 생각해요. 그것은 이제 다이아몬드로 변할 거예요." 그리고 그는 결국 영예의 1위를 차지하게 된다. 바로 이 장면이야 말로 가치를 알아보고 그에 합당한 존경을 돌리는

Worship 예배의 모범이다.

이처럼 예배란 제의가 아니다. 불가피하게 예배가 제의적 혹은 예전적 형식을 취할 수밖에 없기는 하겠지만, 결코 제의나 예전의 동의어는 아니다. 특히 신구약성서가 가르치는 예배는 단 한 번도 제의와 동일시되었던 적이 없다. 예배의 본질은 바로 가치를 알아보는 것, 곧 가치관과 관계가 있다. 마치 "브리튼스 갓 탤런트"의 관객과 심사위원들이 석탄 속에서 다이아몬드를 발견하듯이 예배란 삶에서 진정 중요한 것이 무엇인지를 알아보는 행위요, 그 가치에 걸맞은 존중과 찬사를 돌리는 행위다. 따라서 어떤 사람이 돈에 목숨을 걸었다면 그는 돈을 예배하는 자요, 명예나 권력 혹은 기타 어떤 것에 목숨을 걸었다면 그것들을 예배하는 자다. 예배를 비일상적이고, 초월적이고, 신비스러운 종교 행위로 보는 것은 예배를 오해한 것이다. 예배란 철저하게 삶과 관계되며, 삶을 살아가는 방식이다. 곧 삶의 기술이다.

## 1. 에덴에서의 예배와 우상 숭배

최초의 예배는 에덴에서 찾아볼 수 있다. 이 예배는 모든 예배의 원형이다.

### 1) 에덴에서의 예배

에덴에서 아담 부부가 드렸을 예배는 어떤 모습이었을까? 예배를 어떤 종교나 제의와 관련지어 생각한다면 에덴에서 예배의 모습을 찾기란 불가능하다. 주기적인 모임도, 모임 장소도, 제사도 없었기 때문이다. 그러나 에덴은 예배가 없었던 곳이 아니라 모든 것이 예배였던 곳이다. 이는 종교나 제의를 넘어선 예배로, 본회퍼Dietrich Bonhoeffer가 장차 오리라고 기대했던 바로 그 '삶으로서의 예배' 였다. 예배란 가장 가치 있는 것을 알아보는 시선이요, 그것을 인정하고 그 가치관을 따라 사는 삶을 말한다. 에덴에서 아담 부부는 야훼 하나님을 가장 가치 있고 위대한 분으로 알아보았으며 이를 인정했다. 그리고 그 가치관을 따라 살았다. 그 증거는 선악과 금령의 순종이었다. 선악과 금령을 순종한다는 것은 하나님이 제정하신 창조 질서를 그대로 받아들인다는 뜻이요, 하나님을 정점으로 하는 가치 체계를 받아들인다는 뜻이다. 그러니까 최초의 인간들은 완전한 예배, 즉 하나님의 명령에 순종하는 삶을 살았던 것이다.

하나님의 통치를 기꺼이 받아들이기로 하자 무한대의 자유가 주어졌다. 동산 각종 나무의 실과는 임의로 먹을 수 있었다창 2:16. 히에로니무스 보슈Hieronymus Bosch가 세 개의 패널을 이어 붙여 그린 "쾌락의 동산Garden of Earthly Delights"에서 좌측 에덴의 정원 패널은 극도로 청교도적이다. 하지만 나는 에덴 동산이 도덕주의자 보슈가 상상하듯 그런 금욕적인 공간이라기보다는 가운데 패널을 장식하는 쾌락의 낙원에 가깝지 않았을까 생각한다. 아담 부부는 에덴에서 허락된 모든 것을 마음껏 누리고, 즐기고, 기뻐했다. 에덴에서의 삶은 한 마디로 안식과 즐김과 누림의 삶이었다.

아담 부부가 에덴의 모든 것을 마음껏 누릴 수 있었던 것은 그들이 지녔던 선한 욕망 때문이었다. 욕망은 아담 부부로 하여금 하나님이 창조하여 선물로 주신 모든 것의 진가를 맛볼 수 있도록 했다. 식욕을 잃은 노인에게 산해진미가 쓸모없듯이, 욕망이 없었다면 에덴 동산은 잿빛 회색지대에 불과했을 것이다. 하지만 하나님이 허락하신 욕망으로 인해 에덴 동산은 총천연색으로 빛날 수 있었다. 선한 욕망은 인간을 만족으로 이끌고, 만족은 기쁨을, 기쁨은 감사를, 감사는 찬송과 예배로 이끌었다. 이러한 누림의 선순환에서 예배는 정점에 자리했다. 예배는 누림이다.

이들에게는 에덴을 다스리라는 통치의 사명이 주어졌는데, 이 사명 역시 예배의 일종이었다. 이들은 자신들의 하나님 야훼의 통치 방식을 본받아서 에덴을 다스려야 했다. 야훼의 통치는 모든 존재에 이름을 불러 주는 통치였다. 야훼는 날아다니는 참새 한 마리의 이름, 그들에게 필요한 양식, 백합화가 입어야 할 옷 그리고 우리의 머리털 숫자까지도 다 아신다. 이러한 야훼의 마음을 한 마디로 정의할 수 있다면, 그것은 아마도 배려심일 것이다. 아담 부부는 바로 이 배려심으로 에덴의 모든 것을 헤아리고, 살피고, 이름을 지어 불러 주어야 했다. 어느 것도 그냥 스쳐 지나가서는 안 되었다. 돌 틈에 끼인 이끼까지도 말이다. 이름을 지어 주는 아담의 행위는 지배와 독재가 아니라 사랑의 행위였다. 또한 아담은 하나님이 자신을 세워 주셨던 그 섬김을 본받아 에덴의 모든 가족을 섬기는 통치를 해야 했다. 그 섬김은 큰 자가 작은 자를 섬기는 것이었다. 바로 이것이 에덴에서 아담 부부가 올려 드렸던 예배였다. 때문에 예배는 사랑하는 것이요 섬김, 곧 서비스다.

에덴의 예배자들에게는 생명나무 열매와 생명수를 먹고 마시는 특권이 주어졌다. 동산 중앙의 생명나무 열매와 강 중앙에서 네 갈래로 나뉘어 흐르는 생명수는 에덴을 생명으로 충만케 했다. 에덴에서의 삶은 생명으로 충만한 삶으로, 무의미, 무가치, 헛됨 등은 찾아 볼 수 없었다. 영화, "신과 함께 가라Vaya Con Dios"에서 아르보Arbo는 어린아이의 눈을 가지고 있다. 어린 아이는 호기심으로 가득 찬 눈을 사방으로 희번덕거리며 모든 것을 주목하고, 신기해하고, 경탄하고, 환호성을 지른다. 그런 아이에게 지루함과 권태는 존재하지 않는다. 아르보에게도 모든 순간은 삶의 경이로 가득 차 있었다. 그래서 그는 사진을 찍을 만한 '결정적 순간'이 언제인지를 찾을 수 없다고 했다. 그리고 바로 이것이 에덴에서의 아담 부부의 삶이었다. 삶의 신비, 생명의 경이, 보석보다 더 소중한 순간들, 참으로 분수처럼 솟구치는 생명의 용출이었다. 그리고 이 모든 것이 생명나무 열매와 야훼의 보좌로부터 흘러나오는 생명수 때문에 가능했다. 예배는 아담 부부로 하여금 생명을 누리도록 했다. 이처럼 에덴에서의 예배는 삶과 완벽한 조화를 이루었다.

### 2) 최초의 우상 숭배

에덴에서의 아담 부부의 삶이 최초의 예배라면, 아담 부부가 선악과를 따먹은 행위는 최초의 거짓 예배, 곧 우상 숭배다. 예배가 가치를 알아보고 이를 인정하는 행위라면, 선악과를 따먹은 행위는 가치를 알아보는 눈에 문제가 생겼음을 의미하며, 엉뚱한 것에 가치를 돌리게 되었다는 뜻이다. 반역 이전에 아담 부부는 하나님께 최고 가치를 두었으며, 하나님의 말씀에 최고 권위를 부여했다. 야훼가 삶의 중심이었다. 하지만 선악과 앞에서, 아담 부부는 야훼의 명령대신 뱀의 거짓말에 최고의 권위를 부여한다. 야훼가 최고의 가치가 아니라, 야훼께서 앉으신 보좌, 쓰고 계신 왕의 면류관, 곧 왕의 지위가 최고 가치가 되었다. 그래서 아담은 하나님이 아니라 하나님의 보좌를 탐내기 시작한다. 그러자 이제 야훼는 못된 독재자요, 악한 방해꾼이며, 귀찮은 라이벌로 바뀌고 만다. 그래서 아담은 끝내 야훼의 등에 비수를 꽂고 왕의 보좌를 찬탈하고 만다. 그러니까 아담의 반역은 새로운 예배 대상을 찾아냈다는 뜻이다. 결국 그의 반역은 우상 숭배 행위였다. 아담의 불순종에는 우상 숭배적 요소가 있었다.

반역과 함께 삶과 예배의 조화는 깨지고 말았다. 아니 삶 자체가 위기를 맞은 것이다. 아담 부부는 하나님의 임재를 기뻐하고 즐거워하기보다 두려워하고 무서워하게 되었다. 그들은 하나님 없는 삶을 바라기 시작했다. 그러나 삶은 하나님의 선물이 아닌가? 하나님 없이 하나님의 선물인 삶을 누릴 수 있겠는가? 불가능하다. 예배의 파괴는 삶의 파괴로 이어진다.

삶의 파괴는 전방위적으로 나타났다. 무엇보다 먼저 누림이 사라졌다. 누림은 욕구-총족의 선순환을 통해 얻을 수 있다. 그러나 반역과 함께 선한 욕망은 탐욕으로 바뀌고 말았다. 탐욕은 만족할 수 없는 무한한 욕망이다. 때문에 누림의 선순환은 욕구-불만의 악순환으로 바뀌었다. 이 악순환 속에서 누림은 영영 사라지고 말았다. 둘째, 섬김이 사라졌다. 큰 자가 작은 자를 섬기는 하나님의 통치 질서는 큰 자가 작은 자를 지배하는 피라미드 모양의 사탄 질서로 왜곡되고 말았다. 셋째, 반역한 후 생명나무로 가는 길은 막히고 생명수의 근원도 끊어지고 말았다. 황폐해진 삶은 생명 없는 사막이 되고 말았다. 반역과 함께 삶은 예배와 조화를 잃고, 심각한 위기를 맞게 된다.

## 2. 헤벨

### 1) 아벨

가인에게 죽임을 당했던 동생의 이름은 아벨이다. 아벨은 히브리어 '헤벨'을 우리식으로 발음한 것이다. 그러면 헤벨은 무슨 뜻인가? 헤벨은 헛됨, 덧없음, 허무함, 무가치라는 뜻이다. 그러니까 아벨은 헛된 자라는 뜻이다. 예수는 아벨을 의인이라 부르시며 그를 순교자의 반열에 올리셨다마 23:35. 그런데 왜 아벨이 헛된 자인가? 그것은 그가 일찍 죽임을 당했기 때문이다. 성서에서 생명은 하나님이 주신 선물이며, 수명은 하나님이 누리게 하시는 향년享年이다. 그런데 아벨은 이 향년을 제대로 누리지 못하고 죽었다. 죽음 때문에 헛된 자가 된 것이다.

일찍 죽임을 당한 아벨의 삶은 공허하고, 부질없고, 덧없는 것이 되었다. 아벨은 죽음으로 말미암아 인생이 헛됨의 나락으로 곤두박질하는 인간 실존의 위기를 적나라하게 보여 준다. 그리고 이것이 "반드시 죽으리라창 2:17"는 하나님의 경고의 의미다. 아벨과 함께 모든 인간은 헤벨이 된다. 그래서 아벨은 모든 죽어가는 인간의 원형이다. 그리고 예수께서도 일찍 죽임을 당하심으로써 헤벨이 되셨다계 5:6, 9.

아담은 흙, 곧 '아다마'에서 유래한 이름이다. 하나님은 흙으로 인간을 만드시고, 그를 에덴의 군주에 봉하셨다. 그러나 에덴의 분봉왕 아담은 하나님을 배신하고 반역을 도모했다. 그가 반역하자 군주의 영화는 사라지고 가치의 추락과 의미의 실종이 엄습했다. 그와 함께 부끄러움과 수치가 그를 뒤덮었다. 동시에 죽음이 인간에게 찾아왔다. 그래서 인간은 이제 다시 자신이 났던 흙으로 돌아가게 되었다. "너는 흙이니 흙으로 돌아갈 것이니라창 3:19." 이 사건에 대해 모세도 이렇게 말했다. "주께서 사람을 티끌로 돌아가게 하시고 말씀하시기를 너희 인생들은 돌아가라 하셨사오니 주의 목전에는 천 년이 지나간 어제 같으며 밤의 한 순간 같을 뿐임이니이다시 90:3-4." 이제 인간은 "아침에 돋는 풀"과 같이 무상한 존재가 되고 말았다. 그래서 모든 인간은 헤벨이다욥 14:1-2; 시 49:12; 90:5-6, 10; 144:4.

## 2) 전도서와 헤벨

전도서 기자 솔로몬은 죽음으로 말미암는 인간 실존의 위기를 누구보다 예리하게 간파해 냈던 사람이다. 그는 전도서의 서두를 이렇게 시작한다. "헛되고 헛되며 헛되고 헛되니 모든 것이 헛되도다전 1:2." 도대체 왜 그는 이토록 심각하게 허무를 노래하는가? 바로 죽음 때문이다. 죽음은 모든 인생을 헛됨과 무無로 돌리는 잔인하고 무서운 권세다. 지혜가 왜 헛된가? "지혜자의 죽음이 우매자의 죽음과 일반"이기 때문이다전 2:16. 평생 쌓은 위대한 업적이 왜 헛된가? 결국 그가 죽으면 그 모든 업적이 아무 수고도 하지 않은 사람에게 돌아가기 때문이다전 2:21. 도대체 사람이 짐승보다 나은 것이 무엇인가? "인생이 당하는 일을 짐승도 당하나니 그들이 당하는 일이 일반이라. 다 동일한 호흡이 있어서 짐승이 죽음같이 사람도 죽으니 사람이 짐

승보다 뛰어남이 없음은 모든 것이 헛됨이로다전 3:19." 참으로 죽음
은 인생의 모든 것을 무로 돌리고 만다.

죽음으로 말미암아 인생이 헛되게 된다는 인식은 전방위적으로
확대된다. 도미노처럼 죽음은 인생과 인생의 모든 것을 무로 만든다.
솔로몬은 지혜를 많이 쌓으려고 노력했다전 2:17-18. 웃음을 논하고 희
락을 연구했다전 2:2. 큰 사업을 했다. 그래서 집을 짓고, 포도원을 가
꾸고, 동산과 과수원을 만들고, 과목을 심고, 삼림을 가꾸고, 이를 위
해 호수도 팠다전 2:4-5. 남녀 노비들을 허다하게 거느리고, 엄청난 소
와 양떼를 가졌고, 은금과 보배도 수집했다전 2:7-8. 노래하는 가수와
춤추는 무희들을 고용하여 날마다 잔치를 즐기고, 천하절색의 미인
들을 처와 첩으로 삼아 육체적 쾌락을 즐기기도 했다전 2:8. 눈이 원하
는 것은 무엇이든 금하지 않았고, 마음이 즐거워하는 것은 무엇이든
막지 않았다. 하지만 그가 내린 결론은 이것이었다. "그 후에 내가 생
각해 본즉 내 손으로 한 모든 일과 내가 수고한 모든 것이 다 헛되어
바람을 잡는 것이며 해 아래에서 무익한 것이로다전 2:11."

예로부터 인생의 무상을 노래하는 시인들은 많았다. 그러나 솔로
몬의 전도서가 더욱 절절한 이유는 그가 그 모든 것을 실제로 누려 보
았기 때문이다. 솔로몬은 모든 인간이 바라는 욕망, 즉 삶의 풍요와
위대함에 대한 갈망을 모두 누려 보았다. 사람들은 삶의 풍요와 위대
함이 자신을 행복하게 해줄 것이라고, 그것이 삶을 구원할 것이라고
믿는다. 그러나 그 모든 것을 겪어 본 솔로몬의 결론은 그렇지 않았
다. 풍요함도 인생을 구원하지 못하고 위대함도 인생을 구속하지 못
한다. 왜냐? 결국 죽기 때문이다. 그래서 그는 헤벨, 헤벨, 헤벨, 헤벨,

그리고 또 헤벨을 외치는 것이다.

### 3) 피조물

아담의 반역은 모든 피조계의 반역이다. 따라서 아담에게 내려진 저주는 모든 피조계에까지 미친다. 유혹의 당사자 뱀도 저주 받았고 애꿎은 땅도 저주 받았다. "땅이 네게 가시덤불과 엉겅퀴를 낼 것이라창 3:18." 예언자 이사야의 말대로 인간의 범죄가 땅을 더럽게 하고 저주에 의해 삼켜지게 했다사 24:5-6. 이스라엘이 범죄할 때면 어김없이 땅이 황무해지고 생축들도 쇠잔해졌다. 바울 사도는 인간의 범죄로 인해 피조물이 당하는 연대적 고통을 놀랍게 잘 보여 준다. 피조물은 인간과 함께 탄식하며 함께 고통받는다롬 8:22.

그렇다면 도대체 피조물들이 당하는 고통은 어떤 것인가? 그것은 피조물이 "허무한 데 굴복"하는 것이다 롬 8:20. 허무는 '마타이오테스'인데 영어로는 vanity, 즉 헛됨, 무익함, 무상함 등을 뜻한다. 계속해서 21절에는 피조물이 썩어짐에 종노릇을 한다고 바울은 말한다. 썩어짐, 즉 '프도라'는 부패, 파괴, 즉 죽음을 뜻한다. 결국 죽음은 인간뿐 아니라 모든 피조물까지도 굴복할 수밖에 없는 가장 크고, 무섭고, 강력한 권세라는 것이다. 이 죽음 때문에 피조물들도 신음하며 고통받는다는 것이다. 만물이 죽음으로 말미암아 헤벨의 위기에 처해 있다.

## 3. 예배를 향한 몸부림

헤벨로 말미암아 위기에 처한 삶, 이제 뭔가 조치를 취하지 않으면
안 되었다.

### 1) 예배 충동

인간 실존과 삶의 위기를 극복하기 위해 취해진 조치가 바로 예배
다. 물론 이 예배는 야훼 예배가 아닌 우상 숭배다. 우상 숭배는 삶을
회복하기 위한 몸부림이요 발악이다. 아담의 반역과 함께 죽음이 들
어왔으며, 이 죽음 앞에서 모든 인간, 삶, 문화, 문명 그리고 피조물
전부는 무화無化될 심각한 위기에 처해 있다. 덧없고 허무한 헤벨이
되고 말 것이라는 실존적 위기의식은 20세기 실존주의자들이 밝혀냈
듯이 인간 내면에 존재하는 우주적 불안Angst의 근원이다. 그리고 바
로 이러한 실존적 위기의식이 인간으로 하여금 필사적으로 '가치'있
는 것을 향해 달음박질하게 만든다. 무화의 심연으로 추락하기 직전
에 위태롭게 서 있는 삶을 구속하기 위한 마지막 수단이 바로 우상 숭
배였다.

가치에 대한 고대적 표현은 '영광'이다. 히브리어로 '카보드' 그리
고 헬라어로 '독사'라는 이 말은 의미와 가치, 생명의 충만한 상태를
가리킨다. 그래서 이것은 헤벨의 반대말이다. 인간이 온갖 종류의 영
광에 그토록 매달리는 것은 결국 자신의 삶을 허무와 덧없음, 무상함
으로부터 구원하고자 하는 필사적인 몸부림이다. 그러나 인간을 구
원할 수 있는 유일한 영광은 하나님의 영광뿐이다. 하지만 인간은 이

사실을 인정하지 않으려 한다. 그래서 인간은 "썩어지지 아니하는 하나님의 영광을 썩어질 사람과 새와 짐승과 기어다니는 동물 모양의 우상으로 바꾸었"다롬 1:23. 혹은 자기들끼리 작당하고 서로 영광을 나눠먹는 식이다. "너희가 서로 영광을 취하고 유일하신 하나님께로부터 오는 영광은 구하지 아니하니 어찌 나를 믿을 수 있느냐요 5:44." 이처럼 우상 숭배란 생명과 의미, 가치로 충만한 에덴의 삶을 회복하고자 인위적으로 만든 장치다.

### 2) 우상 숭배의 작동 원리

우상 숭배에는 두 가지 원리가 작동한다. 하나는 탐욕주의고 다른 하나는 업적주의다. 먼저 탐욕주의를 살펴보자. 탐욕이란 선한 욕망과 구별되는 타락한 욕망이다. 탐욕은 주어진 것을 누리고 즐거워하기보다 주어지지 않은 금지된 것을 원하는 욕망이다. 탐욕은 대상이 모호한 욕망이며, 정체불명의 욕망이다. 따라서 탐욕은 채워지지 않는 욕망이며 만족을 모르는 욕망이다. 탐욕은 인간을 욕구-충족의 선순환이 아니라, 욕구-불만의 악순환에 사로잡히게 만든다. 탐욕은 인간을 누림의 삶과 예배로 이끄는 것이 아니라, 욕망의 노예로 만든다. 욕구가 삶을 위해 봉사하는 것이 아니라, 삶이 욕구를 위해 존재한다. 욕구가 인간 위에 군림하고, 인간은 평생 채우지 못하는 욕구에 복종하며 욕구 충족을 위한 덧없는 몸부림으로 여생을 살아간다. 이러한 탐욕이 투영되어 나타나면 그것이 우상이다. 고래로 우상은 항상 풍요를 상징하는 것이었다. 수십 개의 유방이 달린 아르테미스 여신은 우상이 탐욕의 투영임을 잘 보여 준다. 현대 사회에서 탐욕은 돈과 권력에 투영되어 나타난다. 마르크스주의자들이 잘 지적한 것처럼, 돈과 권력은 현대 사회의 물신物神이다. 이러한 탐욕의 투영과 물신화야말로 가장 원초적인 우상 숭배의 작동 원리다.

우상 숭배를 작동하는 두 번째 원리는 업적주의다. 업적주의는 위대한 업적이 삶을 구원하리라는 망상이다. 죽음으로 말미암아 헤벨로 추락하기 직전에 인간은 업적을 통해 자신의 이름 석 자를 불멸하는 것으로 만들고 싶어한다. 업적주의는 삶보다 업적이 더 가치 있다고 주장한다. 때문에 업적주의는 탐욕주의와 마찬가지로 인간을 삶에서 소외시킨다. 업적주의는 인간의 욕망이 특별히 신이 되고 싶은 영적 욕망과 연관되어 있음을 잘 보여 준다. 업적주의가 투영될 때도 우상을 만들어 낸다. 우상은 위대함이 투영된 대상으로, 항상 위대한 존재로 나타난다. 그래서 우상들은 '큰', '강한' 그리고 '능력이 있는' 존재를 표상한다. 그리고 이 위대한 신이 보잘것없는 인생을 구원해 줄 것이라고 믿는다. 위대한 신을 숭배함으로써 자신도 위대함에 참여할 수 있으리라고 기대하는 것이다. 이것이 우상 숭배의 또 한 가지 작동 원리다.

우상 숭배란 무엇인가? 그것은 단순히 이방인들의 제의가 아니다. 예배와 마찬가지로 우상 숭배는 결국 가치관이다. 탐욕주의와 업적주의로 물든 가치관, 이것이 바로 우상 숭배의 배후에 존재하는 영이고 정신이다. 따라서 우상의 중심에는 이방인들의 가치관이 자리잡고 있다. 에베소 사람들이 유방이 여러 개 달린 아르테미스 여신을 숭배한 것은 그들의 가치관이 다산과 풍요임을 보여 준다. 그리고 이것은 현대 국가의 제1목표인 경제성장주의와 통한다. 또 암몬 사람들이 숭배했던 전쟁의 신 그모스는 전쟁으로부터의 승리가 그들의 가치관임을 보여 준다. 그리고 이것은 오늘날 세계 최고를 추구하는 모든 국가의 경쟁의식과 정확히 일치한다. 월드컵이나 올림픽에서 자국의 선수들이 금메달을 따기를 간절히 염원하는 순간, 우리는 벌써 그모스 숭배와 관계하는 것이다. 우리가 우상 덩어리에 절을 하건 하지 않건 간에, 그러한 정신을 받아들이고 그러한 가치관을 따르는 것이 이미 우상 숭배를 하는 것이다.

### 3) 바벨

바벨탑 건설은 자신의 존재와 삶을 구원하려는 인간 노력의 결정판이었다. 우리는 바벨탑 안에서 모든 이상주의와 유토피아주의의 원형을 발견하게 된다. 풍요와 행복을 가져다주리라 믿고 달음박질하는 전 세계 모든 국가와 국민들은 실상 바벨탑을 쌓는 것이다. 대한민국을 구원할 것이라고 믿는 경제성장률 7퍼센트와 1인당 국민소득 4만 불도 바벨탑일 뿐이다. 그러나 바벨탑은 완성될 수 없다. 바벨탑은 영원히 미완성의 탑으로 남는다. 하나님은 쌓다 만 그 흉물덩어리에 바벨이라고 이름 붙여 주셨다. 이는 매우 의미심장한데, 바벨이란 혼란, 혼돈, 무가치를 뜻한다. 바벨은 헤벨과 비슷한 단어다. 하나님은 헤벨이라는 이름과 비슷한 바벨이라는 이름을 탑에 붙여 주심으로써 일종의 언어유희를 하셨던 것이다. 즉, 바벨탑이 의미하는 바는, 바벨이라는 이름이 보여 주듯, 인류가 쌓는 모든 업적과 명성이 결국 혼란과 혼돈만을 초래하는 헛짓거리일 뿐이라는 것이다.

바벨에서 바벨론이 나왔다. 바벨론은 수메르 지역의 고대 제국 이름이지만 성서에서 바벨론은 세상의 문화와 문명을 한 마디로 압축한 말이다. 그러니까 바벨론은 사탄 나라, 곧 세상의 동의어다. 요한에 의하면 바벨론은 큰 도시며 음란한 여인이다. 그 도시는 "귀신의 처소"요, "더러운 영이 모이는 곳"이며, "각종 더럽고 가증한 새들이 모이는 곳"이다계 18:2. 그 도시의 특징은 음행과 사치다. 그곳으로 온갖 상품이 모여든다. 12절부터 13절에는 이 도시로 모여든 상품 목록이 나열되는데, 각종 금은보화, 옷감, 그릇, 향신료, 음료, 곡식, 가축, 그리고 사람의 영혼들이다. 바벨론은 인간의 영혼까지 거래하는 현대 자본주의의 본질을 날카롭게 보여 준다. 또 이 음녀 바벨론을 치장하고 있는 각종 세마포 및 자줏빛과 붉은빛 옷감 그리고 각양 보석은 탐욕주의로 물든 세상을 상징한다. 바벨론은 역사상 존재했던 탐심으로 가득 찬 모든 도시와 문명을 대표한다.

그러나 이 부유하고 화려하던 도시는 일순간에 불이 붙어 바다로 던져진다. 그리고 영원히 바다 속으로 가라앉고 만다. "큰 성 바벨론이 이같이 비참하게 던져져 결코 다시 보이지 아니하리로다계 18:21." 바벨론, 곧 세상 문화와 문명은 이처럼 마침내 멸망하고 사라지고 말 헤벨이다. 탐욕주의와 업적주의로 만들어 낸 온갖 종류의 우상들은 결국 무너지고, 불타고, 사라지고 말 헛것이다. 때문에 우리는 그런 것들을 의지해서는 안 된다.

우상은 헛것이다. 그래서 숭배할 가치가 없다. 성서가 우상 숭배를 금하는 이유는 그것이 헛것이기 때문이다. 갈멜 산에서 바알을 향해 조롱했을 때, 엘리야는 바알이 헛것임을 알았다왕상 18:27. 기드온의 아버지가 무너진 바알 신상 때문에 집으로 몰려온 동네 사람들에게

"바알이 과연 신일진대 그의 제단을 파괴하였은즉 그가 자신을 위해 다툴 것이니라삿 6:31"라고 말했을 때, 이는 우상이 헛것임을 선언하는 말이었다. 수많은 성서 구절은 우상이 아무 짝에도 쓸모없는 무익하고 헛된 것이고, 바람이고, 무가치한 것임을 폭로한다레 19:4; 삼상 12:21; 대상 16:26; 시 96:5; 115:4-7; 사 44장; 렘10:15; 51:18. 따라서 우상을 숭배하는 자는 바람을 잡으려는 헛짓거리를 하는 자다.

## 4. 야훼 예배

우상 숭배는 대안이 못 된다. 그렇다면 대안은 무엇인가? 그것은 에덴에서의 예배를 회복하는 것이다. 다시 야훼 하나님을 중심으로 하는 가치관과 세계관을 수립하고, 그것에 따라 사는 야훼 예배가 유일한 대안이다. 하지만 야훼 예배는 인간이 고안할 수 있는 것이 아니다. 하나님이 허락하셔야 되는 선물이고 은총이다.

### 1) 최초의 야훼 예배

창세기 4장 26절은 반역 이후, 최초의 야훼 예배가 드려지는 모습을 보여 준다. 그런데 이 구절은 창세기 4장 17절과 미묘한 대조를 이룬다. 다음 두 구절을 비교해 보자.

아내와 동침하매 그가 잉신하여 에녹을 낳은지라.
가인이 성을 쌓고 그의 아들의 이름으로 성을 이름하여 에녹이라 하니라 17절.

셋도 아들을 낳고 그의 이름을 에노스라 하였으며,

그 때에 사람들이 비로소 야훼의 이름을 불렀더라26절.


이 두 구절의 대구對句에 주목하라. 가인은 셋과, 에녹은 에노스와, 도시는 하나님과 대구를 이룬다. 이 대구는 두 족속이 얼마나 반대되는 가치관을 가지고 있는지를 선명하게 부각한다.

가인은 아들의 이름을 하노크라고 했다. 이 이름에는 몇 가지 의미가 있는 데, 그 중 하나가 '시작'이라는 의미다. 한편 셋은 아들의 이름을 에노쉬라고 했는데, 이는 '죽을 수밖에 없는 존재'라는 뜻이다. 참으로 묘한 대조다. 가인은 자신의 아들로부터 바야흐로 새로운 종족과 새로운 시대가 열린다고 확신했다. 반면에 셋은 자신이나 자신의 아들은 근본적으로 죽을 수밖에 없는 유한한 존재라고 인식했다. 완전히 반대되는 관점이다.

이 상반된 관점이 상반된 행위를 낳는다. 가인은 놋 땅에서 성을 쌓았다. 성은 '도시'라는 뜻인데, 이는 항구적 거주지요 정착지를 의미한다. 이는 방황하던 가인이 더 이상 방황하지 않고 한 곳에 정주하기로 결심했음을 뜻한다. 땅은 이제 인간의 항구적인 정착지가 되었다. 아울러서 도시의 이름을 아들의 이름에서 땄다는 사실은 이 도시가 대대손손 자손들에게 물려지기를 바라는 가인의 열망을 보여 준다. 가인의 도시에는 아들과 함께 새로운 시대가 열리며 새로운 세계가 건설되기를 바라는 원대한 포부와 희망이 담겨 있다. 가인은 후손과 도시를 통해 불멸하고자 했다. 이 점에서 도시는 가인의 신神이며 도시 건설은 그의 우상 숭배다.

　그러나 셋은 아들을 낳고서 인생이 그야말로 헤벨헛것임을 절실하게 깨닫는다. 시편 90편에서 모세가 "우리에게 우리 날 계수함을 가르치사 지혜로운 마음을 얻게 하소서시90:12"라고 기도했던 것처럼, 셋은 자신의 날을 헤아려 셀 수 있는 지혜를 가진 자였다. 인생이 그 자체로는 헛것이며 스스로는 구원의 길이 없다는 절실한 깨달음, 바로 여기서부터 하나님의 이름을 부르는 야훼 예배가 시작된다. 야훼가 아니고서는 어디에서도 생명을 얻을 수 없다는 절박한 깨달음으로부터 야훼 예배가 시작된 것이다. 이러한 이유로 하나님의 백성들은 끝까지 나그네로 남는다. 그들은 업적을 쌓기 위해 분주하지 않았고 늘 하나님만 바라보는 삶을 살았다. 그러면서 하나님으로부터 받은 향년을 누렸다. 그들이 향년을 누리는 방식은 하나님의 이름을 부르는 야훼 예배를 통해서였다. 야훼의 이름을 부르며 향년을 누리는 삶, 이는 에덴에서의 예배를 닮았다. 셋의 후예들은 불완전하게나마 에덴에서처럼 예배와 삶을 다시 통합해 나갔던 것이다.

　예배와 삶의 통합을 가장 극적으로 이룩한 사람은 에녹이다. 에녹은 하나님과 '동행'했다. 그리고 이 '동행'이라는 말은 예배와 삶의 통합을 잘 보여 주는 말이다. 이 동행은 그가 셋의 자손들 중에서도 유별나게 야훼 예배에 심취했음을 뜻하며, 나아가 그에게는 야훼 예배가 종교적 제의가 아니라 삶 전반에서 하나님의 뜻을 따라 사는 것이었음을 암시한다. 에녹과 하나님의 동행은 너무도 진지한 것이어서, 결국 에녹은 땅과 하늘의 경계를 넘어 버린다. 막혔던 문을 열고 에녹은 옛 낙원, 에덴으로 사라지고 말았다. 에녹 이후 노아, 요셉, 모세, 다윗 등 모든 하나님의 사람은 항상 '하나님과 동행'하는 삶을 살았다. 하나님과 동행하는 삶이야말로 에덴에서 날마다 올려드렸던 바로 그 예배의 모습이다.

### 2) 족장들의 예배

창세기 12장부터는 아브라함, 이삭, 야곱으로 이어지는 족장들의 이야기가 소개된다. 이들의 이야기는 하나님의 구원의 역사에서 너무나 중요한 위치를 차지한다. 하나님은 세상과 구별되는 대조 공동체를 성별하심으로써, 이들을 통해 세상을 구원할 계획을 이루기 시작하신다. 이들은 직접적으로는 출애굽한 이스라엘 백성의 선조요, 멀게는 기독교회의 조상들이기도 하다. 때문에 그들이 드렸던 예배는 교회가 드려야 할 예배의 모범이라고 할 수 있다.

족장들의 예배는 철저하게 반反제의적이었다. 창세기 15장에 나오는 아브라함의 짐승 제사와 족장들이 이동할 때마다 쌓았던 돌단을 제외하면, 족장들의 이야기에서 제의를 찾아내기란 거의 불가능하다. 제의가 없다고 해서 그들의 삶에 예배가 없다고 할 수는 없다. 족장들의 예배는 제단을 쌓고 희생 제사를 드리는 것을 넘어서 있다. 예배는 그들 삶의 전 영역에 광범위하게 퍼져 있었으며, 바로 에녹과 노아가 드렸던 삶의 예배 곧 '하나님과 동행하는 삶'의 예배였다.

하나님과 동행함이란 무엇인가? 큐티하고, 혼자서 기도하는 것인가? 아니다. 하나님이 원하시는 대로 사는 것을 말한다. 하지만 이것은 결코 쉬운 일이 아니다. 하나님은 세상과 다른 방식대로 살 것을 요구하셨기 때문이다. 예컨대, 아브라함에게는 모든 것을 다 내려놓고 하나님의 약속만 절대 신뢰하는 삶을 살라고 요구하셨다. 이삭에게는 원수들의 부당한 처사에 맞대응하지 말고 복수의 권리를 하나님께 넘기라고 요구하셨다. 야곱에게는 형의 자리에 올라가려 하지 말고 도리어 아래로 내려가는 삶을 살라고 요구하셨다. 이러한 요구는 도무지 상식적이지 않다. 하지만 이러한 삶이 바로 하나님이 요구하시는 삶이요, 세상과 분리되는 거룩한 삶이었다. 물론 이러한 삶을 살기 위해 그들은 철저히 하나님의 말씀을 붙들어야 했다. 어쨌거나 족장들의 예배란 바로 세상과 분리된 삶을 사는 것으로 나타난다.

족장은 아니지만, 요셉의 삶은 참 예배가 무엇인지를 여실히 보여 준다. 우선 그는 족장들과 달리 하나님과 직접 대면한 기록이 전혀 없다. 야훼께 단을 쌓아 제사를 올렸다는 기록도 전무하다. 또 애굽과 지리적으로 분리되지도 않았으며, 족내혼의 원칙도 깨뜨렸다. 애굽의 제사장 보디베라의 딸과 결혼했던 것이다. 그가 얻은 새 이름은 야훼가 아니라 애굽의 바로가 지어 준 이름이다. 이처럼 요셉은 하나님이 족장들에게 요구하셨던 거룩의 원칙, 곧 세상과 분리되는 원칙을 하나도 지키지 못했다. 어떤 점에서 봤을 때 그는 대단히 부정한 자요, 세속적인 인간이었다. 그런데도 불구하고 창세기 기자는 요셉이 항상 하나님과 동행했으며, 하나님께 은총을 입었노라고 기록한다창 39:2-3, 21, 23.

특히 그가 보디발의 아내의 유혹을 이겨 내는 장면은 대단히 인상적이다. 왜냐하면 그 유혹을 이겨 낼 수 있었던 이유가 하나님과의 동행 때문이었음을 알 수 있기 때문이다. 유혹을 만난 요셉은 "내가 어찌 이 큰 악을 행하여 하나님께 죄를 지으리이까창 39:9"라고 하며 물리친다. 이는 38장에 나오는 유다의 모습과 너무나 상반된다. 유다는 지리적으로 애굽과 분리된 가나안 지역에 살았으며, 나름대로 며느리 다말에게 계대혼繼代婚의 의무를 지키려고 노력하기도 했다. 하지만 자신의 의무를 끝까지 이행하지 않았다. 또 타인의 눈을 피해 은밀하게 매매춘을 시도했다. 그러다가 며느리와 통간하는 범죄를 행하고 만다. 결국 요셉의 행실을 통해 드러나는 것은 무엇인가? 하나님이 원하시는 예배는 겉으로 치장하는 종교적 제의가 아니라 야훼신앙이 표현되어 나타나는 거룩한 삶인 것이다. 이러한 반제의적인 요셉의 예배는 나중에 예수 그리스도에게로 이어진다.

### 3) 이스라엘 백성의 예배

하나님이 이스라엘 백성을 애굽에서 탈출시키신 이유 중 하나는 예배 공동체를 이루시기 위해서다. 그래서 모세는 여러 차례 바로에게 광야에서 하나님께 예배를 드릴 수 있도록 이스라엘 백성을 보내달라고 요구했던 것이다출 5:1; 7:16; 8:27. 그리고 과연 시내 산에서 이스라엘 백성들은 하나님께 예배를 드렸다. 이 시내 산 예배는 구약의 성전 예배의 원형이 된다. 그래서 예수 그리스도께서 오셔서 개혁하실 때까지, 시내 산에서 받았던 명령을 따라, 이스라엘 백성들은 희생제사를 통해 하나님께 예배를 드렸다. 분명 희생 제사는 구약 예배의 중요한 제의적 형식이었다.

그러나 제의는 시내 산 예배의 본질이 아니었다. 시내 산에서 하나님이 이스라엘 백성에게 내려주신 토라의 핵심은 바로 십계명이다. 십계명은 돌판에 새겨지기 전에 시내 산에 강림하신 하나님의 육성으로 선포된 명령이다. 이 십계명이 요구하는 핵심은 무엇인가? 그것은 바로 하나님이 원하시는 삶이다. 그 옛날 아담 부부가 야훼의 명령을 최고법으로 여기고 순종하며 살았던 것처럼, 하나님은 이스라엘 백성이 십계명을 최고법으로 여기며 살 것을 요구하셨다. 스탠리 하우어워스Stanley Hauerwas가 잘 지적한 대로, 십계명은 "현세의 문화에 대항하며 살아가게 만드는 삶의 방식"이다. 결국 하나님이 원하시는 것은 삶이다. 그리고 이 삶이 바로 예배다.

그러나 이스라엘 백성들은 이러한 하나님의 본뜻을 깨닫지 못한 채 예배를 점차 삶에서 분리하고 종교적 제의로 대체하고 말았다. 삶 따로, 예배 따로. 그러다가 나중에는 삶에서 지은 죄를 제사로 덮는 전형적인 이방 종교의 모습을 취하게 된다. 타락한 예배는 항상 면죄부 노릇을 한다. 면죄부는 중세 가톨릭교회에만 존재했던 것이 아니다. 고래로 양심의 꺼림칙함을 희생 제물로 땜하려는 모습은 항상 나타났는데, 이는 종교를 부패시키고 예배를 타락시키는 주원인이다. 이를 보고 전도자는 이렇게 통렬하게 비판한다. "어리석은 사람은 악한 일을 하면서도 깨닫지 못하고 제물이나 바치면 되는 줄 알지만, 그보다는 말씀을 들으러 갈 일이다전 5:1, 새번역.

구약시대 때 희생 제사는 점차 면죄부로 전락하고 만다. 그래서 제사는 토라를 마음껏 어길 수 있는 길을 활짝 열어 놓게 된다. 죄를 지어도 희생 제사 한 번 드리면 그만이었기 때문이다. 이런 모습을 보면서 예언자들은 분노한다. 이사야는 말한다. 소를 잡는 것은 살인이고, 양으로 제사드리는 것은 개의 목을 꺾는 것이다사 66:3. "헛된 제물을 다시 가져오지 말라. 분향은 나의 가증히 여기는 바요사 1:13." 또 아모스는 말한다. "내가 너희 절기들을 미워하여 멸시하며 너희 성회들을 기뻐하지 아니하나니, 너희가 내게 번제나 소제를 드릴지라도 내가 받지 아니할 것이요, 너희의 살진 희생의 화목제도 내가 돌아보지 아니하리라암 5:21-22.” 그러면서 부탁하시기를 ‘제발 너희 노래 소리를 그치고 악기와 주악, 성가대도 그치라. 더 이상 못 들어 주겠다’고 하신다. 예레미야의 예언은 예배를 향한 하나님의 뜻을 잘 설명해 준다. “사실은 내가 너희 조상들을 애굽 땅에서 인도하여 낸 날에 번제나 희생에 대하여 말하지 아니하며 명령하지 아니하고 오직 내가 이것을 그들에게 명령하여 이르기를, 너희는 내 목소리를 들으라. 그리하면 나는 너희 하나님이 되겠고 너희는 내 백성이 되리라. 너희는 내가 명령한 모든 길로 걸어가라. 그리하면 복을 받으리라렘 7:22-23.”

미가는 말한다. “내가 무엇을 가지고 야훼 앞에 나아가며 높으신 하나님께 경배할까, 내가 번제물로 일 년 된 송아지를 가지고 그 앞에 나아갈까? 야훼께서 천천의 숫양이나 만만의 강물 같은 기름을 기뻐하실까? 내 허물을 위하여 내 맏아들을 내 영혼의 죄로 말미암아 내 몸의 열매를 드릴까미 6:6-7” 미가가 깨달은 참 예배란 이것이다. “야훼께서 네게 구하시는 것은 오직 정의를 행하며 인자를 사랑하며 겸손하게 네 하나님과 함께 행하는 것이 아니냐미 6:8.” 그렇다. 참 예배란 결국 하나님과 동행하는 삶이다. 아모스는 이런 식으로 바꾸어 설명한다. “오직 정의를 물같이, 공의를 마르지 않는 강같이 흐르게 할지어다암 5:24.” 이 모든 예언자의 가르침을 가장 잘 요약하는 말씀이 바로 호세아 6장 6절이다. “나는 인애를 원하고 제사를 원하지 아니하며, 번제보다 하나님을 아는 것을 원하노라호 6:6.” 예배의 본질은 자비를 베푸는 삶이다.

## 5. 예수와 예배

### 1) 요한복음의 예배신학

예수의 예배관은 철저하게 예언자적 전통에 서 있다. 예수는 "나는 인애를 원하고 제사를 원하지 아니하며, 번제보다 하나님을 아는 것을 원하노라호 6:6"라는 호세아의 예언의 말씀에 완전히 사로잡혀 계셨다. 그 옛날 애굽 땅에서 자신의 삶을 통해 참 예배의 모습을 드러냈던 요셉처럼, 예수께서도 악하고 음란한 세대 가운데서 자신의 언행을 통해 참 예배의 모습을 드러내셨다. 요컨대, 예수의 예배관은 철저하게 반제의적이었으며, 그분은 삶과 예배의 통합을 위해 노력하셨다. 그리고 이러한 예수의 예배관이 당시에는 무척이나 급진적이고 파격적인 것이었다.

내가 생각할 때, 예수의 급진적인 예배관을 가장 잘 나타내 보여 주는 책은 요한복음이다. 요한복음이 가르치는 예배신학은 놀라울 정도로 급진적이다. 이것은 예수의 제의 없는 예배의 정신을 더욱 발전시킨다. 예수는 수가 성 여인에게 머지않아 참 예배를 드릴 때가 온다고 하셨다요 4:21-23. 그리고 요한은 예수의 부활과 함께 참 예배를 드릴 때가 되었음을 선언한다. 이것이 "나의 주님이시요 나의 하나님이시니이다요 20:28"라고 했던 도마의 고백의 의미다. 그렇다면 참 예배란 무엇인가? 그것은 제의적인 예배가 아니라, 삶과 완벽하게 일치하는 예배를 말한다. 따라서 요한복음은 삶이 예배로부터 소외되기 이전의 에덴의 상태로 돌아가는 길을 알려 주는 것이다.

요한에 의하면, 참 예배는 "영과 진리"로 드리는 예배다요 4:23-24.

예배는 육이 아니라 영으로 드려야 한다. 육은 무엇인가? 그것은 제의 혹은 형식을 말한다. 언제나 영이란 형식을 뛰어 넘는다. "바람이 임의로 불매 네가 그 소리는 들어도 어디로 와서 어디로 가는지 알지 못하나니 성령으로 난 사람도 다 그러하니라요 3:8." 바울도 이렇게 말한다. "율법 조문은 죽이는 것이요 영은 살리는 것이니라고후 3:6". 예배는 제의가 아니라 삶이다. 그래서 바울은 "그러므로 형제들아 내가 하나님의 모든 자비하심으로 너희를 권하노니 너희 몸을 하나님이 기뻐하시는 거룩한 산 제물로 드리라. 이는 너희가 드릴 영적 예배니라롬 12:1"고 했던 것이다.

예수와 함께 형식은 무너졌다. 성전에 집착하는 자는 육에 매인 자다. 영적 예배자는 성전을 필요로 하지 않는다. 성전은 무너져야 하며요 2:19, 예수의 육체가 참 성전이 된다요 2:21. 예배 장소도 고정될 수 없다. 사마리아든 예루살렘이든, 장소가 중요한 것이 아니다. 중요한 것은 영과 진리로 드리느냐이다. 또 침례/세례의 형식에 집착하는 자도 육에 매인 자다. 요한복음은 예수께서 침례/세례를 받으시는 장면이나 제자들에게 침례/세례를 주라는 명령이 없는 특이한 복음서다. 침례/세례보다 중요한 것은 거듭남이다요 3:5. 안식일도 중요하지 않다요 7:23-24. 안식일이란 선을 행하는 날이지 무조건 일을 쉬는 날이 아니다. 심지어 유월절 만찬도 중요한 것이 아니다요 13:1, 4. 요한복음은 예수의 마지막 만찬이 유월절이 아니라 유월절 전날에 있었다고 말함으로써요 13:1, 3, 신학자들이 골머리를 앓게 만든다. 왜 요한은 마지막 만찬을 유월절 만찬이 아니라 평범한 식사로 만들어 버렸을까? 모르긴 해도 요한은 성찬이 제의화되는 것을 막고 싶었던 것 같다. 중요한 것은 제의나 형식이 아니라 영이다. 그래서 요한은 예수의 만찬이 일상적인 식사였음을 강조한 것이리라. 이는 요한의 예배신학, 곧 참 예배란 예배와 삶이 완전히 일치되는 것이라야 한다는 생각을 잘 나타내는 방식인 셈이다.

### 2) 구원의 길, 예배

요한복음에 따르면, 세상은 큰 곤경에 빠져 있다. 왜냐? 첫째로, 세상은 온통 어두움에 휩싸여 있다요 1:5. 이유는 그들이 하나님으로부터 멀어져서 하나님을 알지 못하기 때문이다. 그래서 세상은 눈은 떴으나 보지 못하는 소경이다. 자신이 보지 못한다는 사실도 알지 못하는 지독한 소경이다. 둘째로, 세상은 끔찍한 갈증과 배고픔에 시달린다. 가나의 혼인잔치에서 보여 주듯 세상은 포도주가 떨어진 잔치와 같고요 2:3, 우물물을 마셔 보지만 금세 다시 목마른 수가 성 여인과 같다요 4:13. 오병이어 사건이 보여 주듯, 세상은 밥 때가 되어도 밥 한 그릇 얻어먹지 못하는 불쌍한 자들이다요 6:5. 세상은 마셔도 마셔도 목마르고, 먹어도 먹어도 배고프다. 지독한 갈증과 끔찍한 기근으로 고통당한다.

셋째로, 세상은 죽음의 권세에 굴복한다. 일찍 죽어 버린 나사로는 헤벨이 되고 말았다. 모든 인간을 헤벨로 만드는 죽음의 권세가 세상을 뒤덮고 있고, 이것이 분하고 슬퍼서 예수는 우셨다요 11:38. 넷째로, 죽음으로 말미암아 헤벨이 될 위기에 처한 세상은 이를 해결하기 위해 허망한 업적주의에 사로잡혀 있다. 그래서 예수의 동생들은 형 예수에게 자고로 사람은 큰물에 가서 놀아야 하는 법이라고 조언했고요

7:6, 가룟 유다도 예수께 한번 뜨시라고 권했다. 세상의 정신은 자기 이름을 드러내는 것이다요 14:22. 세상은 늘 자기 영광만을 구하며 하나님의 영광을 구하지 않는다요 7:18. 다섯째로, 이 세상은 결국 마귀의 나라다. 세상의 임금은 마귀며요 12:31, 마귀가 세상을 다스린다. 세상에 속한 인간은 불행히도 마귀를 아버지로 둔 마귀의 자식이다요 8:44.

이러한 곤경은 아담의 반역 이후 인간에게 내려진 저주로 인한 것이다. 그런데 주님은 이 끔찍한 고통을 해결하셨다. 주님이 사람의 몸을 입고 이 땅에 오시고 죽으셨다가 부활하신 것은 결국 인간을 건져 주시기 위해서다. 이러한 인간 구원의 웅장한 선포는 특별히 예배의 현장에서 울려 퍼진다. 예배는 구원의 자리다. 이는 첫째, 예수께서 예배의 대상이 되어 우리를 하나님께로 인도하시기 때문이다. 예수는 하나님을 모르는 세상에서 눈에 보이는 하나님이 되셨다. 예수를 보는 자는 하나님을 본다. 그래서 도마는 예수가 우리의 주님이요 우리의 하나님이라고 고백했던 것이다. 예배의 대상을 몰라 예배를 잃어버린 세상에서, 예수는 참 예배의 대상이 되심으로 예배를 회복하신다. 둘째, 예수는 스스로 하나님과 세상의 연결고리가 되심으로써, 끊어졌던 생명의 강을 연결하시고, 막혔던 생명나무로 돌아갈 길을 열어 주신다. 이와 함께 생명수와 생명양식이 주어진다. 진정 예수는 길이요, 진리요, 생명이시다. 예수를 예배할 때 우리는 고질적인 기근과 기갈에서 해방된다.

셋째, 예수는 부활이 되심으로써 죽음을 추방하신다. 죽음의 추방과 함께 인간은 헤벨의 저주로부터 풀려난다. 예수와 함께 인간, 삶,

문명, 문화, 온 피조물은 영원히 헤벨의 위협으로부터 자유하게 되었다. 넷째, 예수는 가짜 영광이 아니라 참 영광을 드러내신다. 예수는 자신의 영광을 위해서는 아무 말도 행동도 하지 않으셨다. 오로지 하나님께만 영광을 돌리는 삶을 사셨다. 이로써 예수는 허망한 업적주의를 무너뜨리시고, 하나님께만 영광을 돌리는 참 예배와 참 삶의 본을 보이셨다. 예배의 자리에서 우리는 진정으로 추구할 참 영광을 본다. 다섯째, 예수는 세상을 이기시고요 16:33 마귀를 멸하셨다요일 3:8. 참 임금 예수가 오심으로써요 18:37 거짓 임금은 쫓겨난다요 12:31. 예수께서 십자가에 달리시고 부활하심으로써 세상은 패한다. 성령께서 오실 텐데, 그분이 세상을 책망하실 것이고요 16:8 바로 그때 세상 임금은 심판을 당할 것이다요 16:11. 세상 임금이 쫓겨나고 새 임금이 세상을 다스리게 되었다. 제자들이여, 세상을 두려워 말라. 우리의 임금이 세상을 이기셨다.

### 3) 저녁 식사와 예배

이처럼 예배는 곤경으로부터 구원이 선포되는 자리요, 인간 구원의 현장이다. 예수는 바로 이 예배를 회복하시기 위해 이 땅에 오셨다. 그렇다면 예수께서 회복하신 예배는 구체적으로 어떤 모습이었는가? 그것은 놀랍게도 제자들과 함께 나누셨던 식사 모임이었다. 희생 제사도 아니고, 웅장한 대성당 안에 집전된 장엄미사도 아니며, 엄청나게 운집한 군중을 향해 복음을 토해 내는 야외 집회도 아니었다. 놀랍게도 예수는 자신이 가장 사랑하는 열한 명의 제자들과 조촐하게 나누는 식사 모임을 새로운 예배의 형식이라고 가르쳐 주셨다.

초대교회의 예배는 예수와 제자들이 나누었던 마지막 만찬에서 기원한다. 공관복음서는 이 만찬이 유월절 만찬이었음을 밝히는데, 이는 예수께서 우리를 대신해서 피를 흘리신 유월절 어린양이 되셨다는 사실을 강조하기 위해서다. 그러나 마지막 만찬이 지나치게 제의적 식사로 해석될 것을 우려해서였는지는 몰라도, 요한은 이 만찬을 평범한 식사로 바꾸어 버렸다. 평범하게 모여서 밥을 먹었던 그 자리가 바로 최초의 예배가 탄생한 자리였음을 말하고 싶었던 것 같다. 초대교회는 함께 모여 떡을 떼면서 교제하고 예배를 드렸다. 시간이 가면서 기도와 말씀, 찬송이 덧붙여져서, 1부 말씀예배, 2부 성찬예배라는 형식으로 발전해갔지만, 언제나 초대교회 예배의 핵심은 성찬 곧 식사 나눔이었다. 그리고 이 식사 나눔의 현장에서 앞서 말한 인간 곤경이 극적으로 해결되는 구원의 역사가 일어났다.

최초의 예배 형식이 식사 나눔이었다는 사실을 어떻게 받아들여야 할까? 현대 교회도 모든 예배의 형식을 없애 버리고 몇 명이 둘러앉아 밥을 먹기만 하면 초대교회의 예배가 회복되는 것일까? 철저하게 형식을 벗어난 탈형식적인 예배를 드리겠다는 시도는, 옷을 다 벗어버리고 즉시 에덴에서의 생활을 살아 보자고 제안했던 아담파와 같은 오류를 범하는 것이리라. 예배에서 모든 형식을 제거해 버린다면, 아무 것도 남지 않을 것이다. 언젠가는 에덴에서의 예배를 드릴 수 있을 것이라고 소망하지만, 지금 이 땅에서는 모종의 예배 형식을 취할 수밖에 없다. 어떠한 형식을 취할 것인가도 중요한 문제이지만, 여기서는 논외로 하겠다. 예배의 본질과 내용에 집중해 보자.

놀라울 정도로 탈형식적이고 반제의적인 이러한 최초의 예배는 예배자들로 하여금 철저하게 본질에 집중하도록 만들었다. 본질은 무엇인가? 초대교인들이 예배의 본질로 여겼던 것은 다음 세 가지였다. 첫째 '예수 먹기'였다. 예배, 특히 성찬은 예수를 먹는 시간이었다. 예수는 자신을 먹으라고 하셨으며, 초대교인들은 예수를 먹는다는 말을 너무도 실제적으로 이해했다. 그래서 초대교인들은 식인종이라고까지 불렸다. 예수는 생명의 양식이다. 이 양식은 다시는 목마르지도 배고프지도 않는 영원한 양식이다. 또 예수의 살과 피는 부활의 소망을 북돋우는 불사의 영약이다. 예배는 바로 이 양식을 먹는 시간이었다. 예배자들은 예수를 먹음으로써 예수를 알고 예수와 연합했다. 그리고 예수와의 연합은 곧 하나님과의 연합으로 나아갔다. 성찬의 자리에서, 예배자들은 하나님 앞에서 먹고 마셨으며 예수와 연합함으로써 하나님과 연합했다. 성찬의 자리는 그 옛날 이스라엘의 칠십 장로가 하나님 앞에서 먹고 마셨던 언약적 식사출 24:11가 진화한 자리였다.

예수를 먹은 신자들은 이제 '예수 되기'에 참여한다. 예수를 먹는다는 말은 예수의 살로 자신의 몸을 채우고 예수의 피로 자신의 혈관을 채운다는 뜻이다. 이것은 이중적인 의미를 지니는데, 먼저 예배자 개인이 예수처럼 되는 것을 의미했다. 믿음의 결단과 예배의 모임은 신자 개인에게 엄청난 체질 변화를 야기했다. 바울은 여러 곳에서 이러한 체질 변화를 암시했다. 신자는 침례/세례 때 이미 죽었다. 그리고 다시 살아났을 때는 더 이상 이전의 신자가 아니다. 예수께서 그 속에서 다시 사신 것이다갈 2:20. 우리 안에 주님이 계시므로 우리 몸이 성전이다고전 3:16. 따라서 우리 몸은 우리의 것이 아니다고전 6:19.

우리의 몸이 예수의 것이기 때문에 우리 몸을 예수로 만들어야 한다. 즉 예수를 먹음으로써, 예수로 재탄생하고 재성육신reincarnation해야 한다. 그래서 예배자들은 성찬을 할 때 살아 계셨을 때의 예수와 똑같이 말하고 행동하도록 요구받는다.

그 다음으로 예수 되기는 공동체적 차원에서도 이루어져야 한다. 여러 예배자는 예수의 한 몸을 찢어서 나누어 먹은 것이다. 한 사람 예수의 몸을 함께 먹었기 때문에, 모든 예배자는 예수의 몸의 일부가 된다. 공동체는 예수라는 큰 몸을 이루는 지체가 되는데, 이것이 바울이 말하는 그리스도의 몸으로서의 교회다. 즉 예수 되기는 개인적인 차원과 공동체적 차원에서 동시에 이루어져야 했다. 성찬은 교회로 하여금 예수와 영락없이 똑같이 말하고 행동하도록 요구하고 명령한다. 예수 되기는 함께 만들어가야 하는 공동 과제다.

셋째, 이제 신자들은 '예수 살기'에 참여한다. 예수를 먹고 예수가 된 이유는 예수처럼 살기 위해서다. 예수께서 아버지께로 가시고 성령을 보내신 이유도 바로 이것이다. 곧 이 땅에 예수가 여럿이 되게 하는 것 말이다. 신자와 교회는 예수께서 이 땅에서 행하셨던 것처럼 말하고 행동해야 한다. 그래서 온 땅에 예수가 가득하게 해야 한다. 이것이 그리스도의 몸을 먹는 성찬 때 상기되는 것이다. 그리스도인들은 자신도 예수고, 서로 예수다. 지극히 작은 자도 예수다. 아내에게는 남편도 예수고, 종들에게는 상전도 예수다. 누구에게든 서로 예수이기 때문에, 예수께 하듯 서로 대해야 한다. 성찬은 이제 모든 그리스도인의 관계와 기독교 윤리가 예수의 몸에 기초하고 있음을 지속적으로 상기시킨다.

이상에서 보듯, 초대교회에서 예배는 결코 제의적인 문제가 아니었다. 철저하게 새로운 삶이요, 새로운 생명의 문제였다. 삶과 예배는 분리되지 않았으며 완전한 통일을 이루었다. 거룩함은 삶과 분리되지 않고 삶 속에 침투하여 거룩한 삶을 만들었다. 세상에 있지만 세상에 속하지 않는 참된 거룩성이 예배를 중심으로 이루어졌다. 본회퍼가 기대했던 거룩한 세속성이 3세기 동안 초대교회의 삶 속에 나타났다. 참으로 예배는 삶의 기술이었다.

# 메가처치 예배관 논박(2) : 우상을 예배하는 메가처치

메가처치의 예배는 '예배와 삶의 조화'라는 구약의 예언자들과 예수 그리스도의 가르침에서 벗어나 있다. 예배는 삶과 분리되어 있으며, 예배자의 삶에 아무런 영향도 미치지 못한다. 사실 이것은 메가처치만의 문제가 아니다. 아주 일찍부터, 그러니까 교회가 예배를 종교적 제의로 이해하고 대체하는 순간부터 벌어진 일이다. 그러나 메가처치는 시대적 상황과 그 비범한 크기 때문에 문제가 더욱 극단적으로 노출된다.

## 1. 애굽에서 드리는 예배

누가 예배를 드릴 수 있는가? 예배는 에덴으로 되돌아가는 삶을 말한다. 따라서 예배는 사탄의 나라인 세상에서 빠져 나오지 않고서는 드릴 수 없다. 출애굽기에서, 시내 산 예배가 애굽이 아닌 광야에서 드려졌음에 주목해야 한다. 바로는 애굽에서 예배를 드리거나, 떠나더라도 멀리 가지는 말라고 했다출 8:28. 그러나 하나님은 애굽에서 석 달길 정도 떨어진 시내 산에서 예배를 드리도록 명하셨다. 하나님이 시내 산에서 당신의 백성들을 부르셨기 때문에, 그곳에 가지 않는 자는 예배의 자리에 참석할 수 없었다. 즉, 애굽에 남아 있는 자들은 절대로 참석할 수 없었다. 반드시 애굽을 탈출한 자라야 예배에 참석할 수 있었다. 최초의 기독교 예배도 마찬가지다. 오직 열두 명만, 그 중 가룟 유다가 만찬 도중에 빠져 나갔으니, 열한 명만 만찬에 참여했다. 주님은 열한 명의 제자들을 가리켜 말씀으로 깨끗해진 거룩한 백성들이요요 15:3, 세상의 미움을 받는 세상으로부터 분리된 자들이라고 말씀하셨다요 15:19. 만찬은 세상과 분리된 자만 나눌 수 있었다. 이 때문에 초대교회의 집사는 예배가 시작되면 문을 걸어잠갔다. 예배는 철저히 신자들만 참석할 수 있었으며, 아직 침례/세례를 받지 못한 입교 후보자들까지도 성찬 예배에는 참석할 수 없었다.

그러나 오늘날 메가처치는 신자나 불신자가 차별 없이 드리는 예배를 시도한다. 배교자를 받아들일 것인지를 놓고 논쟁하면서부터 교회의 예배는 서서히 개방되기 시작했다. 콘스탄티누스 이후 교회는 국가 교회로 변모했으며, 시민이라면 누구라도 예배에 참석할 수 있을 뿐만 아니라 의무적으로 참석하는 것으로 바뀌었다. 예배는 세상과의 구별과 무관한 것이 되었다. 특히 18-19세기 대부흥 운동가들의 전도 집회 이후 예배는 불신자에게 복음을 선포하는 시간과 같이 여겨졌다. 그래서 불신자들이 교회에 출석하여 예배하는 것은 당연할 뿐만 아니라 권장할 만한 것으로 여겨졌다.

이제 메가처치에 이르러서 불신자들은 주일 낮예배의 주인공으로 여겨진다. 소위 구도자 예배라고 하는 아예 불신자들만 드리는 예배를 제안하기에 이르렀다. 그래서 구도자 예배에서는 불신자들은 앉아서 예배를 드리고 기존 신자들은 서서 봉사하거나 다른 시간에 전통적인 예배를 드리라는 말을 듣는다. 불신자만 드리는 예배라니! 와우, 놀랍다. 물론 구도자 예배는 방법상 많은 변형을 겪고 있다. 하지만 불신자들에게 민감하게 다가가는 예배를 기획한다는 원칙은 여러 메가처치에서 빠르게 수용되었다. 메가처치는 결코 예배자를 제한하지 않는다. 가장 편하게 들어와서 편하게 감동을 받고 편하게 돌아갈 수 있는 쿨~한 예배다. 어느 메가처치도 침례/세례를 예배 참석의 조건으로 내걸지 않으며, 처음 나온 불신자에게 예수를 믿느냐고 물어 보지도 않는다.

기본적으로 대규모 집회를 표방함에 따라, 메가처치 예배에는 흥행의 원리가 도입되었다. 될수록 많은 사람에게 다가가서 영향을 미치고 싶다는 생각 때문에, 교회는 점차 마케팅 원리를 도입한다. 메가처치 예배 기획자들은 뭔가를 필요로 하는 사람이 있고 또 그것을 제공할 수 있는 사람이 있다면 이미 시장은 형성된 것이라고 말한다. 현대인들은 복음을 필요로 하고 교회는 복음을 가지고 있다. 그렇다면 그들의 말대로 이미 시장은 형성된 것이다. 때문에 교회가 이미 형성된 시장에서 마케팅을 굳이 마다할 이유가 뭐겠는가? 사실 마케팅 기법은 이미 조지 휘트필드 때부터 원시적인 형태로나마 활용되었던 세상적인 '지혜'다. 그런데 최근 메가처치는 교회의 성장과 유지를 위해 더 적극적인 수단으로 마케팅을 활용하는 양상이다. 인구 조사, 설문 조사, 시장 조사, 통계 작성, 샘플링, 모델링 등 모든 마케팅 기법이 도입된다. 전단지, 스티커, 배너, 포스터, 주보 등을 통한 광고 마케팅은 기본이다. 선전, 방문, 다단계, 대중 집회, 스타 시스템, 입소문 내기, 감성 마케팅 등 수많은 마케팅 기법을 닥치는 대로 활용한다. 이로써 오늘날 메가처치는 마켓 처치가 되고 있다.

메가처치 예배는 예배자들이 뭔가를 느끼도록 만들기 위해 애를 쓴다. 뭘 느끼게 하는가? 믿음이 없는 삶이 얼마나 공허한지, 반대로 믿음을 가지고 기독교인이 된다는 것이 얼마나 좋은 일인지를 느끼게 하고 싶은 것이다. 하지만 이때 기독교인이 된다는 것은 결코 세상 질서를 빠져 나오는 것을 의미하지 않는다. 사실 세상을 탈출하기 위해서는 상당한 희생을 감수하지 않으면 안 된다. 물론 이러한 희생은 흥행의 원리에 반하는 것이다. 희생, 십자가, 제자도, 그리스도의 주권과 같은 것들은 차후의 문제로 연기된다. 먼저 믿음의 복을 받아 누리라는 것이다. 그리고 애굽을 떠나지 않고도 예배를 드릴 수 있다는 놀라운 복음을 만들어 내게 된다. 너무 부담스러운 것은 제거하고, 너무 난해하거나 너무 전통적이거나 너무 종교적인 형식도 걷어낸다. 그래서 예배는 최대한 부담 없고 편안한 자리로 변모했다.

메가처치의 예배는 대중이 원하는 것을 제공하는 서비스를 추구한다. 교회가 소위 '고객 만족'을 위해 예배를 기획하는 것이다. 그러자니 예배는 재미와 감동, 유익을 제공하는 쇼 비즈니스가 되는 수밖에 없다. 사람들을 신나게 하고, 기분을 고양하고, 영적 · 도덕적 교훈을 제공하는 데 심혈을 기울인다. 그러자니 할리우드의 연예 오락 기술이 들어오는 수밖에 없다.

메가처치의 예배는 현대인들이 이해할 수 있는 문제, 그들이 삶에서 느끼는 일상적 주제, 모두가 공감할 수 있는 문제들을 집중 공략한다. 이는 예배가 그들의 삶과 무관하다는 느낌을 주지 않기 위해서다. 특히 현대인들이 느끼는 현대병, 가령 고독이나 소외감, 스트레스, 분노 등의 문제를 치유하기 위해 무척 노력한다. 아마도 이 때문에 메가처치 예배는 정체불명의 '치유'나 '회복'이라는 용어를 즐겨 쓰는 모양이다. 이것이 의미하는 바는, 메가처치 예배가 일상에 찌든 현대인들에게 영적인 쉼과 만족을 제공하려고 애를 쓴다는 사실이다. 하지만 교회가 제공하고자 하는 이러한 종교적 서비스는 삶의 판을 근본적으로 뒤엎는 혁명이 아니라, 기존의 판을 수선하고 땜하는 보조 역할만 할 뿐이다. 메가처치는 예배자들을 불러 모아 적당히 위로한 뒤 다시 탐욕주의와 업적주의로 물든 세상으로 돌려보낸다. 그리고 탐욕주의와 업적주의에서 탈출해야 얻을 수 있는 구원의 복음에 대해서는 침묵한다. 따라서 메가처치의 예배자들은 오늘도 세상에서 탐욕주의와 업적주의의 종노릇을 하는 것이다. 이것은 정확히 마르크스가 말했던 아편으로서의 종교의 역할이다. 때문에 메가처치는 세상의 악마적 질서가 유지될 수 있도록 돕는 훌륭한 종교 기관으로 전락한다. 결국 메가처치의 예배는 애굽에서 드리는 바로의 종교 의식인 셈이다.

## 2. 해결되지 않는 인간 곤경

아담의 반역 이후 인간의 존재와 삶은 심각한 위기에 빠졌다. 요한은 이러한 인간 실존과 삶의 위기에 대해 많은 관심을 기울인다. 그에 의하면, 인간은 어둠을 헤매는 소경이요, 지독한 목마름과 배고픔에 시달리는 자요, 죽음으로 인해 헤벨로 전락할 수밖에 없는 자요, 헛된 영광을 구하는 가련한 자들이요, 그리고 사탄의 노예다. 또 요한은 예수로 말미암아 이 곤경으로부터 우리가 구원받았음을 장엄하게 선포한다. 특히 예배의 자리는 이 모든 곤경으로부터의 해방을 맛보는 구원의 자리다. 그러나 메가처치의 예배는 이러한 구원을 올바로 누리지 못한다.

### 1) 어둠

요한복음에 따르면, 세상은 빛을 떠난 어둠의 공간이며 우리는 어둠의 자식들이다. 왜냐하면 하나님으로부터 멀어졌기 때문이다. 인간은 하나님을 보지 못하는 고로 눈먼 자다. 예수는 스스로 눈에 보이는 하나님이 되심으로써 인간의 눈먼 상황을 고치셨다. 예배의 자리에서 예배자들은 예수를 보고, 만지고, 먹고, 마심으로써 하나님과 연합할 수 있게 되었다. 하지만 메가처치 예배에서 이러한 그리스도의 임재의 의미는 잊히고 있다. 그래서 메가처치 예배에는 다시 어둠이 찾아온다.

메가처치 예배에서 그리스도의 임재의 실종은 성찬의 실종과 긴밀한 연관이 있다. 예수는 신자의 모임 중에 임재하시겠다고 약속하셨으며마 18:20, 마지막 만찬에서 떡과 포도주를 자신의 살과 피라고 말씀하셨다눅 22:19. 그래서 초대 교인들은 성찬의 떡과 포도주를 그리스도의 임재와 연결했다. 성찬의 질료와 그리스도의 임재가 어떻게 연결되느냐에 대해서는 엄청난 논쟁의 역사가 있다. 가톨릭 측에서는 화체설을, 이에 반대하여 루터는 공재설을, 칼뱅은 상징적 임재설을 그리고 츠빙글리는 기념설을 제시했다. 나는 이 복잡한 논쟁 판에 끼어들 생각은 별로 없다. 다만 중요한 것은 초대 교인들이 예배의 자리를 부활하신 그리스도께서 실제적으로 현존─파루시아로 맛보게 될 그리스도의 진정한 현존보다는 조금 못하지만─하시는 자리로 믿었다는 것이며, 아울러 그리스도의 임재가 떡과 포도주와 연결되었다고 믿었다는 것이다.

그리스도는 육신을 지닌 완전한 사람으로 오셨으며, 성찬의 질료는 바로 그리스도의 육신성을 상기시키는 계기가 되었다. 또 성찬은 그리스도께서 실제 몸을 입고 이 땅에 오셨으며, 죽으시고 부활하셨음도 나타낸다. 성찬의 떡을 만질 때, 예배자는 하나님이셨던 그 분이 평범한 사람이 되셨다는 성육신의 진리를 몸으로 체험한다. 그 체험 속에서 예배자는 그리스도의 자기 비움, 곧 '케노시스*kenosis*'의 겸손을 목격한다. 동시에 예배의 자리에서는 자신을 비워 사람의 몸을 입으신 그 예수가 하나님이라는 충격적인 사실이 선포된다. 그리고 예배자는 몸으로 오신 그리스도를 경배하는 것이 하나님을 가장 올바르게 경배하는 것이라는 사실을 배운다. 그리스도를 가장 잘 경배하는 방법은 성찬의 나눔과 함께 예수를 먹고, 예수가 되고, 예수의 삶을 사는 것이라는 사실도 배운다. 그리하여 이 땅에 예수처럼 사는 자들이 퍼져나갈 때 이것이 진정 하나님이 기뻐하시는 예배라는 사실을 아울러 깨닫게 된다.

그러나 성찬을 잃어버린 메가처치 예배에서는 이 모든 가르침이 묻히고 만다. 성찬은 그리스도의 임재를 기억나게 하고 상기시키는 매개체다. 때문에 성찬의 실종은 그리스도의 임재의 상실을 초래한다. 물론 메가처치 예배에서도 그리스도의 임재를 말하지만, 초대 교인들과는 다른 방식으로 말한다. 메가처치에서의 그리스도의 임재란 하나님 혹은 성령님의 영적인 임재와 동의어다. 이는 성찬을 나누면서 육신으로 오셨던 그리스도를 실제적으로 만날 수 있다고 믿었던 초대 교인들의 신앙과 너무도 다른 모습이다. 메가처치 예배에서는 그리스도의 임재가 추상적이고 관념적으로 이해된다.

이러한 현상은 메가처치 예배가 본질적으로 추상적 예배라는 점 때문에 더욱 심화된다. 왜 메가처치의 예배가 추상적일까? 다음에 다시 다룰 기회가 있겠지만, 그것은 메가처치의 비범한 크기 때문에 생겨나는 간격과 거리 때문이다. 메가처치는 너무도 크기 때문에 그 크기가 예배자를 왜소하게 축소하고 소외시키고 만다. 그래서 메가처치 예배는 하나의 거대한 이미지고 스펙터클이다. 예배자는 관객이 되며, 거대한 군중의 한 점으로 축소된다. 이것은 메가처치 예배당이 극장을 닮아가는 것과도 연관이 있다. 메가처치 예배의 모든 것이 이미지다. 저 먼 곳의 무대에서 밝은 조명을 받으며 인도하는 경배와 찬양도 이미지고, 저 멀리서 목사가 설교하는 것도 이미지고, 거대한 스크린 위에 투사된 화면도 이미지며, 거대한 군중이 모인 광경도 이미지다. 모든 관계는 단절되어 있으며, 몸과 몸이 맞대어 연결되는 친밀한 공동체는 해체되어 있다. 추상적 이미지 속에 한 명의 관람객이 되어 버린 예배자는 자신 앞에 펼쳐진 거대한 스펙터클을 관람하며 자신의 내면으로 파고든다. 그리고 자신의 마음속에서 그리스도와 하나님 혹은 성령님의 임재를 찾는다.

이와 함께 예배자는 하나님의 임재와 그리스도의 임재 그리고 성령의 임재를 혼동한다. 한번은 하나님의 임재를 찾았다가, 또 한번은 성령님의 임재를 찾았다가, 또 어쩔 때는 그리스도의 임재를 찾는다. 설교자도 헷갈리고 예배자도 헷갈린다. 삼위 하나님의 임재가 모두 관념적으로만 이해되는 상황에서 세 분의 임재 사이에는 아무런 차이도 없다. 세 분은 모두 이미지로 상상될 뿐이다. 그래서 하나님은 거대한 보좌에 앉아 계신 노인으로 상상되고, 그리스도는 그림이나 영화에서 보았던 이미지로 상상되며, 성령님은 감정을 격동하거나 신기한 기적을 일으키는 영향력으로 추상화되기 일쑤다. 무엇보다도 그리스도의 임재는 설교자의 설교 내용으로 추상화된다. 그리하여 설교자의 수사학적 능력과 감동의 크기를 그리스도의 임재와 동일시한다. 이 과정 속에서 그리스도의 임재는 잊히고, 마침내 예배자는 그리스도 없이 하나님께 직접 다가가는 길을 택한다.

메가처치 예배자들은 하나님과 직접 만나기 위해 기묘한 상상을 시도한다. 하나님이 시내 산에 강림하신 것처럼 예배당에 강림하신다는 둥, 다윗의 장막에 임재한 야훼의 쉐키나가 예배의 자리에 내려온다는 둥, 둘로 갈라진 휘장을 지나 지존자의 은밀한 보좌로 나아가자는 둥. 이 모든 이미지와 상상은 예수께서 몸으로 오셔서 하나님을 직접 드러내 보이심으로써 개혁해 버린 낡은 것들이 아닌가. 그런데 메가처치 예배는 개혁 이전으로 되돌아간다. 몸으로 오신 그리스도의 임재 없이 하나님이 앉아 계신 천상의 보좌로 도약하고자 메가처치 예배는 요한계시록의 종말론적 예배를 흉내낸다. 하지만 그러는 중에 메가처치 예배에서 그리스도의 임재는 점차 잊히며 예배자들은 다시 눈먼 구약 시대로 돌아간다.

### 2) 갈증

요한에 따르면, 아담의 반역 이후 모든 인간은 수가 성 여인처럼 지독한 갈증과 허기에 사로잡히고 말았다. 마셔도 마셔도 해갈되지 않고, 먹어도 먹어도 배부르지 않다. 이는 아담의 반역과 함께 선한 욕망이 거짓된 탐욕으로 타락하고 말았기 때문이다. 욕구-충족의 선순환은 욕구-불만의 악순환으로 변질되고 말았다. 하지만 예수는 이 악순환을 다시 선순환으로 되돌려 놓으셨다. 이를 위해 자신을 우리에게 양식으로 내주셨다.  예수는 말씀하신다. "나를 먹어라. 그리고 나를 마셔라." 이제 예수와 함께 썩는 양식은 생명의 양식으로, 수가 성의 우물물은 배에서 솟아나는 영생의 강물로 바뀌었다. 이것이 성찬의 의미다. 예배의 자리에서 예배자는 성찬의 떡과 포도주를 먹고 마심으로써 허황된 욕망의 대상을 그리스도로 바꾸고, 고삐 풀린 탐욕을 선한 욕망으로 바꾼다. 이때 비로소 인간은 에덴에서의 인간과 같이 만족과 기쁨, 누림, 감사 그리고 참된 예배를 드릴 수 있다. 예배의 자리에서 우리는 하루치 먹을 양식과 한 벌 옷만으로 행복한 삶의 비법을 배운다딤전 6:8.

하지만 메가처치 예배는 인간의 탐욕을 건드리지 않는다. 그래서

‘일용할 양식’의 복음이 선포되지 않는다. 일용할 양식의 복음이란, 삶을 위해 우리에게 필요한 것은 하루치 먹을 양식과 입을 옷뿐이라는 것이며, 하나님이 우리를 포함하여 지구상의 모든 생물에게 일용할 양식을 공급해 주신다는 약속이다. 일용할 양식의 복음은 하루치 먹을 양식과 옷만이 하나님이 주신 선물이며, 그 이외의 것은 하나님이 주신 게 아님을 내포한다. 내 손에 있더라도 실제로는 남의 것이다.

하지만 메가처치는 이 복음을 선포할 수 없다. 왜냐하면 메가처치 예배자들은 탐욕주의와 업적주의의 노예들이기 때문이다. 메가처치 예배는 그들의 욕망을 건드리지 못하며, 건드린다면 큰 화를 당할 것이다. 큰 화란 다름 아닌 교인 수가 줄어드는 것이다. 메가처치는 예배자의 탐욕을 정죄하기는커녕 도리어 정당화해 준다. 그래서 메가처치 예배에서 부, 업적, 성공, 명성, 권력, 소비에 대한 욕망 등은 정죄되지 않고 기도 제목으로 변신한다. 생사화복을 주관하시는 하나님이 기도하는 자에게 그 모든 것을 넘치도록 주신단다. 메가처치 강단에서는 이런 유의 복음이 쏟아진다. ‘욕구하는 대로 기도하라. 하나님이 응답하시리라.’ 심지어 돈을 갖다 바치면, 교회를 위해서 봉사하면, 목사에게 충성하면 소원 성취할 수 있다는 거짓 복음까지 유포되기도 한다.

하기야, 메가처치 자체가 탐욕에 사로잡힌 교회니 어찌 일용할 양식의 복음을 선포할 수 있겠는가? 메가처치는 만족을 모르는 성장욕망에 사로잡혀 있다. 채워도 채워도 채워지지 않는 무한한 탐욕이 메가처치를 사로잡고 있다. 그래서 백 명 교회는 천 명 교회를, 천 명 교회는 만 명 교회를, 만 명 교회는 십만 명 교회를 꿈꾼다. 자신의 탐욕

을 지상 명령이니, 죽어가는 영혼을 살리는 구령이니, 전도며 선교니
하는 말로 치장하지만, 교회가 욕망의 노예가 되었다는 사실은 어린
아이도 훤히 알 수 있다. 거대한 예배당과 온갖 사치스럽고 부유한 시
설 등은 그 자체로 교회가 얼마나 심각하게 자본주의 사회의 노예가
되었는지, 얼마나 심각하게 바벨론의 종이 되었는지를 여실히 보여
준다. 그러니 메가처치 예배는 결코 인간의 갈증을 해결할 수 없다.


### 3) 죽음

요한복음은 죽음과 영생을 강조한다. 특히 나사로의 죽음의 현장
에 나타나셔서 주님이 하셨던 "나는 부활이요 생명이니요 11:25"라는
말씀은 요한복음 전체와 신약성서 전체에 울려 퍼진다. 요한복음에
서 예수는 무엇보다 죽음의 문제를 해결하기 원하셨다. 죽음은 인간
과 문명을 헤벨로 만들어 버리는 강력한 권세다. 이 죽음 때문에 인간
은 두려움에 사로잡혀 삶의 노예가 된다히 2:15. 죽음의 권세 아래 짓
눌려 있는 가련한 인간을 위해 예수는 친히 죽으셨고 부활이 되셨다.
예배는 부활하신 그리스도를 만나는 자리다. 그리고 부활하신 주님
의 몸을 먹고, 그 피를 마시는 자리다. 예배의 자리에서 예배자는 영
생하는 살과 피를 먹고 부활과 영생에 참여한다. 즉, 예배의 자리는
부활과 영생이 언약적으로 현존하는 공간이다. 예배자는 예배의 자
리에서 자신이 더 이상 죽음의 권세에 사로잡혀 있지 않음을 깨닫는
다. 때문에 예배는 죽음의 공포를 이기는 자리요, 영원한 삶을 미리
맛보는 자리다. 예배자에게 죽음은 없다. 때문에 더 이상 삶의 종노릇
을 할 필요도 없다. 그래서 예배자는 바울처럼, "살아도 좋고, 죽으면

더 좋습니다"라고 고백할 수 있는 것이다빌 1:23-24.

지난 2천 년간 기독교회는 항상 부활과 영생의 복음을 선포해 왔다. 물론 그 복음은 분명 신약성서에 근거하고, 예수의 가르침에 근거한다. 그러나 기독교가 공인되고 이교 사상이 유입되기 시작하면서 부활과 영생의 복음은 왜곡되기 시작한다. 이에 대해서는 다음에 좀 더 자세히 다룰 수 있는 기회가 있기를 바란다. 주후 3세기가 지나면서 교회는 점차 영혼불멸 사상, 영-육 이원론, 영혼 회귀설, 내세의 낙원과 지옥 사상 등 이교 잡설을 수입해서 복음과 뒤섞어 버렸다. 그 결과 교회는 천국을 사후의 혼령들이 들어가는 내세의 유토피아로 이해하게 된 것이다. 오랫동안 대중적 상상력이 만들어 낸 내세의 유토피아라는 천국관과 내세의 디스토피아라는 지옥에 관한 신화는 메가처치에서 여과 없이 수용되었다. 이와 함께 부활과 영생은 죽음 이후에 혼령이 받을 복으로 연기되었다.

부활과 영생의 복음이 내세화될 때, 복음은 현실 문제에 침묵하도록 만들고 사회의 모순과 부조리를 추종하게 만드는 아편으로 전락한다. 예컨대, 톰 라이트Tom Wright의 말대로 빨리 세상이 망해야 천국에 들어 갈 수 있다고 믿는 기독교인들이라면 그들은 할 수 있는 대로 지구를 파괴하려고 들 것이다. 물론 이 정도까지는 아니지만, 그래도 대부분의 기독교인은 이 세상의 문제에 한결같이 무관심하다는 공통점이 있다. 이것은 비단 기독교만의 문제가 아니라 지배 권력과 영합한 모든 부패한 종교의 특징이다. 현세의 부조리에 대해서는 참고 인내하며, 내세에 들어갈 낙원만 소망하라는 복음은 현체제를 정당화하는 논리요, 구체제의 일부로 퇴락한 종교의 허위 선전이다. 이러한 선전이 만들어 낸 종교인들은 지독할 정도로 현실도피적인 겁쟁이들이다. 부당한 지배 권력이 사람들을 아무리 끔찍하게 수탈하고 착취하더라도, 이런 종교인들은 "이 세상, 이 세상, 나의 집은 아니요. 우리 구주 머지않아 다시 오실 때 천사들은 하늘에서 날 오라고 부르니 나는요 이 땅에 있을 맘 없어요~"를 노래할 뿐이다.

불행히도 메가처치 예배에서 선포되는 복음도 이와 비슷하다. 하나님의 나라는 죽은 뒤에 들어가는 낙원으로 연기된다. 부활이 가지는 죽음의 권세에 대한 파괴력과 그것이 초래하는 삶의 대변혁에 대해서도 배우지 못한다. 영생이 이미 이 땅에 있을 때부터 누리는 전혀 새로운 삶이라는 사실에 대해서도 듣지 못한다. 무엇보다 교회가 그 같은 새로운 삶新生을 내재화하고 구조화한 새로운 사회요, 새로운 세계의 표지라는 사실에 대해서도 알지 못한다. 그리고 다만 구원은 죽어서 불지옥을 피하고 천당에 들어가는 것으로만 여긴다. 때문에 부활과 영생의 복음은 예배자의 삶에 아무런 영향도 미치지 못한다. 메가처치 예배자들은 죽은 다음에나 있을 먼 미래의 부활과 영생은 보장받지만 당장 월요일부터 시작되는 일상의 문제에 대해서는 아무런 언질도 듣지 못한다. 그래서 메가처치 예배자들의 일주일의 삶은 내세를 위한 하루와 현세를 위한 엿새로 양분된다. 그리고 소위 평일이라고 부르는 6일 동안은 세상의 법칙을 따라 산다. 따라서 메가처치 예배자들은 세상 사람들이 느끼는 실존과 삶의 위기를 고스란히 느낀다. 죽음의 권세 앞에 주눅이 들고, 두려움에 사로잡히고, 삶의 노예로 그저 살아간다. 헤벨의 삶을 말이다.

## 4) 업적주의

죽음은 삶을 헤벨의 공포로 밀어 넣으며, 헤벨의 공포는 인간으로 하여금 업적에 매달리게 한다. 그래서 사람들은 어떻게든 자신의 이름 석 자를 역사에 남기기 위해 발버둥친다. 출세하고, 성공하고, 남보다 더 뛰어나기 위해서, 시쳇말로 '뜨기 위해서' 별 짓을 다한다. 혹 불면 흩어질 연기처럼 무상한 인기에 자신의 명운을 거는 사람들의 모습을 보는 것만큼 안타까운 일이 또 있을까? 뜨기 위해서 살지만 그러나 뜨지 못한 채 무명의 삶으로 괴로워하는 필부匹夫만큼 딱한 이가 또 있을까? 이것이 업적주의의 노예가 된 우리의 모습이다.

그러나 예수는 죽음을 물리치심으로써 우리를 헤벨의 위협으로부터 해방하셨다. 이와 함께 예배의 자리에서 우리는 업적주의의 굴레로부터 벗어난다. 이는 예배자에게 헛된 명성이 아니라 참된 명성이 주어지기 때문이다. 참된 명성은 무엇인가? 그것은 생명책에 기록될 우리의 이름이다계 21:27. 이 이름은 사람들의 뇌리가 아니라 하나님의 심장에 새겨져 영원히 잊히지 않을 명성이다. 하나님은 부활하신 그리스도께 새 이름을 주셨고빌 2:9, 그리스도는 장차 비밀한 이름과 명성을 당신의 종들에게 주실 것이다계 2:17. 이것이 또한 우리가 영원히 사모할 명성이다. 이는 우리의 실력이나 노력 혹은 공덕과 상관없이 은총으로 주어질 명성이다. 예배의 자리에서 우리는 이 영원한 명성을 소망한다. 그리고 우리는 자신의 명성이나 영광을 위해서가 아니라 오직 아버지의 명성과 영광을 위해 일할 것을 다짐한다. 이로써 우리는 예배의 자리에서 업적주의로부터 벗어난다.

하지만 메가처치는 그 자체로 업적주의의 산물이다. 겉으로는 그리스도와 하나님께 찬양과 영광을 돌리지만 속으로는 교회와 담임목사의 업적이 칭송을 받는 것이 메가처치의 예배다. 이는 배우의 연기와 비슷하다. 즉, 배우는 주어진 배역에 충실히 임한다. 상이나 영예 등은 안중에도 없는 것처럼 말이다. 그러나 밖에서는 자신의 연기로 상을 받고 영예를 얻는다. 마찬가지로 메가처치 목사들도 예배 때는 너무도 은혜롭게 설교한다. 그러나 결국 그는 그 설교로 사람들에게 칭송을 듣고 사람들을 끌어 모은다.

설교뿐만이 아니다. 목사의 리더십, 영성, 치유 능력, 경력, 학위 등 모든 것이 칭송의 대상이다. 담임목사뿐만이 아니다. 영감 넘치는 찬양을 인도하는 찬양 인도자, 아름다운 워십팀, 방송국 수준의 영상팀, 각종 전문적 지식과 기술을 갖춘 사역자들과 팀이 높임을 받는다. 또한 교회가 진행하는 각종 전도 프로그램, 양육 교재, 체제, 조직 등도 칭찬을 받는다. 심지어 그러한 것들은 돈을 받고 판매되기도 한다. 그러나 뭐니 뭐니 해도 메가처치 예배에서 가장 크게 칭송을 받는 것은 '숫자'다. 단지 숫자가 많다는 것만으로 교회는 등수가 매겨진다. 그리고 상위 몇 위에 올라간 것이 바로 그 교회의 자부심이고 자랑거리가 된다. 때문에 메가처치 예배에서 예배자는 업적주의로부터 해방되기는커녕 더욱 업적을 위해 매진하는 법을 배운다. 출석교인 목표 1만 명을 달성하기 위해, 5만 명을 달성하기 위해, 10만 명을 달성하기 위해 노력하고 애쓰고 헌신해야 한다고 배운다. 이 모든 것이 말해 주는 것은 무엇인가? "자고로 인생이란 성공해야 하는 법이여…"

### 5) 사탄의 노예

아담의 반역과 함께 하나님의 나라는 사탄의 나라로 대체되었다. 사탄의 나라를 신약성서는 세상이라고 부른다. 하나님 나라의 복음을 선포하셨을 때, 예수는 우리가 사는 세상이 사탄의 나라라는 사실을 선포하신 것이다. 세상은 민족과 국가, 인종을 막론하고 사탄의 정신의 지배를 받는 모든 영역이다. 사탄 나라의 질서는 피라미드 모양이다. 이러한 사탄 나라는 1퍼센트만을 위한 세상이며, 99퍼센트는 소외되고 억압받고 착취된다. 하지만 1퍼센트의 지배자 역시 사실은 사탄의 노예다. 결국 모두가 사탄의 노예인 셈이다. 그래서 사탄은 세상 사람들의 아버지며, 세상 사람들은 사탄의 자식들이다. 그래서 세상 사람들은 아버지를 닮아 거짓말하고 살인한다요 8:44.

그러나 예수께서 오셔서 사탄을 패배시키셨다. 사탄은 번개처럼 하늘에서 땅으로 추락하고 말았다눅 10:18. 예수는 세상을 이기셨으며요 16:33, 사탄은 더 이상 세상의 왕이 아니다. 하지만 아직도 사탄이 많은 영역에서 통치권을 행사한다. 사탄이 여전히 영향력을 발휘하기는 하지만, 그리스도는 세상의 참 왕이 되셨다. 예배의 자리는 그리스도께서 온 세상의 참 왕이심을 인정하고, 그분께 충성을 맹세하는 자리다. 그런 점에서 예배는 지극히 정치적인 현장이다. 예배의 자리는 세상의 질서로부터 돌아서고, 세상에 대한 충성심을 몰수하며, 세상에 선전포고를 하는 자리다. 예배의 자리에서 그리스도는 우리를 당신의 백성으로 삼으시고, 세상으로부터 보호하시며, 세상을 이길 힘을 주신다.

그러나 메가처치 예배는 사탄을 이기지 못한다. 몇몇 메가처치 예배에서 강력한 축사나 축귀 현상이 나타나는 것은 사실이지만, 사탄이란 개인의 마음속에 침투하는 악한 영일 뿐만 아니라 세상 문화를 장악한 정사와 권세이기도 하다. 사탄 제국의 졸개 귀신 몇 마리를 축사할 수 있을지는 몰라도, 세상을 장악하고 다스리는 정사와 권세에 대해서는 메가처치도 어찌할 수가 없다. 아니 도리어 메가처치는 세상의 정사와 권세, 곧 엘륄이 현대 마귀의 삼위일체라고 불렀던 돈, 테크놀로지, 국가 등의 지배를 받는다. 교회는 민족, 인종, 성性, 전통, 도덕, 핵, 무기, 노동, 젊음, 언론, 매체, 여론 등 온갖 종류의 정사와 권세를 추종한다. 이러한 것들을 뒤엎는 복음의 능력에 대해서는 본 적도 들은 적도 없다.

## 3. 우상을 숭배하는 메가처치

메가처치 예배도 분명 입술로는 하나님을 예배하며 그리스도께 경배를 올린다. 음악, 무용, 영상, 설교 등 예배의 모든 것이 하나님을 찬양하며, 그리스도의 대속의 은총과 십자가의 능력을 높인다. 다양한 목회 자료와 프로그램은 참으로 성서적이다. 그러나 이것이 전부다. 하나님이 참으로 원하시는 예배는 드리지 않는다. 이러한 메가처치를 향해 주님은 오늘도 이렇게 말씀하신다. "이 백성이 입술로는 나를 공경하되 마음은 내게서 멀도다마 15:8." 그렇다. 겉으로는 하나님을 예배하고 그리스도를 찬양하는 것 같지만 우상을 숭배한다.

메가처치가 바라보는 영광은 피라미드의 정점, 즉 최정상에 놓인 영광이다. 메가처치 예배에서 피라미드 체제는 뒤집어지지 않고 더욱 견고해진다. 피라미드 체제 내에서 메가처치는 오르고 또 오르고 또 오르기 위해 발버둥친다. 즉 메가처치는 최고의 자리에 위치한 성공이라는 가치를 예배한다. 예배는 교회를 성장시키기 위해, 최고로 큰 교회를 만들기 위해 애를 쓰는 것이 된다. 이 예배를 드리기 위해 설교도 하고 찬양도 하는 것이다. 하나님을 찬양하는 것, 복음을 선포하는 것, 이 모든 것은 교회 성장을 위한 수단에 불과하다. 진정 이 모든 것은 하나님을 참되게 예배하는 것이 아니다. 메가처치는 우상을 숭배한다.

메가처치가 숭배하는 우상은 무엇인가? 메가처치의 하나님은 결국 숫자다. 메가처치는 예배, 성서 공부, 목회 프로그램 등 거의 모든 것을 결국 교회를 성장시키기 위한 목적으로 기획한다. 그러한 프로그램이 효과를 발휘해서 사람들이 모이면 그것이 바로 하나님의 역사라고 말한다. 결국 숫자의 증가는 곧 하나님의 역사다. 그러니 숫자가 하나님이 아니고 무엇인가? 메가처치는 숫자라는 가치worth에 존경을 돌리는ship 교회다. 그래서 숫자를 예배worship하는 교회다. 그리고 그 때문에 야훼 하나님이 아니라 우상을 숭배하는 교회다. 그래서 메가처치 예배에서 선포되는 그 모든 주옥 같은 설교와 경배와 찬양은 진실이 아니다. 영화, "밀양"에서 울려 퍼졌던 뼈아픈 대중 가요 가사처럼. "거짓말이야, 거짓말이야, 거짓말이야, 거짓말이야…"

# 제13장

# 메가처치 설교주의 논박(1): 진리란 무엇인가?

프랭크 바이올라는 설교를 개신교회의 '신성한 소'라고 했다. 그의 말대로 개신교회는 설교를 대단히 강조한다. 설교 자체를 하나님의 말씀처럼 여기며, 누구라도 설교를 건드리면 하나님을 대적하는 것처럼 여긴다. 설교는 개신교회 그리고 메가처치의 자랑이다. 그러나 성서는 우리가 아는 설교라는 방식으로 하나님의 말씀을 증거하지 않았다.

## 1. 그리스적 진리 vs. 히브리적 진리

그리스인들이 생각할 때, 세계는 신神보다 앞선다. 그리스 사상의 오랜 전제는 세계가 영원하다는 것이다. 먼저 세계가 있고 그 다음 신이 있다. 따라서 진리는 신이 아니라 세계 안에서 찾아야 한다. 그리스인들이 생각할 때, 진리는 세계의 질서, 구조, 근원 등과 관련이 있는 어떤 것이다. 이 때문에 최초의 철학자들은 세계의 근원, 곧 '아르케*Arche*'를 찾았으며, 소크라테스는 만물의 본래스러움으로서의 '덕*Arete*'을, 플라톤은 본래적인 존재와 세계로서의 '이데아*Idea*'를, 아리스토텔레스는 존재 속의 존재로서의 '본질*Essentia*'을, 그리고 스토아 철학자들은 온 세계에 충만한 '세계 이성*logos*'을 찾아 나섰다. 이들은 언제나 "진리는 무엇이냐?"라고 묻고 다녔다. 때문에 그리스인들이 볼 때, 진리란 본성적으로 비인격적인 것이다. 그리고 이러한 진리는 변증, 추론, 사유, 관조 등과 같은 도구와 수단으로 캐낼 수 있는 '어떤 것'이다.

한편, 히브리인들이 생각할 때는, 신이 세계보다 앞선다. 히브리인들의 독특한 전제 중 하나는 세계가 창조되었으며, 야훼는 영원하시다는 것이다. 세계는 영원하지 않다. 먼저 야훼가 계시고, 그 다음 세계가 야훼에 의해 만들어졌다. 따라서 진리는 세계가 아니라 야훼에게서 찾아야 한다. 히브리인들이 생각할 때, 진리는 야훼의 뜻이다. 때문에 진리는 본성적으로 인격적이다. 그래서 히브리인들은 "진리는 누구냐?"라고 물었다. 진리는 인격이다. 진리란 야훼의 마음속에 들어 있는 생각이요, 감정이며, 의지며, 야훼 자신이다. 때문에 진리는 어떤 수단을 가지고 캐낼 수 있는 것이 아니다. 진리는 야훼가 알려 주시는 것이다. 야훼께서 알려 주시기 전까지는 진리를 알 수 없다. 때문에 진리는 하나님의 선물이요 은총이며, 야훼께서 알려 주신 이 진리를 일컬어 계시라고 한다.

히브리인들이 생각할 때, 진리는 찾아 나설 수 있는 것이 아니다.

야훼께서 알려 주실 때까지, 인간이 할 수 있는 일은 아무 것도 없다. 그저 기다려야 한다. 그러다가 야훼께서 "들으라!"라고 하실 때가 온다. 이때가 야훼께서 말씀하시는 시간이고, 은총의 시간이며, 구원의 시간이요, 생명을 얻는 시간이다. 그때 인간은 엎드리며, "말씀하옵소서. 주의 종이 듣겠나이다"라고 해야 한다. 이것이 인간이 진리를 아는 방법이고, 계시를 받드는 올바른 태도다.

진리가 인격적이기 때문에 유대-기독교는 큰 곤경에 처한다. 진리가 확실하지 않기 때문이다. 확실하지 않다기보다 정확한 파악이 불가능하다고 해야 할 것이다. 왜냐? 진리는 야훼의 마음이기 때문이다. 때문에 우리는 진리를 내려다보거나 조망할 수 없다. 엎드려서 위에서 떨어지는 말씀을 들어야 한다. '듣는 종교'로서의 유대-기독교는 야훼께서 들려 주시는 것만 알 수 있으며, 인간은 바울의 말대로 언제나 '거울을 보는 것같이 희미하고 부분적으로만' 알 수 있다. 마음은 움직인다. 그래서 진리도 고정적이지 않다. 그래서 바울은 진리가 문자가 아니라 영이라고 했다롬 7:6. 그렇다고 진리가 수시로 바뀌거나 종잡을 수 없는 것은 아니다. 왜냐하면 야훼께서는 신실하시기 때문이다. 그렇지만 야훼의 신실하심이 불변의 원칙이 되지는 않는다. 우리가 불순종할 때 하나님의 신실하심도 다하기 때문이다.

다시 말하거니와, 진리는 고정적이지 않고 정확하지도 않다. 하나님의 말씀을 이해해 보려고 애를 쓰지만 인간은 늘 오해한다. 이것은 바른 이해를 싫어하는 완악한 인간의 마음도 문제지만, 그보다 더 큰 문제는 진리가 인격이고 또 하나님 자신이기 때문이기도 하다. '열 길 물 속은 알아도 한 길 사람 속은 모른다'고 하지 않는가. 하물며 야

훼의 판단과 그분의 길을 뉘라서 감히 다 안다고 말할 수 있으랴! 롬 11:33-34

그리스인들의 진리는 비인격적이기 때문에 대화가 불가능하다. 그리스인들의 진리는 인간의 반응에 따라 좌우되는 것이 아니다. 진리는 객관적이고 필연적인 어떤 것이다. 따라서 진리는 일방적이다. 진리는 자명自明하다. 태초부터 자명한 진리이기 때문에 대화나 교통이 불가능하다. 진리는 홀로 진리며, 인간은 그 진리를 발견할 수 있을 뿐이다. 마치 보석을 발견하듯이 말이다. 때문에 진리를 발견한 인간들은 '유레카!'를 외치며 기뻐할 뿐이다.

그러나 히브리인들의 진리는 인격적이기 때문에 대화와 상호교통이 가능하다. 히브리인들은 진리가 선포될 때 '아멘!'이라고 화답한다. 히브리인들에게 진리는 대화다. 진리는 인간의 반응을 요구한다. 자명하다기보다는 상호적이다. 스스로 존재하는 것이 아니라 관계 속에서 존재하기에 진리의 가장 온전한 형태는 사랑이다. 하나님은 사랑이시며, 인간에게 사랑으로 다가오시고, 사랑의 응답을 요구하신다. 때문에 그리스인들에게는 진리가 '명제命題'의 형태를 띠지만, 히브리인들에게는 항상 '언약言約'의 형태를 띠는 것이다.


## 2. 구약성서의 계시


구약성서의 네 구분법에 따르면, 구약성서는 토라, 역사서, 시가서, 예언서로 구성되어 있다. 시가서를 제외하면, 토라와 역사 그리고 예언자들의 예언은 야훼의 계시를 기록한 책이다. 역사, 토라, 예언자는 야훼의 계시의 수단이다. 역사를 통해 계시하신다는 말은 무슨 뜻인가? 보이지 않고 볼 수 없으신 하나님이 역사 속에서 행동하시는 것을 통해 자신을 계시하셨다. 행동이 계시이고, 말씀은 행동이다! 역사 속에서 하나님은 세계를 6일 만에 창조하셨고, 홍수를 일으키셨으며, 바벨탑을 무너뜨리셨고, 애굽으로부터 히브리인들을 해방하셨다. 특히 애굽에 열 가지 재앙을 내리시면서 자신을 분명히 드러내셨다. 그래서 하나님은 재앙을 발하실 때마다 "나를 야훼인 줄 알게 하리라"고 하셨던 것이다. 이처럼 하나님은 역사 속의 행동을 통해 자신을 드러내시며, 우리는 역사를 통해 하나님을 본다.

두 번째로, 하나님은 토라를 통해 훨씬 더 분명하고 구체적으로 자신을 드러내셨다. 토라를 통해 하나님의 말씀은 훨씬 더 분명하고 확실하게 계시되었다. 토라는 돌판에 새겨지거나 책에 기록된 문자가 아니다. 토라는 하나님의 목소리다. 토라가 선포되던 날 천지는 어두워지고, 땅은 갈라지며, 천사들의 경축 나팔소리가 온 세상을 뒤흔들었다출 19장. 하나님은 토라를 선포하시기 위해 '몸소' 시내 산 꼭대기로 강림하셨고, 산 아래의 이스라엘 백성들에게 친히 '육성으로' 당신의 뜻을 말씀해 주셨다. 이것이 토라의 원형이다. 이 하나님의 목소리가 돌에 새겨지고 책에 기록된 것이다.

하나님은 이 토라를 통해 이스라엘과 특별한 관계를 맺으셨다. 토라는 명제집이나 규범집이 아니다. 하나님과 이스라엘 백성, 쌍방이 맺은 언약이고 계약이다. 즉 토라는 일종의 혼인 서약 같은 것이다. 하나님은 토라 안에서 자신을 내어 주셨고, 이스라엘은 그 하나님에 반응하여 자신들을 내어 놓음으로써 둘 사이에 특별한 관계가 맺어진 것이다. 그리하여 하나님은 이스라엘의 하나님이 되시고, 이스라엘은 하나님의 백성이 된 것이다. 토라 안에 두 인격의 만남이 있다.

세 번째로, 하나님은 예언자를 보내 계시하셨다. 토라를 주셨는데 무엇 때문에 예언자를 또 보내시는가? 이는 사람들이 토라를 망각하기 때문이다. 매일 토라를 읽고, 묵상하고, 암송하는데 어떻게 토라를 망각할 수 있는가? 그것은 그들이 토라의 본뜻을 깨닫지 못하기 때문이다. 사람들은 하나님이 토라를 통해 말씀하기 원하셨던 것을 오해하고 엉뚱하게 해석했다. 그래서 하나님은 예언자를 통해 토라의 본뜻을 기억하게 하신 것이다. 토라는 인격적 관계가 전제된 언약이고 약속이다. 그런데 사람들은 자꾸 토라를 명제집이나 규범집으로 오해했다. 계시의 인격성과 언약적 관계성이 사라지고 껍데기만 남았다. 심지어는 하나님이 아니라 토라 자체를 숭배하기도 했다. 성전에 거하시는 하나님이 아니라 성전 자체, 돌과 기물들이 하나님이라도 되는 양 그것을 소중하게 여겼다. 또 제사에 무슨 신성한 마법이라도 있는 양 제사만 드리면 제멋대로 살아도 되는 듯 행동했다. 그래서 하나님을 꿔다 놓은 보릿자루로 만든 것이다. 예언자들은 이 오해를 바로잡고자 했다. 그래서 토라 속의 하나님의 목소리를 다시 끄집어내서 생생하게 되살려 놓았던 것이다.

예언자들에 의해 되살아 난 토라의 본뜻은 무엇인가? 그것은 '공의체데크'와 '자비헤세드'였다. '체데크'와 '헤세드', 이것이 토라의 진짜 내용이고 토라를 통해 말씀하시고자 했던 하나님의 본래 의도였다. 다른 것보다 하나님의 이 본래 의도를 지키라고 예언자들은 소리 높여 외쳤다. 이처럼 구약성서에 따르면 진리는 하나님의 뜻이고, 마음이고, 인격이며, 하나님 자신이다. 하나님은 인격이시기 때문에 우리는 하나님과 인격적 관계를 통해서만 하나님을 만날 수 있고, 진리를 알 수 있다. 다행스럽게도 하나님은 인간에게 자신을 계시하시기를 기뻐하신다. 우리는 추론이나 변증, 사유, 성찰, 비판, 관조를 통해서가 아니라, 자신을 내어 주시는 하나님의 목소리를 듣고 순종함으로써 진리를 알 수 있다. 진리를 안다는 것은 진리를 살아내는 것이다. 토라 안에는 하나님의 인격이 담겨 있으며, 그 토라는 우리의 인격 안에 들어와 우리의 몸이 되고자 한다. 그래서 성서는 읽는 책이 아니라 먹는 책이다. 유진 피터슨Eugene Peterson의 말처럼, 성서는 단순히 눈으로 읽고 머리로 이해하는 책이 아니라, 입으로 씹어 먹고, 배에 채워서, 피가 되고, 살이 되고, 종국에는 삶이 되게 하는 밥이다 시 19:10; 119:103; 겔 3:3; 계 10:9-10.

## 3. 신약성서에서의 계시

### 1) 몸

구약성서는 반복적으로 진리가 인격이라고 증언했다. 그런데 신약은 아예 진리가 사람이라고 증언한다. 요한은 말한다. "말씀이 육신이 되"셨다고요 1:14. 또 요한일서 1장 1절에서 그는 이렇게 말했다. "태초부터 있는 생명의 말씀에 관하여는 우리가 들은 바요 눈으로 본 바요 자세히 보고 우리의 손으로 만진 바라." 요한은 자신이 생명의 말씀을 듣고, 보고, 주목하고, 심지어 진리를 '손으로 만졌다!'고 증언한다. 요한이 볼 때, 생명의 말씀은 단순히 '말word'이 아니라 '몸

body'인 것이다. 이것은 초대교회 당시 커다란 위협이었던 영지주의에 대한 강력한 반대의 표방이다. 진리는 단순한 명제나 이론이 아니다. 진리는 몸이 되었다. 그래서 진리는 몸이고 살flesh이다. 이것이 요한과 사도들이 바라보는 예수 사건의 의미다.

진리는 하나님의 속마음이고 본뜻이며, 하나님 자신이라고 했다. 이 진리를 아는 것이 영생이다요 17:3. 그런데 진리는 예수고, 예수의 몸이고, 예수의 살이다. 따라서 진리를 아는 방법은 예수를 보는 것이다. 그래서 예수는 "나를 보는 자는 나를 보내신 이를 보는 것이니라"고 하셨다요 12:45. 그런데 제자들은 예수의 이 말뜻을 알아듣지 못했다. 그래서 제자 빌립은 예수께 하나님을 보여 달라고 부탁했다. 그러자 주님은 "빌립아, 내가 이렇게 오래 너희와 함께 있으되 네가 나를 알지 못하느냐? 나를 본 자는 아버지를 보았거늘 어찌하여 아버지를 보이라 하느냐?"고 답하셨다요 14:9. 예수는 자신의 몸으로 하나님을 보이셨고, 진리를 드러내셨다.

예수는 제자들과 함께 오래 계셨다. 이는 진리를 알려 주기 위해서다. 예수의 교육방식은 참 특이한 것이어서, 말보다는 '함께 계시는 방식'으로 가르치셨다. 예수는 단 한 번도 자신의 입으로 "나는 그리스도다"라고 말씀하지 않으셨다. 예수는 제자들과 동행하셨고, 제자들 앞에서 메시아적 사역을 행하셨다. 이것을 보고 나중에야 제자들은 스스로 깨닫게 된다. 예수는 제자들과 오랫동안 함께 계심으로써 제자들이 스스로 '주는 그리스도'라고 고백하게 만드셨다. 이것이 예수께서 제자들에게 진리를 계시하신 방식이었다.

커뮤니케이션 학자 마샬 맥루언Marshall McLuhan은 "미디어는 메시지다"라고 했다. 전통적으로 매체는 메시지를 운반하는 통로나 수단 정도로 여겨졌다. 예를 들어, 구어, 문자, 인쇄 등과 같은 매체들은 전달자의 메시지를 전달하는 수단일 뿐 그 자체에 큰 의미가 있는 것이 아니다. 하지만 맥루언은 매체 자체가 이미 메시지를 담고 있다고 주장했다. 이러한 맥루언의 테제는 예수 그리스도의 성육신 사건을 이해하는 중요한 열쇠를 제공해 준다. 예수의 몸은 어떤 메시지를 전해 주기 위한 통로나 수단이 아니라 그 자체가 바로 메시지다.

진리는 예수의 말이기보다 예수 자신이다. 예수의 몸이 진리고, 그분의 살이 진리다. 이것이 "내가 길이요, 진리요, 생명이니…"라는 말씀의 뜻이다. 예수는 진리의 운반자이기에 앞서 그분이 곧 진리다. 예수께서 동영상 강의 강사처럼 단순히 어떤 진리의 내용을 전달해 주기 원하셨다면 굳이 몸으로 오실 필요까지는 없었을 것이다. 설령 오신다 하더라도, 창세기 18장에서 야훼께서 두 천사와 함께 아브라함에게 나타나셨던 것처럼 잠깐 어른의 몸으로 왔다가 사라지시면 그만이었다. 그러나 예수는 어린아이로 태어나셔서 완전한 사람으로 사셨다. 예수께서 제자들에게 전해 주신 설교 말씀만 진리라면 예수께서 마리아의 자궁에서 열 달을 지낸 시간이나 30년 동안 아무런 활동도 없이 지내셨던 사생애 기간은 쓸모없는 낭비가 되고 말 것이다.

그러나 그 모든 침묵의 시간도 낭비가 아닌 것은 예수의 몸이 진리이기 때문이다. 바로 이러한 진리관으로 인해 요한은 요한일서 4장에서 다음과 같은 영분별의 기준을 제시했던 것이다. 진리의 영과 거짓 영을 분별하는 기준은 "예수 그리스도께서 육체로 오신 것을 시인"요일 4:2하느냐의 여부라고 말이다. 그리스도에 대한 온갖 가르침과 깨달음도 그리스도의 몸보다 중요하지 않다. 가령 마르키온이라는 초 대교회의 이단자는 '예수는 사랑이시다'는 가르침을 누구보다 강조 했다. 예수의 사랑의 정신을 지나치게 강조하다가 그는 예수가 구약 의 야훼보다 더 우월하다고 주장하는 데까지 나아감으로써 이단이 되었다. 그런데 마르키온의 더 심각한 오류는 예수께서 육체로 오신 것을 믿지 않았다는 것이다. 그래서 통상 신학자들은 그를 영지주의 자로 분류한다. 영지주의자들에 대해 알아야 할 사실은 그들이 누구 보다 예수의 신성을 강조했다는 사실과 또 예수의 가르침을 사랑했 다는 사실이다. 그러나 그들의 결정적인 오류는 예수의 '몸'을 부인 한 것이다. 그들 중 가현주의자들은 예수가 '진짜 몸'이 아니라 '가짜 몸', 그러니까 이미지로 오셨다고 주장하기도 했다. 예수의 진짜 몸을 부인했기 때문에 요한은 그들이 거짓 영을 받았다고 말했던 것이다.

몸을 통해 기독교의 진리가 전달된다는 말에서 우리는 두 가지 중 요한 원칙을 기억해야 한다. 첫째는 '현존'의 중요성이다. 복음이 올 바르게 선포될 수 있는 제1조건은 전하는 자의 몸의 현존이다. 현존 이 진리의 전부라는 말은 아니다. 다만 현존이 전제되지 않으면 복음 의 진리성은 심각하게 훼손된다는 뜻이다. 말과 함께 몸이 거기 있어 야 한다. 그리고 그의 몸은 그의 전 실존이라야 한다. 그러나 말은 있 는데 현존이 없다면 그 말은 순수한 추상으로 휘발揮發하고 말 것이 다. 그리고 이런 종류의 진리는 그리스도인의 진리가 아니라 그리스 인들의 진리다.

또 한 가지 기억할 사실은 기독교 진리를 투명하게 전달할 수 있는 몸은 반드시 '맨몸plain body'이라야 한다는 것이다. 에덴에서 아담은 맨몸이었으며, 십자가에서 예수께서도 벌거벗은 몸으로 돌아가셨다. 아무런 옷도 걸치지 않은 맨몸이 아니고서는 그리스도의 성육신의 원리를 충실하게 재현할 수 없다. 복음을 전하는 자가 자신의 사회적 권력이나 지위, 재력, 유명함 등을 이용해서 전하려 한다면, 그는 그리스도와 다른 방식으로 복음을 전하는 것이다. 그래서 교회에서 유명 인사나 인기 강사, 연예인을 초청하여 복음을 전하는 것은 심히 우려스러운 것이다. 맨몸이 되는 것, 곧 자기 비움kenosis이 없이는 그리스도의 성육신에 참여할 수 없다. 그리고 성육신의 원리를 저버리면서 복음이 올바르게 전달되리라고 생각하는 것은 만용이다. 창세기 기자가 알려 주듯, 옷은 반역한 아담에게 필요했던 것이다. 복음을 전하는 자가 모든 종류의 옷, 곧 특권, 지위, 직함, 권세 등을 포기한 맨몸으로 다가갈 때, 비로소 기독교 진리를 전달할 수 있는 한 가지 조건을 갖춘 것이다.

### 2) 삶

예수는 몸으로 오셨기 때문에 삶을 사셔야 했다. 몸이 있으면 어떤 식으로든 삶이 나타나기 마련이다. 하다못해 식물인간도 누워 있는 방식으로 자신의 삶을 드러낸다. 몸을 가진 살아 있는 모든 사람은 삶을 산다. 예수는 몸으로 오시어 삶을 사셨다. 그리고 바로 이 삶이 진리를 계시하는 수단이다. 예수는 몸으로 오셔서 삶으로 하나님의 말씀을 계시하셨던 것이다.

세상은 반역의 질서다. 감히 하나님을 배신하고 역모를 꾀한 역적이다. 그런데 하나님은 그런 세상을 사랑하셔서 독생자를 보내셨다.

이것을 두고 예수는 "하나님이 세상을 이처럼! 사랑하사 독생자를 주셨으니요 3:16"라고 하셨다. 여기 '이처럼'은 예수께서 몸을 입고 이 땅에 오신 것을 두고 하시는 말씀이다. 즉 예수께서 몸을 입고 이 땅에 오신 사건에서 하나님의 사랑이 '이처럼' 가장 극명하게 드러났다는 것이다. 하나님은 세상을 구원하시기 위해 천사나 그룹, 스랍을 보내신 것이 아니고, 부리시는 다른 영靈들을 보내신 것도 아니다. 당신의 하나밖에 없는 독자를 친히 보내셨다. 어느 부모가 원수를 살리겠다고 자신의 목숨보다 더 아끼는 아들을 내놓겠는가? 그런데 하나님은 그리 하셨다. 예수께서 몸을 입고 이 땅에 오신 그 사건에서 우리는 세상을 향한 하나님의 최고의 사랑이 계시된 것을 본다.

바울은 빌립보서 2장의 '그리스도의 찬가'에서 그리스도의 성육신을 아름답게 노래했다. 바울은 예수께서 자신을 완전히 비우시고 사람의 몸을 입으셨다고 말했다. 사람이 되는 것은 자신을 비우는 행위다. 사실 우리는 창조주께서 사람이 되셨다는 말의 뜻을 제대로 이해하기 힘들다. 도대체 얼마나 높으신 분이었는지를 모르니 그분이 얼마나 낮아지셨는지 알 수가 없는 것이다. 모두 올라가려고 발버둥치는 세상 한복판으로, 그 중에서도 가장 밑바닥으로 우리 주님은 내려오셨다. 그리고 창조주께서 사람을 부모라고 부르며 따르셨고, 부모에게 효孝를 다하셨다. 예수는 왕궁이 아니라 짐승의 구유에서 태어나셨으며, 예루살렘에 입성할 때는 나귀를 타셨고, 스승이 되셔서 제자들의 발을 씻기셨다. 이러한 예수의 삶에서 우리는 하나님의 겸손과 겸비가 계시된 것을 본다.

예수는 불학무식한 갈릴리 어부들을 중심으로 제자들을 뽑으셨다.

그 제자들을 데리고 다시시며 그들과 함께 먹고 마시셨다. 그분은 수업이 있을 때만 출근해서 강의하고 퇴근하는 학원 강사들과는 달랐다. 제자들과 친밀하게 함께 사셨다. 바로 이 친밀한 관계의 체험 때문에 요한은 자신이 예수를 보고, 듣고, 손으로 직접 만졌노라고 말한다. 또한 예수는 가난한 자, 약한 자, 병든 자를 직접 찾아 다니셨다. 그리고 할 수 있는 대로 손을 대고 만지시며 고쳐 주셨다. 또 세리 마태를 제자로 삼으셨고, 세리 삭개오의 집에 들어가서서 죄인들과 잡수셨다. 이처럼 작은 자와 가난한 자들의 친구가 되셨다. 바로 예수의 이 삶에서 우리는 세상을 가까이하시는 하나님을 보며, 하나님의 친밀감과 친근함, 화해와 용서의 메시지를 목격한다.

그리고 예수는 십자가를 지셨다. 십자가는 절대로 쇼가 아니다. 이것은 실제 상황이다. 예수는 자신의 진짜 몸을 십자가에 못박도록 내주셨다. 그리고 십자가에는 아무런 눈속임도, 특수 장치도, 특수 효과도 없었다. 십자가에 매달려 계실 때 보이지 않는 피아나 줄을 달고 공중에 매달리신 것도 아니고, 손을 뚫고 들어갔던 못은 용수철 장치가 있는 가짜가 아니었다. 예수께서 흘리신 피는 분장용 피가 아니며, 컴퓨터 그래픽은 한 컷도 없었다. 이 모든 것은 한 편의 감동적인 영화가 아니라 진짜 삶 그대로였다. 영지주의자들은 예수의 십자가 사건을 한 장의 이미지로 축소하고자 애를 쓴다. 그렇다 하더라도 사람들은 멋진 드라마요, 아름다운 예술인 십자가에 감동을 받았을 것이다. 그러나 그런 십자가는 우리의 실제 삶의 곤경과 고통, 질병, 죄와 죽음의 문제를 해결할 수 없다. 교훈과 감동, 메시지로 만족할 뿐이다. 그러나 예수는 아무런 보호장구 없이 맨몸으로 십자가에 달리셨으며, 온몸으로 모든 고통을 다 받으셨고, 돌아가셨다. 숨이 진짜 끊어지셨다. 죽음으로 우리의 죄를 사하시는 하나님의 생명의 복음을 계시하셨다.

예수는 죽은 지 사흘 만에 부활하셨다. 물론 이 부활도 진짜다. 특수 효과가 아니다. 예수가 기절했거나, 제자들이 환상을 봤거나 거짓말을 꾸며 냈다는 둥 말들이 많다. 하기야 사도들도 믿을 수 없었다고 하니 예수의 부활 소식이 어찌 쉬이 믿을 수 있는 소리였겠는가. 그러나 사도들은 말한다. 자신들은 예수의 부활을 믿지 않을 수 없었다고. 부인할 수 없는 부활의 증거 때문에 그들은 예수의 부활을 믿지 않을 수 없었던 것이다. 특히 의심 많던 도마가 그러했다.

예수는 이 부활로 복음을 완성하셨다. 예수의 부활은 제자들로 하여금 부활할 수 있으리라는 꿈을 꾸게 한다. 예수의 부활이 환상이라면 부활에 대한 제자들의 꿈도 환상 이상이 될 수 없을 것이다. 그러나 예수의 부활이 사실이라면 제자들 역시 사실인 부활을 꿈꿀 수 있다. 예수께서 진짜로 부활하셨기에 우리도 진짜 부활을 꿈꿀 수 있다. 바울은 말한다. 부활이 없다면 복음도 거짓이고, 전도도 헛짓이고, 믿음도 가짜고, 대속, 죄사함, 구원도 전부 거짓이며, 자신은 사기꾼일 뿐이라고고전 15:14-17. 그러나 부활이 참이기에 이 모든 것도 참이다. 이처럼 예수는 자신의 성육신, 삶, 제자들과의 동거, 십자가 죽음, 부활 등을 통해 진리를 완전히 드러내셨다. 진리는 말보다 앞서, 삶을 통해 먼저, 그리고 진실하게 증거되었다.

### 3) 말

진리는 몸을 통해 드러나고, 삶을 통해 계시되었다. 그러나 말이 없다면 이 모든 계시는 분명하게 전해지지 않았을 것이다. 예수의 말은 세상 철학처럼 진리를 새롭게 발명해 내지 않는다. 다만 하나님의 계시를 분명하고 또렷하게 설명한다. 말은 그래서 덕을 세우는 데 요긴하다. "혀로써 알아듣기 쉬운 말을 하지 아니하면 그 말하는 것을 어찌 알리요 이는 허공에다 말하는 것이라고전 14:9." 사실 말이 아니었다면 후대에 사는 우리가 어찌 예수의 몸에 대해서나 삶에 대해 듣고 깨달을 수 있었을까. 사도들이 예수에 대해 말로 가르치고, 글로 써서 오늘 우리에게까지 전해진 것이 아니겠는가. 예수는 특히 말로 하나님 나라의 복음을 전하셨다. "회개하라, 천국이 가까이 왔느니라 마 3:2."

예수의 산상설교는 지상에서 가장 아름다운 가르침이다. 또한 천국에 대한 가르침과 도전은 어떠한가? 장차 올 미래에 대한 예수의 가르침은 또 얼마나 소망스러운가? 인류는 아직까지 그만한 교훈을 가져 본 적이 없으며, 앞으로도 영원히 가질 수 없을 것이다. 예수의 모든 가르침 한 마디 한 마디에 헤아릴 수 없는 심오함과 오묘함이 들어 있다. 그것은 결코 지상에서 꾸며 낼 수 있는 성질의 것이 아니다. 하늘 문이 열리고 하늘에서 내려온 것이 분명하다. 그렇다. 예수는 여러 번 자신의 삶과 말은 자신의 것이 아니라 하나님 아버지의 것이라고 말씀하셨다. "내가 내 자의로 말한 것이 아니요 나를 보내신 아버지께서 내가 말할 것과 이를 것을 친히 명령하여 주셨으니 나는 그의 명령이 영생인 줄 아노라 요 12:49-50." 진정 예수는 말로 하늘의 뜻을 계시하셨다.

하지만 예수의 말은 특이했다. 첫째, 예수는 몸과 삶으로 드러나지 않는 말은 절대로 전하지 않으셨다. 삶이 없는 말은 빈 말이다. 예수의 산상설교를 들은 많은 사람이 예수의 말은 서기관들의 가르침과 달랐다고 했다 마 7:29. 무엇이 달랐을까? 무엇보다도 그 차이는 실천의 차이였다. 예수는 서기관과 바리새인들의 가르침에 대해 "그들은 말만 하고 행하지 아니" 한다고 하셨다 마 23:3. 그래서 그들이 하는 말은 따르되 그들의 행동은 본받지 말라고 하셨다. 당시의 지도자들은 요즘말로 하면 '~카더라' 통신이라고 할 수 있다. 그들은 백성들을 가르칠 때 '모세한테 들었는데 토라에서는 뭐라뭐라 카더라'는 식으로 가르쳤던 것이다. 전혀 자신의 가르침에 대해 책임지지 않았던 그들은 순전히 내용만 전하는 내용 전달자들이었다. 게다가 그 내용조차 왜곡되었다. 반면에 예수는 자신의 몸과 삶, 곧 그의 존재가 그의 가르침의 중심이었다. 심지어 예수는 가르치실 때 "나는 너희에게 이르노니…"라고 말씀하시면서 가르치셨다. 예수는 자신의 가르침에 무한책임을 지셨으며 몸과 삶으로 말을 보증하셨다.

둘째, 예수는 사람들의 칭찬과 영광을 얻기 위해 말하지 않으셨다. 그런데 당시 지도자들은 이것 때문에 말하고 다녔다. 그들은 훌륭한 말을 하면 자신들도 훌륭해지는 줄 알았다. 또 그 말을 듣는 사람들도 그렇게 될 줄 알았다. 그랬으니 그들을 쫓아다녔던 게 아니겠는가. 그들은 그 가르침이 자신이 고안해 낸 것인 양 자기 이름으로 이론을 발표했다. 그래서 학파가 생기고, 주의와 주장들이 생겨났다. 그러나 주님은 말씀하신다. "스스로 말하는 자는 자기 영광만 구하되요 7:18."

그분의 말은 혼자서 깨달은 탁월한 철학이 아니었다. 그분은 그저 성령을 통해 아버지께서 가르쳐 주신 것을 있는 그대로 전한 대언자셨다. 때문에 자신의 영광이나 사람들의 칭찬 따위는 안중에도 없었다. 그분의 관심은 오로지 하나님의 뜻을 올바로 증거하느냐 하는 것이었다.

셋째, 예수는 상당히 난해하게 가르치셨다. 종종 사람들은 예수께서 비유로 가르치셨다는 것 때문에 눈높이 학습을 한 모범이라고 말한다. 그러나 이것은 완전한 오해다. 예수께서 비유로 말씀하신 이유는 잘 알아듣도록 하기 위해서가 아니라 못 알아듣도록 하기 위해서였다. 그분은 비유로 가르치신 이유를, "천국의 비밀을 아는 것이 너희에게는 허락되었으나 그들에게는 아니 되었"기 때문이라고 하셨다마 13:11. 예수의 가르침은 결코 친절하지 않았으며 이해하기 쉽지도 않았다. 그래서 높은 학식을 가졌던 니고데모도 가르침을 듣고 헤맸으며, 제자들도 만날 헛소리를 지껄였던 것이다. 요한복음 6장의 '생명의 떡 강화'는 예수의 가르침이 얼마나 대중성이 없었는지를 단적으로 보여 준다. 예수께서 자신의 살을 먹어야 한다고 가르치시자, 사람들은 "이 말씀은 어렵도다. 누가 들을 수 있느냐"고 반응했다요 6:60.

왜 예수의 가르침이 난해했을까? 예수의 가르침을 이해하기 위해서는 반드시 필요한 조건이 있었기 때문이다. 첫째로 가난해야 했다. 예수의 말씀에 따르면 복음은 가난한 자들에게 전해진다마 11:5; 눅 4:18; 눅 7:22. 부자는 천국 복음을 이해하기 어렵다. 니고데모가 복음을 이해하기 어려웠던 이유는 그가 부자였기 때문이리라. 반면에 수가 성 여인은 가난한 자였기에 복음을 깨달을 수 있었다. 천국 복음은 세상에서 멸시받고 천대받는 자들에게 주어지는 복음이다. 둘째로 복음은 예수를 따라 나선 자들만이 깨달을 수 있다. 예수는 제자들에게 다짜고짜 '나를 따르라'고 하셨다. 예수의 부름을 받들고 예수를 따라 나선 제자들은 한참 뒤에 말씀을 깨달았다. 온전한 깨달음은 성령께서 오신 뒤에야 점차적으로 더해졌다. 즉, 예수의 가르침은 학원 강사들처럼 가만히 앉아 있기만 하면 처음부터 차곡차곡 핵심을 정리해 주는 식이 아니었다. 예수를 따라 나섰을 때 비로소, '아하!' 하고 깨달아지는 식이었다. 이는 예수의 가르침이 존재와 삶에 관한 영적 진리였기 때문이며, 절대로 지성을 쌓는 그런 지식이 아니었기 때문이다. 이러한 이유로 예수의 가르침은 난해했다. 이 난해한 천국 복음을 이해할 수 있기 위해서 사람들은 가난해져야 했고, 예수를 따라 나서야 했다.

마지막으로 예수의 가르침은 전혀 가공되거나 꾸며지지 않았다. 예수의 말의 특징은 자신이 받은 영을 따르셨다는 점이다. 예수께는 말하게 하는 영이 있었으니, 물론 그분은 성령이시다. 때문에 예수는 미리 할 말을 준비하지 않으셨다. 이는 바리새인이나 서기관과 많이 달랐다. 그들은 세금, 부활, 현장에서 간음한 여자를 처분하는 등의 문제에 대해 예수께 물으러 올 때 할 말을 준비해 왔다. 예수를 곤란케 할 의도를 가지고 미리 준비한 것이다. 그러나 예수는 그들의 말을 무색케 할 놀라운 지혜의 말씀을 즉석에서 쏟아 내셨다. 제자들도 마찬가지였다. 공회 앞에서 그들이 기탄없이 말을 쏟아 내자 관원들이 깜짝 놀랐다. 이 밖에도 배움이 없는 자들이 유식한 자들을 무색케 했던 수많은 역사적 사건이 기록으로 전해진다. 주님은 말씀하셨다. "무슨 말을 할까 미리 염려하지 말고 무엇이든지 그 때에 너희에게 주시는 그 말을 하라. 말하는 이는 너희가 아니요 성령이시니라막 13:11." 예수께서 전한 진리는 자신의 존재, 곧 그분의 몸과 삶에서 자연스럽게 용출되어 나오는 영의 표현이었지, 여러 책을 읽고 여기저기서 끌어다가 인용한 설교 원고가 아니었다. 이것이 예수의 말의 특징이었다.

## 4. 초대교회에서의 계시

예수의 계시는 그대로 제자들에게 위탁된다. 예수의 구상은 이런 것이었다. 하나님이 하늘 뜻을 전하기 위해 독생자를 보내신 것처럼 자신도 제자를 보내는 것 말이다. "아버지께서 나를 보내신 것같이 나도 너희를 보내노라요 20:21." 학자들은 이를 '하나님의 선교Missio Dei'라고 부른다. 사실 이 용어와 관련된 논쟁은 너무나 거대해서 여기서 다룰 수 없지만, 모든 선교의 원형은 하나님 아버지께서 독생자 예수 그리스도를 보내는 방식이 되어야 한다는 의미를 지닌다.

따라서 제자들은 무엇보다도 자신의 '몸'을 통해 하나님의 뜻을 드러내고자 노력해야 했다. 예수의 몸이 제자들의 몸으로 전이되어야 하는 것이다. '환생'이라는 동양적 용어로 설명하자면, 예수는 제자들의 몸을 통해 다시 환생하고 싶으셨던 것이다. 환생을 신학적으로는 '재성육신' 혹은 '재육화'라고 한다. 예수는 정말로 강력하게 재성육신을 원하셨다. 마지막 만찬은 바로 재성육신에 대한 예수의 강렬한 욕망의 표현이라고 할 수 있다. 예수는 떡과 포도주를 자신의 몸과 피라고 했고, 초대 교인들은 이것을 곧이곧대로 믿었다. 초대교회가 이해했던 예배는 예수를 먹고, 예수가 되고, 예수를 사는 삶이었다. 예수를 먹어서, 예수가 되고, 예수를 사는 자들이 비로소 말로써 예수의 가르침을 전할 수 있었다. 때문에 전도란 어디까지나 자신의 몸과 삶을 바탕으로 가능한 것이었다.

예수는 자신의 본을 제자들에게 전수하셨고, 제자들 역시 자신의 본으로 자신의 제자들을 가르쳤다. 그래서 바울은 감히 이렇게 말할 수 있었다. "내가 그리스도를 본받는 자가 된 것같이 너희는 나를 본받는 자가 되라고전 11:1." 자신은 예수를 본받을 테니 제자들은 자신을 본받으라는 것이다. 어찌 보면 이는 심히 참람하고 교만한 말이다. 그러나 이것은 바울이 예수를 재육화함으로써 예수의 가르침이 올바르게 전해질 수 있다는 원리를 깨닫고 한 말이었다.

예수의 가르침이 제자들의 몸과 삶을 통해 그분의 재성육신이 됨으로써 가장 온전하게 전해질 수 있다는 것은 주후 2세기 초대교회 교회론의 핵심이었다. 당시 정통교회의 강력한 라이벌격인 영지주의자들은 자신이 하나님의 영을 직접 받았기에 하나님의 뜻을 가장 잘 이해하며 가장 잘 간직한다고 주장했다. 그러니까 예수께로부터 일종의 비전秘典을 전수받았다거나 영적인 직통 계시를 받는다고 주장한 것이다. 그러나 이에 반대하여 정통교회에서는 예수의 가르침이 사도들을 통해 교회 안에서 가장 올바르게 전해지고 간직된다고 주장했다. 이것이 초기 '사도계승설'이다. 가톨릭교회는 이 사도계승설을 기계적이고, 권위적이고, 마술적으로 이해하여 베드로가 예수께 천국 열쇠를 받아 그것을 후대의 교황들에게 전해 주었다는 식으로 주장하게 된다. 하지만 본래 이레니우스와 같은 교부들의 사도계승설의 핵심은, 교회 안에서 사도들의 믿음과 실천의 본을 통하여 예수의 모범이 올바르게 전해 오며 교회는 믿음과 삶을 통해 예수의 본을 가장 올바르게 간수한다는 것이었다. 때문에 이레니우스는 교회를 '그리스도의 교훈의 보고'라고 말할 수 있었던 것이다.

주후 3세기 키프리안의 교회론은 교황 중심의 가톨릭주의를 성립하는 데 결정적인 기여를 한다. 그는 전 세계 교회가 최고 사도인 베드로 그리고 그가 세운 로마 교회, 또 그의 권위를 이어받은 로마 교회의 감독의 권위 하에 일사분란하게 통일되는 하나의 보편적 교회가 되어야 한다고 주장했다. 그런데 그가 이렇게 주장한 데는 나름의 이유가 있었다. 키프리안은, 교회가 간직한 그리스도의 진리란 명제적인 형태의 교리나 신조보다는 '사랑'에 기초한 진리라고 믿었다. 그리고 교회가 사랑에 기초한 진리를 붙들고 있다면 그것은 '교회의 하나됨'이라는 형태로 나타날 것이라고 보았다. 노바티안이 교회는 더욱 순결해져야 한다며 기존의 교회로부터 분리해 나가려고 할 때 키프리안이 이를 강력하게 반대했던 이유가 바로 여기에 있었다. 교회가 분리된다면 교회에는 사랑이 없다는 증거요, 교회에 사랑이 없다면 교회가 증거하는 진리는 거짓이 되고 만다는 것이다. 원시 가톨릭주의의 대부이기는 하지만, 키프리안 역시 교회란 모름지기 모범을 통해서만 진리를 바로 가르칠 수 있다고 믿었다.

게르하르트 로핑크Gerhard Lohfink가 잘 지적한 대로, 초대 그리스도인들은 실천이야말로 기독교 진리의 우수성과 탁월성을 입증할 수 있는 가장 강력한 방식이라고 믿었다. 그래서 이그나티우스와 폴리캅 등은 신자가 말씀대로 살지 않으면 그리스도를 욕보이는 것이요, 말씀대로 살면 하나님이 영광을 받으실 것이라고 했으며,「클레멘트 2서」의 저자도 성도들이 말씀대로 살지 않으면 그리스도의 가르침은 신화나 오류로 치부될 것이라고 했다. 초대교회는 조직이나 기구, 전략 같은 것들을 가지고 있지 않았다. 대신에 진리를 살아내는 실천은 가지고 있었다. 그들은 그리스도의 말씀을 온 실존을 통해 가르쳤으며, 이 때문에 이교도들과의 논쟁에서 초대 그리스도인들이 할 수 있었던 가장 강력한 공격은 '와서 보시오'였다.

# 제14장

# 메가처치 설교주의 논박(2):
# 설교만 남은 메가처치

메가처치는 진리를 전하는 방식에서 성서의 가르침으로부터 심각하게 벗어나 있다. 정말로 우려스러울 정도다. 메가처치에서의 진리의 계시는 예수의 본이나 사도들의 본과 심히 거리가 멀다. 즉, 메가처치의 목사들은 예수와 사도들이 자신의 몸, 삶, 말로써 하나님의 말씀을 전했던 방식을 버리고, 오직 말로만 그것도 미리 잘 정리한 설교 원고로만 진리를 전하려 한다.

## 1. 메가처치의 인격 부재 현상

메가처치의 가장 큰 문제는 인격 부재 현상에 있다. 최소한 메가처치는 두 가지 이유로 인격 부재 현상을 피할 수 없다. 첫째로 메가처치는 '크기' 때문에 인격 부재 현상을 촉발한다. 통상 3천 명 이상의 교회를 메가처치라고 할 때, 이러한 규모의 교회에서 목사와 성도들 사이에 그리고 성도와 성도들 사이에 거리와 간격이 생겨나는 것은 불가피하다. 그리고 이 거리와 간격은 인격 부재 현상을 촉발한다. 설교자와 청중들 사이의 거리와 간격이 너무도 멀어져서 메시지의 전달은 점차 원거리 커뮤니케이션이 되어 간다. 목사는 멀리서 말씀을 전하고, 청중들은 멀리서 듣는다. 이러한 커뮤니케이션 방식에서 목사와 성도들 간의 사적私的 관계는 커뮤니케이션을 방해하는 잡음으로 여겨질 뿐이다. 그래서 목사는 성도를 집에 초청하지 않는 것이 좋고, 집에 오더라도 여성도가 냉장고 문을 열어 본다거나 살림하는 모습을 보는 것은 은혜가 안 된다는 말을 하는 것이다. 괜히 목회자들의 덕스럽지 못한 모습을 보면 설교를 들을 때 은혜가 안 되기 때문이다. 삶 없는 메시지가 더 은혜롭다는 뜻이 된다. 그러니까 메가처치 내에서 기독교 계시는 순수한 메시지로 정제되며, 이 과정에서 목사와 성도, 성도와 성도들 간의 사적 관계도 정제되어 걸러진다. 이는 메가처치 목사의 말과 삶이 표리부동하다는 뜻이 아니라, 메가처치 목사의 삶은 성도들에게 사실상 존재하지 않는 것이나 다름없다는 뜻이다.

둘째로, 메가처치의 인격 부재 현상은 교회 밖의 영향 때문에 더욱 배가된다. 안톤 지더벨트Anton C. Zijderveld는 현대 사회를 추상적 사회라고 불렀다. 추상적 사회 속에서 모든 인간과 사물은 순수한 추상으로 존재하게 된다. 가령 방송국 PD의 입장에서 시청자란 실제 사람이 아니고, 시청률로 잡히는 순수한 숫자다. 엘륄식으로 말하면, 추상적 사회에서 이웃은 사라지고, 시청자, 유권자, 소비자, 고객 등 추상적 존재만 남는다. 텔레비전이나 영화 속의 연예인들의 존재 방식도 이미지에 불과하다. 문제는 이러한 사회적 현상을 메가처치는 걸러 낼 수 없다는 것이다. 추상적 사회의 세속적 조류가 메가처치 안으로 그대로 밀려든다.

메가처치는 추상적 사회에 존재하는 추상적 교회다. 메가처치에 는 사람이 없고 추상적인 기호들만 존재한다. 그래서 메가처치에는 이웃이 없다. 메가처치가 인기 있는 이유는 이웃이 없기 때문이다. 거 치적거리는 것 없이 깔끔하게 신앙생활을 할 수 있기 때문에 사람들 은 메가처치를 찾는다. 참으로 쿨~한 교회다. 메가처치 안에서 교인 은 거대한 군중 장면mob scene을 연출하는 점들의 집합이고 웅장한 이 미지다. 메가처치에는 사람도 없고 이웃도 없다. 이웃이 없으니 이웃 에게 전도하지도 못한다. 메가처치의 전도 방식은 추상적인 구도자 를 대상으로 삼는 것이 되었다. '옆집 사람 마리오'가 아니라 릭 워렌 Rick Warren이 발견한 '새들백의 샘'이 메가처치의 전도 대상이다. 추 상적 평균인으로서의 새들백의 샘이 메가처치의 교인들이다. 만 명 이 모이는 메가처치에는 만 명의 새들백의 샘이 출석하는 셈이 된다.

문제는 메가처치가 이러한 인격 부재 현상을 대수롭지 않게 여긴 다는 것이다. 인격 부재 현상은 '교회가 커지다 보면 어쩔 수 없이 생 겨나는 일' 쯤으로 치부된다. 그러니까 진리의 인격성은 하나님 나라 의 확장을 위해 기꺼이 포기되어야 할 '값싼 감상주의' 쯤으로 여기 는 것이다. 그러나 이는 큰 오해다. 진리가 인격과 분리된다면 그것은 더 이상 기독교 진리가 아니다. 그리고 진리가 없다면 기독교도 없다. 따라서 인격의 부재는 대단히 심각한 문제다. 그럼에도 불구하고 메 가처치는 이런 심각한 결과에 대해 거의 자각 증상을 가지지 못한다.

참으로 슬픈 일이 아닐 수 없다. 메가처치의 인격 부재 현상으로 말미암아 기독교 진리는 심각한 위기에 처하게 된다.

## 2. 메가처치 설교주의 논박

20세기의 위대한 설교자, 마틴 로이드 존스*Martin Lloyd-Jones* 목사는 그의 「설교와 설교자」*Preaching and Preachers,* 복있는사람 역간라는 책에서 같은 말을 수없이 반복한다. '오직 설교로만!' 오직 설교만이 복음 진리를 올바르게 선포할 수 있다는 것이다. 종교개혁은 예배에서 설교의 위치를 회복했다. 그리고 점차 설교는 개신교회 예배에서 가장 큰 비중을 차지하게 된다. 이러한 현상은 메가처치에서 더욱 심화된다. 그래서 메가처치는 설교를 가장 중요하게 여긴다. 메가처치를 정당화하는 논리는 대충 이런 식이다. 하나님의 말씀이 올바르게 선포되는 것이 가장 중요하다. 설교는 하나님의 말씀을 가장 잘 전하는 방식이다. 따라서 설교가 제대로 선포되는 교회, 특히 메가처치는 건강한 교회다.

메가처치는 사실상 설교만 남은 교회다. 물론 메가처치에는 많은 프로그램이 있고 다양한 활동이 있다. 그러나 메가처치 교인의 상당수는 설교 때문에 온다. 실제로 메가처치의 설교자들은 다 설교를 잘한다. 메가처치 교인의 상당수는 재미와 감동, 유익한 설교를 부담 없이 듣고 은혜의 포만감으로 교회를 나선다. 이들이 소위 선데이 크리스천이다. 유난히 부담 없는 쿨한 교회인 메가처치가 선데이 크리스천들의 온상이라는 점에는 별 이견이 없을 것이다.

이런 사람들이 차지하는 비율은 교회마다 다르겠지만, 파레토의 20/80법칙대로라면 대충 80퍼센트 정도는 되지 않을까 싶다. 파레토의 법칙이란 어느 집단이든 활동적인 멤버 대 수동적인 멤버의 구성 비율이 20 대 80은 된다는 것인데, 오늘날 적지 않은 교회 성장학은 이 법칙에 근거하여 성장 전략을 짠다. 이 법칙이 맞다면 메가처치 교인의 80퍼센트는 대부분 설교만으로 신앙생활을 하는 자들이라고 짐작해 볼 수 있지 않을까 싶다. 로이드 존스와는 조금 다른 의미지만 오늘날 메가처치에는 '오직 설교'만 있다.

### 1) 초대교회는 설교주의를 따르지 않았다

프랭크 바이올라는 설교를 개신교회의 '신성한 소'라고 했는데, 그의 말대로 개신교회에서, 특히 메가처치에서는 설교를 숭배한다. 메가처치는 설교주의 교회다. 그러나 초대교회는 설교주의를 따르지 않았다. 그렇다면 초대교회에는 설교가 없었는가? 당치 않다. 오히려 초대교회 때는 지금보다 훨씬 더 강력한 능력을 발휘했다. 그러나 초대교회의 예배에서는 설교가 오늘날과 판이하게 달랐다. 그렇다면 어떻게 달랐는가?

여기서 독자 여러분에게 환기시킬 내용이 있다. 지금 초대교회가 매주 드렸던 예배 때의 설교에 대해 말하고 있음을 기억하시기를 바란다. 예수와 제자들이 무리들 앞에서 선포했던 하나님 나라의 복음 선포는 여기에서 논의하지 않겠다. 또 사도행전 2장과 4장에 나오는 베드로의 설교나, 바울이 전도 여행을 하면서 여러 곳에서 했던 설교들도 논외로 치자. 이러한 설교는 소위 '케리그마'라고 하는데, 이는 불신자들을 대상으로 했던 일종의 전도 설교요 복음 설교다.

또한 특별 집회의 설교도 여기서는 논외로 한다. 사도행전 20장에는 바울이 드로아에서 교회의 모임 중에 길게 설교하는 장면이 나온다. 너무 길게 설교해서 유두고라는 청년이 졸다가 낙상하여 죽는 사고가 발생한다. 이때 바울의 이 긴 강론은 대단히 이례적인 일이었으며, 초대교회의 매주 예배 때 이런 긴 설교가 있었으리라고 생각하는 것은 엉뚱한 상상이다. 프랭크 바이올라가 지적한 대로, 이런 종류의 설교는 특별한 사정이 있을 때 열리는 일종의 특별 집회 혹은 성서 세미나 같은 성격의 것이었다. 나는 이런 종류의 설교가 아니라 초대교회가 매주 예배 때 나누었던 설교에 대해 논하고자 한다.

이렇게 볼 때, 초대교회 때는 설교의 비중이 오늘날과 같이 높지 않았다. 로버트 뱅크스에 따르면, 주후 1세기 교회의 예배는 형식면에서 대단히 자유분방했다. 성도들은 식사 시간 전후로 긴 시간동안 교제와 찬양, 말씀 낭독과 나눔, 식사, 성찬, 기도 모임 등을 가졌다. 이때에는 오늘날과 같은 설교 시간이 따로 정해져 있지도 않았으며 설교는 다양한 방식으로 여러 사람에 의해 이루어졌던 말씀 나눔을 포함하는 것이었다.

주후 2세기가 지나면서 기독교 예배는 형식면에서 1부 말씀 예배, 2부 성찬 예배로 정형화되었다. 불신자의 예배 참석은 엄격히 금지되었고, 2부 성찬 예배 때는 더더욱 그랬다. 성찬은 오로지 침례/세례 신자들만 참석할 수 있었다. 반면에 1부 예배는 좀더 허용적이어서 입교 예비자들까지 참석이 가능했다. 앨런 클라이더에 따르면, 성찬은 예배의 절정으로 여겨졌다. 학자들은 대부분 초대교인들이 말씀

예배보다는 성찬 예배를 훨씬 더 중요하게 여겼다고 말한다. 말씀과 성찬은 모두 중요했으나 성찬이 더욱 중요했다는 뜻이다.

하지만 초대교회가 말씀을 중요하게 여기지 않은 것은 아니다. 말씀이 없이 그리스도인다운 삶을 살 수는 없는 노릇이니 말이다. 그러나 초대교인들은 단순히 말이나 글로 예수의 가르침이 전해진다고 믿지 않았다. 그들은 예배 중에 그리스도의 성령께서 현존하신다고 믿었고, 그리스도의 현존이 떡과 밀접하게 연관되어 있다고 믿었다. 부활하신 그리스도께서는 예배 중에 떡과 함께 임재하신다. 떡과 포도주는 그리스도의 살과 피를 가리켰으며, 성육신하신 예수, 부활하신 그리스도를 상징했다. 따라서 성찬 자체가 보이는 말씀이었던 것이다. 아울러서 말씀이라 함은 지도자의 모범, 공동체의 삶의 맥락 전체와 연결되어 있었다. 이 모든 것이 하나로 합쳐져서 예배를 이루고 말씀을 이루었다. 때문에 이러한 초대교회의 예배 및 설교는 오늘날 설교가 예배의 전부인 양 생각하는 개신교식 '설교주의'와는 너무도 거리가 멀었다.

## 2) 초대교회의 설교는 오늘날의 설교와 달랐다

앞서 말한 대로, 초대교회의 예배는 말씀 중심의 예배와 성찬 중심의 예배로 구성되어 있었다. 말씀 예배 때 설교가 선포되었는데, 이것도 오늘날 교회에서 선포되는 설교와는 상당히 다른 모습을 띠었다. 우리가 아는 설교 그리고 로이드 존스가 그토록 강조하는 설교는 웅변조의 수사학적 설교라 할 수 있는데, 초대교회에서는 이런 설교를 찾아 볼 수 없었다. 로이드 존스가 설교의 중요성을 일깨워 준 것은 분명 잘한 일이지만, 불행히도 그는 설교에 대한 많은 오해를 제대로 풀어 주지 못하고 도리어 고착시켜 버리고 말았다.

초대교회 특유의 설교 스타일은 우선 모임 장소와 연관이 깊었다. 처음 300년간 초대교회는 대부분 일반 가정에서 모였으며 따로 건물을 가지고 있지 않았다. 뒤늦게 교회 건물로 추정되는 시리아 지역 두라 유로포스에 있는 도무스 에클레시아나 로마에 있는 티툴루스 비잔티스 등의 존재가 확인되지만, 이것들도 일반 가정집을 개조한 것에 불과했다. 가정집에서 20명 남짓한 사람이 모여 예배를 드리는 것이 초대교회의 일반적인 모습이었다. 이러한 예배 환경 때문에 초대교회에서는 오늘날과 같은 웅변조의 수사학적 설교가 어울리지 않았다. 고대의 수사학이 본격적으로 도입된 주후 4-6세기까지는, 초대교회의 예배에서 웅변조의 수사학적 설교를 듣는 것은 대단히 어려운 일이었다.


**가. 초대교회의 구원, 교회 그리고 예배.** 초대교회의 예배 모습이나 설교 스타일을 이해하기 위해서는 그들의 구원관과 교회관을 이해해야 한다. 초대교인들은 구원을 제2의 출애굽으로 이해했다. 구원을 세상 가운데서 천국 복음을 듣고, 예수를 따라, 세상을 탈출하는 것으로 여겼다. 이렇게 세상을 탈출하여 침례/세례 받은 자들이 천국 시민이며, 교회는 지상에 존재하는 천국의 식민지 같은 것으로 여겨졌다.

100퍼센트 완벽할 수는 없었지만, 원칙상 교회는 신자들만의 모임으로 간주되었다. 교회 안과 밖은 어둠과 빛만큼이나 서로 완전히 이질적인 세계였다. 교회는 천국의 식민지로서 그리스도인은 천국의 시민이다. 따라서 교회에서는 천국 시민의 생활양식이 당연히 발견되어야 했다. 그리고 이러한 생활양식은 당시 로마식 생활양식과는 180도 달랐다. 때문에 두 세계의 이질적인 생활양식으로 인해 엄청난 문화 충격이 생겨났다. 초대교인들은 이러한 이질적 생활양식 때문에 세상 사람들로부터 조롱, 멸시, 박해, 낙인찍히기, 따돌림, 그리고 순교의 위협을 늘 당면하고 살았다. 이러한 상황에서 예배란 세상 한복판에서 천국을 미리 맛보며, 천국 시민으로서의 삶을 배우고 훈련하는 것을 의미했다. 마치 전쟁터의 군인들처럼, 초대교인들은 예배의 모임 때마다 끝까지 그리스도를 배반하지 말자고 서로 권면하고 격려했다.

예배가 이러했기에, 초대교회에서는 예배 때 십자가의 복음이 선포되는 일이 거의 없었다. 물론 교회의 모든 가르침에는 항상 십자가의 복음이 전제되어 있었다. 그러나 세상을 떠나서 예수를 따라 교회로 들어오라는 케리그마의 복음은 예배 때 설교로서 부적합했다. 로이드-존스는 강단에서 주기적으로 십자가의 복음을 선포해야 한다고 말하지만, 이는 교회 안에 불신자가 들어 있다는 사실을 당연하게 받아들인 뒤에나 가능한 얘기다.

초대교회 예배 때 주로 선포되었던 설교는 소위 '디다케'라고 하는 것이었다. 이것은 천국 시민으로서의 그리스도인의 생활양식에 대한 메시지였다. 디다케의 중요 내용은 생명의 길과 사망의 길에 대한 것으로, 말씀을 전하는 자는 성도들에게 끝까지 생명의 길을 따르도록 권면했다. 그리고 이 생명의 길의 내용은 주로 마태복음에 나와 있는 산상설교의 내용을 재구성한 것이었다. 즉, 초대교회의 설교는 예수의 산상설교에 맞도록 신자들의 삶을 변화시키려는 목적을 가지고 있었다.

이런 사정으로 초대교회 예배의 설교는 복음의 선포, 교리 교육, 성서에 대한 이해, 감동의 선사 등을 목적으로 하는 것이 아니라, 히브리서 기자가 말하는 것처럼 '사랑과 선행을 서로 격려하고 권면하는 것'이었다히 10:24. 그러니까 설교는 '우리 끝까지 주님이 주신 생명의 길을 함께 걸어갑시다'라는 식의 상호 권면의 내용이 주를 이루었다. 그리고 이러한 이유로 설교를 한 사람만 전담해야 한다고 생각하지도 않았다. 사실 주후 1세기 교회는 복수의 지도자가 교회를 이끌었다. 따라서 설교자도 한 사람이 아니라 여러 사람이었다. 더 나아가 교회 공동체는 서로에게 그리스도인다운 삶을 가르치고, 권면하고, 격려하는 일을 했다. 말 그대로 '서로 권면'하고 '서로 격려'하는 것이 초대교회의 설교였다.

**나. 초대교회의 설교 스타일**. 그렇다면 초대교회의 설교 스타일은 어땠을까? 바이올라에 따르면, 최초 교회의 설교 스타일은 대충 이런 식이었다. 먼저, 설교는 산발적이었다. 초대교회의 예배 때는 설교라는 시간이 따로 정해져 있었던 것이 아니라 다양한 방식으로 말씀을 나누었다. 예컨대, 성서를 꽤 길게 낭독하는 시간도 있었다. 구약성서와 함께 예수의 어록, 사도들의 서신들이 낭독되었으며, 성서를 읽은 뒤에는 풀어서 설명하는 강해의 시간도 있었다. 또 성도들은 자신의 영적 체험을 간증하기도 했고, 사랑과 감사의 시를 올려드리기

도 했으며, 개인이 묵상한 내용이나 기도 중에 주님이 보여 주신 것들을 나누기도 했다. 또 모임 중에 성령께 받은 예언의 말씀을 즉석에서 나누기도 했다. 이것이 모두 설교였다.

둘째로, 초대교회의 설교는 특정 문제를 해결할 목적으로 이루어졌다. 천국 시민으로 세상에서 산다는 것은 전혀 낯선 방식으로 살아가는 것을 의미했다. 따라서 성도들은 삶에서 부딪히는 문제들에 대해 영적 조언을 듣기를 원했다. 설교는 그러한 성도들의 삶의 문제들, 예컨대 노예와 주인의 관계, 가정 내에서의 관계, 국가와의 관계, 직업 선택 등의 문제들에 대해 천국 시민다운 삶의 모습이 무엇인지를 가르쳐 주려는 목적으로 설교가 이루어졌다. 따라서 설교는 새로운 생활양식을 창조해 내는 시간이었다.

셋째로, 초대교회의 설교는 즉석에서 이루어지는 경향이 강했다. 설교자가 미리 작성된 설교 원고를 읽는 방식은 한참 뒤에 채택된 것이었다. 설교자는 구체적인 삶의 문제들에 대해 성서나 어록, 편지 등을 낭독한 다음 즉각적인 해석과 적용을 예시했다. 따라서 초기 그리스도인도 예수처럼 성령의 인도함을 따라 즉각적으로 가르쳤다. 설교자는 자신에게 충일한 영을 발산해 냄으로써 설교했다.

넷째로, 로버트 뱅크스가 묘사하는 주후 1세기의 예배 모습을 보면 알 수 있듯이, 설교는 대화하는 시간이었다. 가정 문제라든지 노예 문제에 대해 성도들이 물어오면, 설교자는 그 문제에 대한 복음서나 사도의 글을 찾아 읽어 준다. 그러면 성도들은 이에 대해 깨달음을 얻고, 그대로 순종할 것을 서약한다. 그러니까 초대교회 예배의 설교 시간에는 대충 이런 식의 대화가 오고 갔다. "목사님, 이 문제에 대해서는 어떻게 해야 합니까?” “그 문제에 대해 사도들은 이렇게 가르쳤습니다.” “예, 그렇게 하겠습니다.” “우리 모두 이렇게 합시다.” “아멘!” 시간이 갈수록 사라지기는 했지만, 분명히 당시의 대화식 설교는 오늘날과 같이 30분 동안 쉬지 않고 목사 혼자서만 말하는 설교와 크게 달랐다.

다섯째로, 초대교회 때는 설교가 철저하게 실천을 통해 확증된다고 믿었던 것이 사실이다. 산상수훈에 나오는 두려운 경고, “주여 주여 하는 자마다 다 천국에 들어갈 것이 아니요”가 설교자와 성도들을 늘 두렵게 했다. 이 때문에 설교자는 두려운 마음으로 자신이 삶과 괴리되는 말씀을 전하지 않는지 점검해야 했다. 이러한 이유로 설교자에게는 성서를 쪼개고, 원어를 대조하고, 적절한 예화, 감동적인 표현, 천둥을 내리치는 열정, 풍부한 유머, 화려한 제스처 등과 같은 수사학적 능력이 필요하지 않았다. 설교자에게 필요한 능력은 삶에서 부딪히는 문제들에 대해 예수와 사도들이 어떻게 말했는지 성서에서 찾아 읽어 줄 수 있는 정도였다. 대신에 순교의 잔까지 마실 수 있는 불굴의 신앙과 자신의 가르침을 삶으로 보여 줄 수 있는 모범은 반드시 필요했다.

### 3) 수사학의 도입과 설교의 황금기

주후 4-6세기에 수사학이 도입되었다. 수사학이란 한 마디로 ‘설득의 과학과 기술’이다. 논란이 많기는 하지만, 이것이 수사학에 대한 가장 일반적인 정의일 것이다. 본래 수사학은 법정에서 다툼이 생겼을 때 이길 수 있는 말싸움 기술에서 발전되었다. 이러한 말싸움 기술은 주전 5세기 경 소피스트들에 의해 크게 발전되었는데, 이들은 어찌나 말을 잘하는지 진짜도 거짓말 같고 거짓말도 진짜같이 만들어 버렸다. 그래서 후대인들은 소피스트를 가리켜 궤변론자라고도 부른다. 이들은 자신의 말싸움 기술을 활용해서 돈을 벌었는데, 많은 젊은이가 이들에게 돈을 주고 그 기술을 배웠다. 그리스와 로마인들이 수사학을 무척 사랑했기 때문에, 뛰어난 수사학자나 연설가들은 요즘의 연예계 스타와 같은 대접을 받았다.

주후 2-3세기 경, 그리스 사상과 문화에 깊이 젖었던 사람들이 예수를 믿고 교회 안에 들어오게 되면서부터 수사학은 교회에 지대한 영향을 미치게 된다. 이들이 뛰어난 학식으로 성서를 가르치는 교사가 되거나 교회의 지도자들이 되면서, 교회는 서서히 수사학의 영향을 받게 된다. 그러나 교회가 수사학을 본격적으로 설교의 방법론으로 받아들인 것은 기독교가 공인된 이후 늘어난 군중들에게 성서를 가르치고 복음을 전해야 했기 때문이다. 특히 주후 5세기의 아우구스티누스는 수사학과 성서의 메시지를 훌륭하게 결합한 인물로 기록되고 있다. 그때 바뀐 웅변조의 수사학적 설교가 오늘날까지 계속되는 것이다. 바이올라가 지적하듯, 소위 설교학homiletics은 본래 수사학을 일컫는 말이다.

웅변조의 수사학적 설교가 도입되면서 설교는 한 사람의 퍼포먼스로 바뀌었다. 모든 회중이 자신을 쳐다보는 강단에서 장시간 혼자 말을 한다는 것은 굉장히 어려운 일이다. 그래서 수사학의 기술이 필요했다. 때문에 수사학적 설교를 하는 사람은 진리를 전하는 것보다 더 시급한 임무를 부여받았으니, 바로 사람들을 지루하지 않게 하는 것이다. 장시간의 설교에 청중의 관심을 집중시키기 위해 예화의 활용이나 목소리, 몸짓, 표정 등이 고안되었다. 또 엄청난 양의 지식과 정보를 혼란스럽지 않게 이해시키기 위해, 설교는 서론, 본론, 결론의 구조를 띠게 되고, 본론은 몇 가지 간단한 대지와 소지로 배열되어야 했다. 일관성 있는 사고를 위해, 발상부터 배열, 표현, 발표에 이르는 일련의 설교 작성 과정이 중요해졌다. 그리고 이런 원리는 오늘날까지 설교학의 원리로 자리잡고 있다.

교회의 설교는 바로 이러한 기술을 활용하여 기독교의 진리를 전하는 것이 되었다. 다시 말해서 주후 4세기 이후, 설교는 '메시지+설득의 기술'이 된 것이다. 관건이 되는 것은 과연 기독교 진리가 설득의 기술을 통해 전달될 수 있는가 하는 점이다. 여기서 유대-기독교의 진리와 그리스 진리 사이의 차이점을 지적한 앞의 글을 기억할 필요를 느낀다. 기독교 진리가 명제나 공식처럼 그리스적 진리와 같은 성격의 것이라면, 수사학 기술을 통해서도 전달될 수 있을 것이다. 그러나 기독교 진리가 인격이라면, 인격을 통해서만 올바로 전달될 수 있을 것이다.

물론 지나치게 극단적일 필요는 없다. 왜냐하면 기독교 진리에서 지적인 측면을 완전히 제거할 수는 없기 때문이다. 바울의 말대로 믿음은 들음에서 난다. 그리스도에 대해 듣고, 알고, 지식을 얻어야 믿음이 생겨날 수 있다. 때문에 수사학 기술이 악마라도 되는 양 여길 필요는 없다. 그러나 이것이 절대로 본질을 대체할 수 없다는 점은 분명하다. 필립 브룩스Philip Brooks의 말처럼, 설교는 반드시 '인격을 통과한 진리'라야 한다. 바꾸어 표현한다면, '몸과 삶이 전제된 진리'라야 한다. 이것이 설교의 본질이다.

그러나 문제는 수사학에서 진리나 인격은 본질이 아니라 부차적인 요소일 뿐이라는 점이다. 수사학의 핵심은 설득하는 기술이다. 종종 수사학자들 중에는 키케로와 같이 진리성을 강조하는 사람도 있었고, 플라톤이나 퀸틸리안처럼 인격성을 강조한 사람도 있었다. 그러나 현실적으로 수사학은 다른 사람을 설득하는 기술일 뿐이었다. 진리나 인격이 없이도 잘 작동하는 것이 수사학 기술이다. 이는 기독교 진리를 전달하는 데 참으로 치명적인 결함이다. 인격 부재의 상황에서도 수사학적 설교가 설득의 효과를 발휘할 수 있기 때문이다. 메가처치와 같은 인격 부재의 상황에서도 설교가 효과를 발휘하는 것은 기독교 진리의 능력이라기보다는 설득의 기술로서의 수사학의 힘이다.

오늘날 많은 설교학자가 '설교의 위기'를 말한다. 도대체 설교의 위기란 무엇인가? 설교의 위기란 한 마디로 설교한 대로 교회와 신자의 삶이 바뀌지 않는 것이 아니겠는가? 설교 따로 삶 따로, 이것이 설교의 위기가 아니겠는가 말이다. 그런데 설교의 위기는 수사학이 도입되었던 주후 4-6세기부터 이미 나타났던 현상임을 기억할 필요가 있다.

수사학이 도입되면서 설교는 황금기를 맞는다. '기독교의 진리'가 '설득의 기술'을 만났을 때 확실히 강력한 영향력이 나타났다. 암브로시우스, 크리소스토무스, 아우구스티누스, 히에로니무스 등은 위대한 설교자로, 황제조차 그들의 말 한 마디에 두려워 떨었다. 어떤 경우는 설교 때문에 폭동까지 일어났다. 당시 설교는 분명 정치적이고 사회적인 이슈였다. 그러나 이상하게도 설교자들이 수사학을 배우면서, 초대교회의 능력은 기하급수적으로 감소하기 시작했다. 교회는 세상에 대해 아무런 힘도 발휘하지 못했다. 설교의 황금기에 교회의 능력은 형편없이 추락했다. 그 단적인 예가 수도원의 설립이다. 신자들은 교회가 아니라 수도원에 진리가 있을 것이라 믿고 사막과 광야로 길을 나섰다. 그래서였는지 히에로니무스는 꿈에 하나님으로부터 '너는 하나님의 사람이 아니라 키케로의 사람이구나'라는 음성을 들었다고 한다. 그리고 하나님의 이 음성은 오늘날까지 그대로 적용된다.

## 3. 내용주의의 함정

많은 사람이 설교의 위기를 말한다. 그리고 그 대안으로 '성서적인 설교'가 회복되어야 한다고 말한다. 옳다! 분명히 성서적인 설교는 설교의 위기를 극복하는 중요한 대안 중 하나다. 많은 강단에서 비성서적인 설교가 쏟아져 나온다. 목사가 설교 본문으로 성서 한 구절 읽은 뒤, 자기 생각과 인생관, 세계관, 가치관을 마구 쏟아낸다. 이것은 분명 문제다.

그러나 나는 이렇게 묻고 싶다. 과연 설교자가 성서적으로 설교하기만 하면 설교의 위기는 저절로 해결되는가? 목사가 강해설교의 원리에 충실하게, 주석학적으로나, 성서신학적으로, 조직신학적으로 그리고 설교학적으로 모범적인 설교를 했다고 치자. 그러면 설교의 위기는 해소되는가? 성도들이 설교하는 대로 삶을 살 것인가? 과연 한국 교회는 성서적인 설교를 하는 목사가 없어서 문제인가? 성서적으로 설교하는 교회의 성도들은 목사가 설교한 대로 열매 맺는 삶을 사는가?

설교의 내용만 성서적이면 된다고 생각하는 태도를 설교의 내용주의라고 불러 보자. 메가처치는 설교에 관한 한 바로 이 내용주의적 태도를 견지한다. 메가처치 목사들에 의하면, 중요한 것은 '메시지의 내용이 얼마나 성서적이냐'이다. 내용만 성서적이라면, 설교는 그 자체로 능력이 있다는 것이다. 왜? 진리가 능력이니까. 말씀이 능력이니까. 내용만 성서적이면, 전하는 방법은 별로 문제되지 않는다고 생각한다. 수만 명이 운집한 곳에서 마이크로 설교하든, 위성으로 전 세계 지교회에 영상을 쏴서 방송하든, 케이블 TV에서 방송하든, 인터넷에 띄우든 상관 없다는 것이다. 이런 기묘한 광경은 설교에 대한 내용주의 때문에 생겨난 현상이다. 그러나 과연 그럴까?

### 1) 진리는 스스로 역사한다?

메가처치 목사들은 메시지의 '내용'이 성서적이어야 한다는 데는 엄청난 관심을 기울인다. 그러나 메시지를 전하는 '방법'도 성서적이어야 한다는 데는 동의하지 않는다. 메시지를 전하는 방법은 시대에 맞게, 문화에 맞게, 기술에 맞게 맘대로 써도 된다고 생각한다. '오직 말씀'이라는 종교개혁적 기치는 '오직 내용'으로 이해된다. 그래서 이런 신화를 믿는다. 설교자가 성서의 내용을 순수하게 전하기만 하면 사도행전적 역사가 일어날 것이라고 말이다. 물론 사도행전적 역사란 베드로가 한 번에 3천 명, 5천 명씩 전도했던 사건을 두고 하는 말이다.

그래서 설교자들은 설교하기 전에 엄숙한 목소리로 이렇게 기도한다. "주여, 부족한 이 종의 모습은 가려 주시고 오직 하나님의 말씀만이 증거되게 하여 주옵소서." 또 전도하는 사람들도 이렇게 말한다. "나를 보지 말고, 주님만 바라보세요." 스피커 볼륨을 최대한 높여서, 듣든 말든 "예수 천당, 불신 지옥"을 외치는 노방전도자도 내용주의 때문에 그렇게 하는 것이다. 지폐에 '예수 천당, 불신 지옥'이라는 스탬프를 찍어 불전함에 넣는 용맹한 전도인도 내용주의에 사로잡혀 그러는 것이다. 천지 사방에 전도지를 뿌리는 것도, 거대한 전광판에 'God is love'라는 글씨를 띄우는 것도 다 내용주의 때문이다. 교회에서 목회자나 다른 교인 때문에 상처를 받은 사람에게 "사람 볼것 하나도 없어요. 기도하고 말씀보시면 돼요"라고 권면하면, 그것은 내용주의에 사로잡힌 것이다. 그래서 이런 복음성가도 있다. "사람을 보며 세상을 볼 땐 만족함이 없었네. 나의 하나님 그분을 뵐 때 나는 만족하였네."

내용주의에 따르면, 매체가 뭐가 되었든 즉 소리든, 영상이든, 책이든, 전파든 복음의 진리는 어떠한 통로를 통해서나 전해질 수 있다. 중요한 것은 매체나 통로가 아니라 메시지의 내용이 얼마나 복음적이냐이다 라고 말한다. 이는 메시지가 그 메시지를 전하는 매체나 사람과 분리되어 있다고 말하는 것이나 마찬가지다. 다시 말해, 메시지는 스스로 효력을 발휘한다는 것이다. 이것을 어려운 말로 메시지의 '사효성*ex opere operato*'이라고 할 것이다. 이 말은 약사가 문제가 있어도 약사가 전해 주는 약은 변함없이 효력이 있다는 것과 비슷한 뜻이다. 약사와 약의 효과는 별개다. 마찬가지로 복음 진리도 설교자나 복음 전도자와 분리되어 그 자체로 효과가 있다는 것이다. 이것이 가톨릭교회가 성사聖事는 스스로 역사한다고 주장하는 것과 무슨 차이가 있을까? 가톨릭교회가 성례전을 사효화했다면, 개신교는 메시지를 사효화했다.

바로 이러한 내용주의가 메가처치라는 인격 부재 공간을 허용하게 만들었다. 이러한 내용주의는 메가처치의 목사가 저 멀리서 익명의 청중에게 복음을 전해도 상관없다고 생각하게 만들었다. 그러나 성서는 이런 진리관을 알지 못한다. 자명한 진리관은 그리스적 진리관이지 성서의 진리관이 아니다. 성서의 진리관은 인격적 진리관이다. 야훼, 그분이 진리다. 그리고 예수, 그분이 진리다. 그리고 제자들, 바로 그 사람들이 진리의 화신이다. 진리가 무엇이냐고 물어서는 안 된다. 누구냐고 물어야 한다. 예수는 "내가 곧 진리"라고 하셨다. 예수, 그분의 몸, 삶, 말이 진리다. 때문에 제자들은 '나를 보고 나를 본받으라'고 해야 한다. 진리는 제자들의 몸, 삶, 말로 증명될 때 가장 올바르게 전달된다.

그러나 메가처치는 '진리는 스스로 역사한다'고 믿기 때문에, 먼 거리에서도 설교할 수 있고 인격적 관계가 없이도 복음을 전할 수 있다고 생각한다. 바로 내용주의적 믿음 때문에 메가처치가 가능한 것이다. 메가처치 성도들은 이런 식으로 생각한다. '내가 목사님을 개인적으로 잘 몰라도 또 목사님이 나와 직접 함께 계시지 않아도, 목사님의 말씀은 하나님의 말씀이니까 능력이 있겠지. 하나님의 말씀은 목사님의 육신의 한계를 뛰어 넘어 나에게 직접 은혜를 줄 수 있는 거야.' 바로 이 믿음 때문에 메가처치 설교자들은 설교를 TV로 중계하고, 녹음해서 방송하고, 케이블 TV나 위성으로 방송하고, 인터넷에 띄우기도 하는 것이다. 그러나 몸이 없이 진리가 전해지지 않는다고 믿는다면, 누가 감히 이런 '짓'을 할 수 있겠는가?

### 2) 몸 없는 진리의 비극

앞의 글에서 보았듯이, 내용주의는 영지주의자들의 진리관이었다. 그들은 예수의 '몸'보다 예수의 '메시지'와 '내용'을 중시했다. 영지주의자들은 예수께서 전한 메시지, 곧 '하나님은 사랑이시다'와 같은 메시지를 복음이고 진리라고 여겼다. 하지만 그분의 '메시지'는 수용했어도 '몸'은 부인했다. 그러나 신약성서와 사도들, 교부들의 일관된 가르침은 예수께서 '몸'으로, 그것도 '진짜 몸'으로 오신 것이 진리라는 것이다. 요한은 말한다. '하나님의 독생자가 몸으로 오셨다'고. 이것이 진리이고 복음이라고. 이는 사도들과 교부들이 한결같이 고수하고자 노력했던 복음 진리다.

그러나 역사 속에서 이러한 진리관은 빠르게 오염되었다. 한편으로 기독교 진리는 사물화되었다. 그래서 중세 시대에 가톨릭교회는 떡과 포도주의 질료를 혹은 성례의 물질적 형식을 진리 자체와 혼동했다. 성상을 숭배한 것도 같은 이유에서다. 다른 한편으로 기독교 진리는 추상화되었다. 특히 진리의 추상화는 대단히 심각한 문제를 야기했으며, 진리가 관념화되고 추상화되자 신앙고백은 딱딱한 신조와 신경으로 굳어졌다. 그러면서 기독교 진리는 빠르게 도구화되었다. 정통 신조는 사람들에게 신앙을 주입하는 수단이 될 수 있었다. 사람들은 정통 신조를 '암송만 하면' 신앙이 저절로 생긴다고 믿었다. 정통 신조는 그래서 편리한 개종의 도구가 되었다. 불신자들에게 간소화된 신조와 신경을 따라 읽고 외우게 만들기만 하면 그것이 전도라고 생각했다.

정통 신조는 개종의 도구가 됨과 동시에 이단 박멸의 도구가 되었다. 그래서 정통 신조는 사상 검증을 위한 척도로 사용되었다. 점차 기독교 진리는 사상의 자유를 억압하고, 종교 재판을 통해 수많은 사람을 고문하고 죽이며, 마녀를 화형에 처하는 잔인한 도구가 되었다. 마녀사냥은 개신교인들도 대단히 즐겨 시행했던 악습이다. 종교개혁 이후 소위 진리는 유럽을 전쟁으로 몰아넣어 수많은 사람을 죽음으로 내몰았으며, 신대륙의 수많은 원주민을 유린하는 폭력과 착취, 지배의 수단이 되었다. 이 모든 것은 '오류 없는 정통 교리' 때문이었으며, 그 이름으로 이루어졌다. 누군가가 오류 없는 정통 교리를 붙잡는다면 그래서 이단이 아니기만 하다면, 그 정통 교리를 수호하기 위해 벌이는 모든 일은 선하다고 믿었다. 심지어 고문과 폭력과 살인과 전쟁마저도. 이 모든 것은 기독교 진리가 몸과 삶에서 벗어났을 때 얼마나 타락할 수 있는지를 보여 주는 실례들이다.


### 3) 주님과 사도들의 모범

기독교의 진리는 몸과 삶에서 분리될 수 없다. 이것은 예수와 사도들의 모범을 통해서도 잘 알 수 있다. 레슬리 뉴비긴Lesslie Newbigin은 「포스트모던 시대의 진리」*Truth and Authority in Modernity*, IVP 역간에서 예수께서 단 한 권의 책도 쓰지 않으셨다는 누구나 다 아는 한 가지 사실을 상기시켰다. 한 권의 책은커녕 단 한 줄의 글도 남기지 않으셨다. 왜? 진리는 예수 자신이기 때문에 책에 쓸 수 없었다. 예수의 몸, 삶, 말이 진리이기에, 삶의 이야기나 말은 글로 남길 수 있을지 몰라도 몸은 글로 남길 수 없었던 것이다. 이것이 예수께서 책을 쓰지 않으신 이유가 아닐까 싶다.

뉴비긴의 말대로, 예수는 책 대신 사람을 남기셨고, 자신과 동고동락했던 공동체를 남기셨다. 그 제자 공동체에 자신의 '몸'을 주셨고, 그들이 자신의 '삶'을 따르게 했으며, 그들에게 자신의 '말'을 맡기셨다. 제자 공동체는 예수의 몸, 삶, 말을 예수께로부터 전해 받았다. 그리고 그들은 또 자신의 제자들에게 같은 식으로 예수의 몸, 삶, 말을 전했다. 최소한 초대교회 300년 동안 이 원칙은 지켜졌다. 그리고 이것이 기독교 공동체가 진리를 전하고 받는 방식이었다. 다시 말하거니와 진리는 예수의 몸, 삶, 말의 합이다.

제자들도 예수의 이러한 뜻을 완벽하게 이해한 것 같다. 신약성서 기자들도 글을 남기는 데 대해 그다지 적극적이지 않았다. 복음서는 사도들의 기억력의 한계와 수명의 한계 때문에 불가피하게 기록되었다. 좀 우스운 상상이지만, 사도들의 기억력이 녹슬지 않고 또 그들이 아직까지 살아 있다면, 신약성서의 많은 부분은 기록되지 않았을지도 모른다. 즉 신약성서의 많은 서신서는 부득이한 상황으로 인해 기록되었다. 가령 로마서는 바울이 로마로 갈 수 없어서 쓴 것이고, 데살로니가전서는 사탄이 바울의 데살로니가 재방문을 막는 바람에 쓴 것이고, 옥중서신들은 바울이 감옥에 갇혔기 때문에 써 보낸 것이다. 그래서 편지를 쓴 사람들은 편지를 쓰는 데 대해 양해를 구했다. 이처럼 사도들은 대부분 경전을 남기려는 거룩한 의도로 성서를 기록했다기보다 어쩔 수 없이 기록한 것이다. 그럼에도 불구하고 그러한 기록이 성서가 될 수 있었던 것은 하나님의 섭리 때문이다.

어쩔 수 없이 글을 쓰면서도 사도들은 자신의 글로 인해 자신과 성도들과의 관계가 멀어지는 지는 것을 극도로 꺼렸다. 때문에 요한은 두 번째 편지를 쓰면서 이렇게 말한다. "내가 너희에게 쓸 것이 많으나 종이와 먹으로 쓰기를 원하지 아니하고 오히려 너희에게 가서 대면하여 말하려 하니 이는 너희 기쁨을 충만케 하려 함이라요이 1:12." 똑같은 말을 요한은 세 번째 편지에서도 반복한다요삼 1:13-14. 편지로 쓸 말은 무척 많지만, '종이와 먹' 혹은 '먹과 붓'은 관계를 멀어지게 한다. 그래서 얼굴을 마주 보면서 말하겠다는 것이다. 메시지와 내용만 강조하는 영지주의와 투쟁했던 요한은 이런 식으로 성육신적인 삶을 살고자 노력했다.

바울도 심오한 교리적 가르침이나 신학적 통찰을 「신학대전」이 아니라 편지 속에서만 전하고자 했다. 로마서가 「신학대전」과 다른 점은 발신자와 수신자의 관계가 전제되어 있다는 것이다. 이 시점에서 신약성서가 단 두 종류의 장르로만 구성되어 있다는 사실을 상기하는 것은 중요하다. 두 종류의 장르는 무엇인가? 하나는 삶의 이야기인 전기요, 다른 하나는 서로 간에 주고받는 편지다. 두 장르는 공통적으로 인격적 관계가 전제되어 있다. 즉, 사도들은 글의 내용 못지않게 독자와의 관계를 염두에 두었다. 많은 신학자가 신약성서의 이러한 특성 때문에 수신자 공동체를 이해하는 것이 본문을 이해하는 중요한 열쇠가 된다고 생각한다. 요컨대, 신약성서는 하늘에서 떨어진 객관적 진리가 아니라 끈끈한 관계로 묶인 사연글 모음이다.

관계를 전제하지 않고 진리를 전하는 것을 꺼렸다는 점에서 바울은 요한과 다르지 않다. 특히 그는 눈이 어두워 글을 쓸 수 없는 상황에서도 마지막 인사와 서명은 손수 했다. "나 바울은 친필로 문안하노니 이는 편지마다 표시로서 이렇게 쓰노라살후 3:17." 그는 편지에 메시지와 함께 자신의 신체 일부도 보내고자 했던 것이다. 이처럼 사도들은 자신이 받은 진리와 자신의 몸이 분리되는 것을 꺼렸다.

오늘날의 교회가 설교의 위기를 극복하기 위해서는 메시지의 내용만이 아니라 메시지를 전하는 방법도 성서적이 될 필요가 있다. 진리는 예수의 몸, 삶, 말이다. 교회는 예수의 몸, 삶, 말을 받은 공동체다. 교회는 성찬을 통해 예수의 몸을 먹어야 한다. 예수의 삶을 모방함으로써 예수를 재육화해야 한다. 그리고 이러한 연후에라야 교회는 '말'로 진리를 바르게 선포할 수 있다. 교회가 말로 진리를 전할 때 기억할 원리가 있다. 교회가 증거하는 가장 온전한 형태의 말은, 미리 생각해 둔 말이나 잘 정리한 설교 원고가 아니다. 그것은 자신의 존재로부터 충일한 영의 발산이라야 한다. 몸과 삶, 곧 존재가 바를 때 말은 저절로 터져 나온다. 교회는 이런 식으로 예수의 몸, 삶, 말을 받고 전함으로써 가장 온전하게 진리를 증거할 수 있다. 이러한 점에서 내용주의에 기초한 메가처치의 설교는 대대적으로 개혁되어야 할 것이다.

# 4. 테크노 영지주의의 위협

## 1) 전자 교회의 출현

내용주의는 메가처치 내에 전자 매체를 범람하게 만들었다. 전자 매체가 없었다면 메가처치는 생겨날 수 없었을 것이다. 맥루언이 그랬던가? 매체는 신체의 연장이라고. 전자 매체는 인간의 신체적 한계를 넘어서게 했다. 아니 새로운 신체를 가진 새로운 인간이 출현하게 만들었다. 마이크는 설교자의 목소리를 증폭해서 더 많은 청중이 듣게 했다. 전자 통신 기술은 설교를 전 세계 어느 곳으로나 마음대로 보낼 수 있게 했다. 자기 테이프는 설교를 언제까지나 똑같이 저장하고, 복사하고, 편집할 수 있게 했다. 비디오 카메라는 설교뿐만 아니라 설교자의 이미지도 전송하고, 녹화하고, 복사와 편집이 가능하게 했다. 인터넷은 시간과 장소를 초월하여 언제 어느 곳에서나 다양한 방식으로 쌍방향 커뮤니케이션이 가능하게 했다. 그리고 인공위성은 한 사람의 설교가 동시에 전 세계에 울려 퍼질 수 있게 했다. 이 모든 매체와 도구들은 인간의 신체를 엄청나게 연장해 '마징가 Z'를 만들어 냈다. 기술의 개가요 신인류의 위업이다.

이러한 전자 매체 덕분에 설교자는 신체의 한계를 손쉽게 극복할 수 있게 되었다. 그리고 바로 이 덕분에 메가처치가 가능하게 되었다. 전자 매체가 없었다면 초거대 규모의 메가처치 현상은 결코 나타나지 못했을 것이다. 큰 교회가 서너 개쯤 생겼을지는 모르지만, 오늘날과 같이 메가처치가 범람하는 일은 결코 불가능했을 것이다. 전자 매체 없이 메가처치는 없다. 전자 매체는 메가처치의 부수적인 요소가 아니라 필수적인 요소다. 돔형 체육관 천정에 매달린 거대한 스크린에 투사된 설교자의 모습은 메가처치의 본질을 기막히게 보여 주는 탁월한 은유다. 이러한 점에서 메가처치는 전자 교회다.

### 2) 테크노 영지주의의 출현

그런데 문제는 메가처치가 불가피하게 활용하는 이 전자 매체가 탈육체화와 비인격화 현상을 더욱 조장한다는 것이다. 모든 것을 전송할 수 있는 전자 매체도 '몸'은 전송할 수 없다. 때문에 전자 매체는 본성상 신체와 아울러 인격을 제거하는 방향으로 움직인다. 이는 그리스도의 성육신과 정반대다. 그리스도께서는 말씀이셨으나 육신이 되셨다. 그러나 메가처치 목사들은 전자 매체를 통해 육신이지만 말씀이 되려 한다. 예수는 한 인간 안에 갇히셨으며, 지역적, 문화적, 시대적 한계 안으로 들어오셨다. 그러나 메가처치의 설교자는 전자 매체를 통해 무한히 복제되며, 시간과 공간의 모든 한계를 초월하며, 몸의 한계를 마음대로 벗어나려 한다. 전자 매체 안에서 설교자는 편재하며, 영원하며, 육신을 벗는다. 이러한 점에서 전자 매체는 반反성육신적이다.

마이크를 쓰지 않거나, 부속실로 설교를 중계하지 않는 메가처치를 상상할 수 있을까? 그렇게 하는 즉시 교인 수는 엄청나게 줄어들 것이다. 그리고 그 교회는 더 이상 메가처치일 수 없을 것이다. 그러나 교회가 전자 매체를 활용하는 순간 기독교 계시가 탈육신화, 비인격화 되는 방향으로 타락할 것은 불 보듯 뻔한 일이다. 큰 교회를 유지하는 것이 더 중요한가 아니면 성육신의 원칙을 따라 복음 진리를 전하는 것이 더 중요한가? 바로 이 선택의 기로에서 많은 목회자와 신자들은 큰 교회를 택했다. 그리하여 메가처치가 탄생한 것이다. 전자 매체가 도입되기 전만 하더라도, 목회자와 신자들이 불가피한 신체적 한계와 사회적 조건에 묶였기 때문에 교회 내에서 비인격화와 탈육신화 현상은 어느 정도 제어될 수 있었다. 하지만 전자 매체와 함께 모든 구속과 빗장이 풀려 버린 것이다.

자, 한번 생각해 보자. 청중들이 너무 많아서 마이크를 썼다. 문제가 있는가? 없다! 청중을 한 곳에 다 모을 수가 없어서 부속실에 모아 예배 실황을 TV로 중계했다. 문제가 있는가? 글쎄, 아마도 없을 것 같다. 설교자가 건강이 좋지 않아서 2부 설교만 하고, 3부와 4부에는 2부 때 녹화한 설교 영상을 틀었다고 하자. 문제가 있는가? 음, 헷갈린다. 능력 있는 설교자의 설교를 인공위성으로 쏘아서 여러 나라에서 동시에 영상 예배를 드렸다. 문제가 있는가? 그건, 잘 모르겠다. 시간을 맞추지 못해 집에서 인터넷으로 녹화된 예배 실황을 보면서 예배를 드렸다. 문제가 있는가? 또 가상현실로 합성된 교회에 들어가 오감영상으로 조지 휘트필드나 스펄전, 마틴 루터 킹의 설교를 듣는 것은 어떨까? 설교 전담반이 본문, 대지, 예화 등도 뽑아 주고, 원고도 작성해 주고, 표정, 몸짓, 목소리 훈련까지 시켜서 설교자가 '말하는 마네킹'이 되었어도 설교만 은혜롭다면 괜찮은 것인가? 정녕 설교만 은혜롭다면 말하는 마네킹 설교자도 괜찮은 것인가? 문제가 있다고 치자. 메가처치에서 교인들은 말하는 마네킹을 골라낼 수 있는가? 또 골라낸다고 한들 그 다음에 뭘 할 수 있는가?

전자 매체는 설교자와 청중 간의 거리를 더욱 벌려 놓을 뿐만 아니라 그러한 거리와 간격을 합리화하기까지 한다. 전자 매체 활용에 대한 정당화와 합리화는 단순하다. "어쩔 수 없잖아." 전자 매체의 활용은 선택의 문제가 아니라 필연의 문제며, 어쩔 수 없이 쓴다는 것이다. 불가피하다는 생각, 바로 이것이 전자 매체 활용의 문제점을 바로 보기 어렵게 만든다. 어쩌면 예수의 성육신은 바로 그 필연성에 대한 신적 반전이리라. 하지만 메가처치 목사들은 전자 매체의 활용에 관한 진지한 신학적 성찰도 없이 전자 매체가 하나님의 선물이고 축복인 양 여긴다. 그런 기계나 장비들은 21세기를 위해 하나님이 준비해 놓으신 새로운 수단이라는 것이다. 최소한 그런 것은 가치중립적인 양 단순하게 취급해 버린다. 이러한 관점에서는, 마이크, 녹음기, 카메라, 위성, 인터넷을 쓰는 것이 전혀 무해해 보인다.

그러나 그러는 사이 전자 매체는 '트로이의 목마'처럼 슬그머니 교회 안에 들어와 어느 순간 교회를 완전히 바꾸어 버렸다. 오늘날 교회는 가장 멀리, 가장 빠르게, 가장 많은 사람에게 메시지를 전하는 테크노 처치가 되었다. 그러나 그 안에 몸과 인격은 증발되고 없다. 오늘날 테크노 처치의 목사들을 보라. 그들은 놀랍게도 육신성을 완전히 벗어 버렸다. 온 세상의 존경을 받으며 방방곡곡을 날아다니며 말씀을 전한다. 그들의 설교는 세계 여러 나라로 동시에 생중계되며, 인터넷과 케이블 TV를 통해 언제라도 재생된다. 익명적 공간에 확대 투사된 설교자의 이미지는 점차 가현이 되고 있다. 그들의 몸과 삶은 이미지로 증발해 버리고 메시지만 남았다.

그러나 이는 정확히 가현주의자들이 바라보았던 예수의 모습이 아닌가? 거대한 스크린에 웅장하게 확대 투사된 목사의 가현이 예배당 중앙에 자리잡고 있다. 그 가현들은 몸을 벗어 버렸으며, 삶으로부터 분리되었고, 인격이 제거된 이미지요 기호들이다. 오늘도 그 가현들은 전자 매체를 통해 주옥같은 메시지를 전한다. 그러나 그들이 복음을 전하는 방식은 몸을 입고 이 땅에 오심으로써 하나님의 사랑을 웅변했던 그리스도보다는 마르키온이나 발렌티누스, 가현주의자를 더 많이 닮았으니 이 일을 어쩌면 좋은가. 메가처치 안에서 기독교 진리는 점차 테크노 영지주의의 위협을 받는다.

## 5. 선전의 범람

### 1) 선전의 위력

인격 부재는 기독교 진리를 선전으로 만든다. 선전이란 무엇인가? 아주 넓은 의미로 선전은 '사람의 태도를 변화시키는 기술'이라고 정의된다. 어떤 식으로든 그리고 어느 정도로든 다른 사람의 태도를 변화시키고자 할 때 선전이 활용된다. 이러한 점에서 선전은 지배의 한 형태다. 고래古來로부터 많은 정치 지도자가 선전의 힘에 관심을 기울였다. 왜냐하면 선전은 군사력이나 물리력을 쓰지 않고도 손쉽게 통치와 지배를 가능하게 하기 때문이다. 이는 선전이 기본적으로 심리적인 호소와 설득을 추구하기 때문이다.

20세기에 들어서면서 선전의 가공할 만한 위력은 몇몇 위대한 선전의 천재에 의해 극단적으로 개발되었다. 일단의 마르크스주의자들은 서구의 자본주의가 대공황과 같은 온갖 구조적 모순에도 불구하고 붕괴되지 않는 이유를 대중문화 때문이라고 했다. 그들에 의하면,

대중문화는 서구 자본주의의 선전 도구로, 그것으로 대중들에게 자본주의의 가치와 이데올로기를 선전하기 때문에 자본주의가 지탱되고 유지된다. 온갖 모순에도 불구하고 자본주의 체제가 견고할 수 있었던 이유 중 하나는 바로 선전 때문이라는 것이다.

히틀러와 괴벨스는 독일 전체를 선전의 도가니로 만듦으로써 세계에서 가장 지성적인 독일 국민을 가장 무지하고 야만적인 국민으로 만들어 버렸다. 1940년대 독일이 인류에게 전해 준 교훈은, 악한들뿐만 아니라 선량한 사람들도 심지어 한 나라의 국민 전체가 악마가 될 수 있다는 사실이다. 선전으로 말이다. 모택동毛澤東은 한 줌의 당원으로 거대한 중국 정부와 장개석蔣介石 체제를 굴복시켰다. 이것은 바로 모택동이 구사한 탁월한 선전의 결과였다.

이후 선전은 모든 국가와 체제, 기관의 기본적인 지배 수단이 되었다. 21세기를 살아가는 우리는, 우리도 모르는 사이에 선전이 우리를 완전히 둘러쌌으며, 우리가 그 선전에 치명적으로 노출되었다는 사실을 알아야 한다. 교육을 통한 민족과 국가의 이념 주입에서부터 CF, 드라마, 영화, 뉴스, 포스터, TV, 라디오, 플래카드, 전광판, 간판 등 모든 것이 선전 도구가 될 수 있다. 현대 사회에서 선전은 우리의 전체 생활 영역을 포괄하며, 무의식 깊은 곳까지 침투해 들어왔다. 우리는 선전을 피할 수 없다. 선전은 점점 더 조직적이고, 치밀하고, 교묘하게 발전되어, 우리의 의지와 무관하게 우리의 의식, 말, 행동을 조작하고, 지배하고, 통제한다. 이러한 점에서 선전은 정신적 폭력이요 영적 강간이다.

## 2) 교회가 선전을 활용하는 이유

폭력이 물리력을 통해 상대방을 지배하는 기술이라면, 선전은 설득을 통해 상대방을 지배하는 기술이다. 폭력을 통한 지배가 남성적이라면, 선전을 통한 지배는 다분히 여성적이다. 겉으로 봤을 때 선전은 강제성이 없어 보이지만, 알고 보면 폭력 이상으로 강제적이다. 예수께서 "진리가 너희를 자유롭게 하리라요 8:32"고 말씀하셨지만, 선전은 자유를 빼앗고 사고와 정신, 영혼을 속박한다. 그런데 메가처치에서 기독교 진리는 점차 선전을 닮아간다. 어째서인가?

교회가 선전을 활용하는 가장 큰 이유 중 하나는 사람들을 설득하고 싶어하기 때문이다. 복음을 전하거나 설교할 때 상대방이 이해하고 납득할 수 있는 방식으로 설득하는 것은 당연한 일이다. 그러나 설득이 타인의 저항을 무력화하고 그를 설복해서 원하는 대로 사고하고 행동하게 만들려는 순간, 선전이 발생한다. 설득은 상대방을 조종하는 기술이다. 그래서 상대방에게 나의 의지를 관철해 내가 원하는 대로 말하고 행동하게 만드는 일종의 지배다. 따라서 선전이 되어 버린 설득은 사람들로부터 사고하고, 의심하고, 반대하는 자유를 빼앗는다. 하지만 예수는 사람들을 설득하고자 말씀을 전하시지 않았다. 제자들을 가르치실 때도 그들을 설득하기보다 오히려 알쏭달쏭하게 만드셨다. 예수와 제자들과의 대화를 살펴보면, 제자들이 얼마나 많이 오해하는지 보게 된다. 이는 성령께서 오셔서 깨닫게 하시도록 하기 위해서다. 때문에 선전이 된 설득은 성령의 역할을 가로챘다.

둘째로, 대중을 상대로 커뮤니케이션하고자 할 때, 메가처치가 선전의 유혹에서 벗어나기 어렵기 때문이다. 선전은 기본적으로 대중을 상대로 하며, 메가처치의 교인들은 거대한 대중을 이룬다. 그리고 메가처치의 목사들은 개인이 아니라 바로 그들 대중에게 다가가고자 한다. 메가처치의 목사들이 자신이 믿고 깨달은 것과 똑같이 전 교인이 '같은 말, 같은 마음, 같은 뜻'을 가지게 만들고자 할 때, 또 거대한 조직을 질서 있고 일사분란하게 통합하고 싶어할 때 선전이 발생한다. 거대한 규모의 대중이 흩어지지 않고, 혼란과 혼돈을 겪지 않고, 소속감을 가지고, 질서 있게 움직이고, 활동하게 하려면 뭔가 수단이 필요하다. 이때 활용되는 조직의 통합 수단이 선전이다.

셋째로, 효과를 고려하기 때문이다. 뭔가를 목표로 하는 커뮤니케이션은 불가피하게 설득 효과를 측정하려 한다. 목표로 하는 바가 성취되었는지를 확인하고 싶은 것이다. 이러한 효과의 측정과 평가를 통해 더 효과적인 선전 기술을 모색하고자 한다. 그런데 예수의 커뮤니케이션은 이와 달랐다. 예수는 최대 다수에게 자신의 메시지를 효과적으로 전달하는 데는 별 관심이 없으셨다. 그러나 메가처치는 가능한 최대 다수에게 메시지가 전달되도록 말씀을 전하고 싶어한다. 그래서 효과 측정까지 시도하는 것이다. 얼마나 모였는가, 얼마나 많은 사람이 울었고 분위기는 얼마나 뜨거웠는가, 얼마나 많은 사람이 회심 초청에 응했는가, 집회가 끝난 후에 사람들이 얼마나 오랫동안 기도했는가 등등. 그러나 가능한 더 많은 사람에게 효과적으로 메시지를 전하고자 애를 쓸 때, 교회는 점차 선전을 활용하게 된다.

넷째로, 교회가 선전을 활용하는 이유 중 하나는 세상에 선전 기법이 널렸기 때문이다. 이미 우리는 선전에 감염되고 중독된 피선전인들propagandee이다. 소위 세련된 커뮤니케이션 기법에 장기간 노출되어 무엇이 선전이고 무엇이 선전이 아닌지를 구분할 수 없게 되었다. 또한 이러한 선전 기법이 점점 일상화되어, 요즘은 웬만한 사람이면 영상 편집쯤은 문제도 없이 해낸다. 그러다 보니 너도 나도 선전술을 흉내낸다. 이처럼 사방에 선전이 넘쳐나는데 교회라고 쓰지 않을 쏘냐.

### 3) 교회의 선전들

메가처치가 사용하는 선전의 실태를 간단히 살펴보자. 먼저 설교다. 수천, 수만의 군중 앞에서 말을 하는 순간, 설교자는 선전의 유혹을 뿌리치기 어렵다. 수만 명의 청중에게 강한 인상을 남기고, 그들에게 큰 은혜를 끼치며, 그들의 삶에 큰 변화를 일으키고 싶은 설교자의 욕망은, 그를 설교와 선전 사이에서 오락가락하게 만든다. 말만큼 강력한 선전 도구는 없으며, 열정적인 연설만큼 사람들을 사로잡는 것도 없다. 거대한 군중 앞에서 말로 뭔가를 이루려 할 때, 선전은 작동하기 시작한다. 결신자를 많이 만들어 내라는 부탁을 받은 수련회 강사, 목표로 하는 교회 사업의 추진 및 자금 확보, 갈등 해결 등을 부탁받은 부흥회 강사, 수련회에 더 많이 참석하게 만들고 싶은 담임목사 등이 말로 청중을 설득하고 자신이 원하는 대로 그들이 행동하게 만들려고 할 때, 설교는 선전으로 변질된다. 히틀러의 열정적인 연설에 독일 국민들이 '아멘, 할렐루야!'로 화답했듯이, 충격적이고, 강력하고, 힘이 넘치는 설교를 들으면서 메가처치 성도들은 선전에 감염되기 시작한다.

그 다음은 대규모 군중집회다. 사람들이 종종 간과하는 사실은 수만 명이 운집한 거대한 집회 자체가 이미 선전술이라는 사실이다. 5만 명 이상이 관람할 수 있는 로마 콜로세움의 검투 경기, 20만 군대가 도열하고 연인원 40만 명이 참가한 1935년의 '뉘른베르크 전당대회', 15만 명의 수용이 가능한 능라도 경기장에 연인원 10만 명이 동원되어 펼쳐지는 북한의 '아리랑 축전' 등은 거대한 규모의 군중집회 자체가 선전술이 될 수 있음을 보여 주는 훌륭한 사례들이다. 이러한 점에서 메가처치는 매주의 집회 자체가 선전이 될 가능성이 높다. 집회의 효과를 높이기 위해 음향, 영상, 음악, 조명, 기계 장치 등을 하나씩 들여올 때 선전은 더욱 정교해진다. 심지어 정치 구호까지 난무하는 시청 앞 기도회나 상암 월드컵 경기장에서의 대규모 집회는 기독교의 선전술이 이미 정치적 성격까지 띠는 현상을 목도케 한다.

셋째, 예배다. 포스트모던 사조의 영향을 받은 메가처치 예배와 집회는 점차 쇼가 되어 간다. 하나님을 보고 싶은 욕망, 뭔가를 느끼고 체험하고 싶다는 욕구는 모든 인간에게 심겨진 종교적 본능이다. 메가처치의 예배는 이러한 종교적 본능을 충족시켜 주고픈 유혹에 직면하게 된다. 그리하여 메가처치 예배는 일종의 종교적 판타지를 창조하는 데 몰두한다. 점점 더 뜨겁고 강렬한 느낌과 체험을 주고자 애를 쓰는 통에 음악은 점점 더 심금을 울리며 감성적이 되거나 웅장하고 선동적이 된다. 또 환상적인 느낌의 율동과 춤, 거대한 찬양대, 오케스트라, 웅장한 퍼포먼스, 퍼레이드, 깃발까지 이 모든 것이 오늘날 메가처치가 얼마나 선전을 사모하는지 여실히 보여 준다. 머지않아 우리 나라도 미국의 모 교회처럼 피아노 줄을 이용하여 예배당 천장을 천사들이 날아다니고, 엘리야가 불마차를 타고 승천하는 스펙터클까지 연출하고야 말 것이다.

넷째, 시각 의존도와 영상 매체 활용의 증가는 기독교 진리가 선전이 되어 가는 현상을 더욱 가속화한다. 웅장한 예배당 안에 빼곡히 들어찬 거대한 군중, 이 웅장한 스펙터클 자체가 하나의 시각적 선전이다. 설교 중계 영상으로부터 시작해서, 방송국을 따라 하는 유치한 교회 뉴스, 현란한 행사 CF 영상, 창립 기념 홍보 영상, 전도 영상, 시선을 사로잡는 다양한 포스터, 플래카드, 건축 및 인테리어, 기업 이미지 통합프로그램 등도 모두 시각적 선전 기법들이다.

다섯째, 교회에서 1년에 최소 두 번 정도는 꼭 개최하는 캠프와 수련회 등도 선전술이다. 이러한 모임이나 집회가 효과를 발휘하는 것은 일상과 단절되어 있다는 특성 때문이다. 자고로 일상은 비종교적 시공간이다. 이러한 세속적 성격의 일상으로부터 사람들을 분리할 때 심리적 저항 기제는 현저히 약화된다. 어떤 캠프에서는 아예 시계까지 빼았고, 핸드폰이나 전화 등의 사용도 금한다고 한다. 이럴 때 참여자는 현저하게 수동적이 되며 주최 측의 인도를 일방적으로 추종하게 된다. 혹자는 이를 복음을 받아들이기 좋은 마음 밭이라고 하는데, 이는 선전의 전형적인 메커니즘일 뿐이다. 히틀러가 유달리 청소년 캠프와 수련회를 많이 개최하게 한 것도 이와 같은 이유에서다.

교회가 캠프를 선호하는 것도 비슷한 이유에서다. 불신자가 교회의 캠프에 참석하면 그들은 역전된 분위기를 경험하게 된다. 밖에서는 전부 자기처럼 예수를 믿지 않는 분위기다. 그런데 안에서는 모두 믿는데 자신만 안 믿는 분위기다. 이러한 분위기는 불신자에게 강한 심리적 압박을 가하고, 집회에서 하는 말들이 다 진짜인 것 같은 실제

감을 부여하며, 심지어 자신은 말썽쟁이라는 죄책감까지 유발한다. 그래서 끝내 굴복하게 된다. 이 때문에 수련회는 불신자의 회심을 더욱 용이하게 한다. 그래서 수련회 때 '역사'가 많이 일어나는 것이다. 그런데 이러한 역사는 진리의 능력보다는 '수련회 효과'를 의존한 결과다.

여섯째, 성서 공부 및 다양한 교육 프로그램도 선전일 수 있다. 많은 학자가 정보의 전달과 교육이 사실 가장 강력한 선전술에 속한다는 사실에 동의한다. 그래서 국가에서 시행하는 교육이나 TV 및 라디오, 신문으로 전달되는 뉴스가 선전이 되는 것이다. 이러한 선전술이 힘이 있는 이유는 진실인 척, 객관적인 척하기 때문이다. 전달되는 정보 자체는 진실이고 객관적일 수 있다. 그러나 문제는 정보가 선별된다는 데 있다. 그러니까 '부분적인 진실'이 되는 셈이다. 그리고 부분적인 진실은 완전한 거짓말보다 더 치명적으로 선전이 될 수 있다.

종종 교회에서 시행하는 성경공부나 교육 프로그램은 담임목사 개인의 특정 신학적 관점을 선택적으로 그리고 일방적으로 하달하고 주입하는 형태를 취한다. 다른 관점과 의견은 처음부터 배제된다. 그리하여 주입식, 암기식 성서 지식을 전달하고, 성도들을 기계적으로 작용—반응케 하기 위해 이러한 교육 프로그램들이 활용된다. 오스 기니스Os Guinness의 말대로 의심은 용기를 필요로 하며, 기독교 신앙은 의심이라는 혹독한 실존적 불안의 불길을 거치면서 연단되는 법이다. 하지만 얄팍한 교육 프로그램은 "왜?"라는 질문을 원천 봉쇄하게 만든다. 사실 성도들이 의심하기 시작하면 담임목사 입장에서는 여간 힘든 일이 아니다. 한번 상상해 보라. 수만 명에 달하는 메가처치 성도들이 너도나도 "왜?"를 물으며 실존적인 불안을 겪는 상황을 말이다. 난리가 나고 말 것이다. 그러니 메가처치는 잘 정리된 매뉴얼 북을 나눠 주고 교인들이 일사분란하게 움직이도록 만드는 편을 택할 수밖에 없다. 그러자니 교육형 선전이 요긴하게 사용되는 것이다.

일곱째, 최근 각광 받는 소그룹 운동 역시 탁월한 선전술이다. 국민군에게 쫓기던 모택동이 효과적으로 활용해서 큰 성공을 거둔 것이 바로 이 소그룹을 통한 선전이다. 엘륄은 소그룹을 통한 선전을 '수평적 선전horizontal propaganda'이라 불렀는데, 이는 위에서 언급한 하향성의 '수직적 선전vertical propaganda'과 구분하여 붙인 이름이다. 수직적 선전과 수평적 선전이 동시에 사용될 때 더욱 효과를 발휘하는데, 최근 대집회와 소그룹의 두 날개를 강조하는 움직임은 정확히 선전의 논리를 따르는 듯하여 씁쓸하다.

수평적 선전은 소그룹을 통한 구성원들 간의 관계 역동을 통해 이루어지는 선전을 말한다. 이러한 선전은 적절하게 조직된 소그룹에서 구성원들이 진솔한 삶의 이야기들을 나누면서, 모임에서 주장하는 내용을 점차 자신에게 내면화하는 선전이다. 소그룹 선전의 가장 중요한 규칙은 '자유를 제한하라'는 것이다. 토론과 나눔은 자유롭게 진행하지만, 미리 정해진 방향에 맞지 않는 자유는 허용되지 않는다. 제한된 자유인 것이다. 신입 멤버들을 제외한 나머지 멤버들은 이 무언無言의 규칙을 잘 알며, 그 규칙을 따라 말하고 행동함으로써 소그룹의 분위기를 만들어 간다. 바로 이 분위기 안에서 신입 멤버는 적절하게 안배된 자유 토론과 나눔을 통해 적대감을 철회하고, 저항기제를 약화하며, 우호적 관계를 맺음으로써 자신의 생각을 바꾸고 모임의 주장을 추종하게 된다. 이 모든 것이 선전이다.

### 4) 반(反)선전

그렇다면 도대체 선전 아닌 것은 무엇인가? 선전의 반대는 진리다. 그리고 진리는 예수다. 오직 예수만이 진리이기에, 예수는 반反선전이다. 예수는 어떤 전략이나 방법, 수단으로 사역하지 않으셨다. 그분은 자신의 몸으로 진리를 계시하셨다. 그분이 몸을 입고 이 땅에 오신 것 자체가 바로 계시다. 아울러 예수는 삶으로 계시를 직접 살아 보이셨다. 그리고 이웃이 되어 진리를 말로 가르치셨다. 예수의 몸, 예수의 삶 그리고 예수의 말이 모두 합쳐져 온전히 진리가 계시되었다. 몸, 삶 그리고 말은 진리의 삼위일체다. 이는 제자들에게도 마찬가지다.

제자들도 자신의 몸, 삶, 말로 진리를 드러내야 한다. 물론 그 진리는 자신이 아니라 예수라야 한다. 제자들은 예수의 모방자로서 늘 예수를 가리키는 자들이라야 한다. 중세가 한창 깊었던 13세기 수도사 프란체스코는 부와 권력으로 복음의 능력을 완전히 상실했던 때에 자신의 몸과 삶으로 그리고 말로 예수를 재육화했으며, 이로써 복음의 능력을 회복하고 교회를 개혁했다. 이것이 반선전이다. 아우슈비츠에서 막시밀리안 콜베Maximilian Kolbe 신부가 다른 포로를 대신해 아사실餓死室로 들어갔을 때, 그는 예수 그리스도의 대속의 진리를 몸과 삶으로 선포했던 것이다. 이것이 반선전이다. 가난한 자들과 함께하며 그들 가운데 거하시는 그리스도의 모습을 발견하고자 몸부림쳤던 '가톨릭 노동자' 운동의 기수 도로시 데이Dorothy Day도 그리스도의 재육화를 잘 보여 주었다.

인도의 캘커타에 '사랑의 수녀회'를 세운 마더 테레사Mother Theresa 역시 반선전의 한 모범을 보여 준다. 그녀에게서 믿음이란 사랑으로 열매 맺는 것을 말한다. 그리고 사랑은 단 한 사람을 향한 사랑으로부터 시작되며, 그 한 사람을 향한 사랑은 '곁에 있어 줌'으로부터 시작된다. 한 자원 봉사자가 캘커타의 '임종자의 집'에서 무슨 일을 했느냐는 질문을 받았을 때, 별로 한 일이 없었기 때문에 실망스러운 말투로 "그냥 거기 있었습니다"라고 대답했다. 그 이야기를 들은 한 수녀는 이렇게 답했다고 한다. "요한이나 성모 마리아께서는 십자가 아래서 무엇을 하셨을까요?"

옳다. 다른 사람을 위한 최고의 봉사는 자신이 상대를 위해 '존재하고 있음'을 표현하는 것이다. '곁에 있어 주는 것'은 가장 쉽고, 누구나 할 수 있으며, 가장 순수하게 복음을 드러내는 길이다. 그러나 가장 비창조적이고, 비생산적이며, 비효율적이다. 그래서 메가처치 목사들이 절대로 할 수 없는 것이 곁에 오래 있어 주는 것이다. 사역이 커지면서 테레사는 자신의 사역이 효율성의 법칙에 지배당하는 것을 보고 늘 괴로워했다. 그래서 그는 항상 봉사자들에게 효율성의 법칙을 깨도록 가르쳤다. 왜냐하면 그리스도인들은 비효율적이도록 부름 받았기 때문이다. 그녀와 그녀의 사역의 원칙에서 반선전의 모습을 보게 된다.

의사 장기려도 늘 환자 곁에 있기를 좋아했다. 회진 때나 수술 때만이 아니라, 수시로 환자를 찾았고 환자 곁에서 아무 말도 않고 한동안 앉아 있다 가곤 했다. 환자들은 장기려의 탁월한 실력보다 이러한 마음 씀씀이에 더욱 감동을 받았으며, 여기서 예수의 향기를 맡았다. 그의 첫 번째 치료 원칙은 자신을 환자나 환자 가족과 동일시하는 것이었다. 이러한 동일시의 원칙 때문에 때로는 위험하고 무모한 수술도 마다하지 않았다. 행여나 그렇게 하다가 사고라도 난다면 그는 기꺼이 책임을 지고자 했다. 그러니까 그는 단순히 병을 고쳐 주는 직업인이기를 거부했다. 그는 환자를 사람되게 하고자 했으며, 환자의 생명이 지상의 어떤 것보다, 심지어 치료비보다도 더 가치 있는 것임을 드러내고자 노력했다. 이것이 반선전이다.

한국 개신교회의 자랑, 손양원 목사는 또 어떤가? 어쩌면 그는 한국 교회에서 자신의 몸과 삶 그리고 말로 그리스도의 복음을 전한 가장 탁월한 모범일 것이다. 그는 여수 애양원에서 한센병 환자들을 섬겼다. 때로는 입으로 환자들의 피고름을 빨아 내면서 그들을 간호했다. 그는 진정 몸으로 복음을 체현했다. 또 그의 삶은 그의 말과 한 치도 어긋남이 없었다. 말씀대로 살고자 신사참배를 거부했고, 그 때문에 투옥되기도 했다. 해방 후 여순 반란 사건 때 그의 두 아들, 동인과 동신이 좌파 학생조직들에 의해 무참히 살해되었다. 좌파 학생 조직의 대표자는 안재선이었는데 반란이 진압된 뒤 체포되어 사형선고를 받았다. 하지만 손 목사는 당국자에게 간절히 탄원해서 안재선을 석방시키고 자신의 양아들로 삼았다. 그는 자신의 삶으로 예수 그리스도의 용서와 화해의 복음을 드러냈던 것이다.

이런 그가 말로 복음을 전할 때 그 복음은 엄청난 힘과 능력을 발휘할 수 있었던 것이다. 자신의 존재, 곧 자신의 몸과 삶으로 그리스도를 재육화했던 그가 두 아들을 땅에 묻기 전 장례식장에서 '아홉

가지 감사'의 말을 하나님께 올려드렸을 때, 그는 진정 기독교 복음의 위대한 능력을 웅장하게 선포할 수 있었다.

첫째, 나 같은 죄인의 혈통에서 순교의 자식이 나게 하셨으니 하나님께 감사.

둘째, 허다한 많은 성도 중에 어찌 이런 보배를 주께서 하필 내게 맡겨 주셨는지 감사.

셋째, 3남 3녀 중에서 가장 아름다운 두 아들, 장자 차자를 바치게 된 나의 축복을 감사.

넷째, 한 아들 순교도 귀하거늘 하물며 두 아들의 순교이리요 감사.

다섯째, 예수 믿다가 와석종신臥席終身해도 큰 복이라 하거늘 하물며 전도하다 총살, 순교당함이리요 감사.

여섯째, 미국 가려고 준비하던 내 아들, 미국보다 더 좋은 천국 갔으니 내 마음 안심되어 감사.

일곱째, 나의 사랑하는 두 아들을 총살한 원수를 회개시켜 내 아들 삼고자 하는 사랑하는 마음 주심을 감사.

여덟째, 내 두 아들의 순교의 열매로 말미암아 무수한 천국의 아들들이 생길 것이 믿어지니 감사.

아홉째, 이 같은 역경 속에서 이상 여덟 가지 진리와 신애神愛를 찾는 기쁜 마음, 여유 있는 믿음 주신 우리 주 예수 그리스도께 감사 감사 감사합니다.

이것이 반선전이고, 기독교 진리의 계시다.

# 제15장

# 메가처치에 보내는 그리스도의 편지

그렇다면 메가처치는 과연 교회인가? 이 책에서의 주장이 모두 타당하다면, 과연 메가처치는 교회인가? 분명히 이렇게 물어올 독자분들이 계실 것이다. 두 가지 대답이 가능할 것이다. 누군가가 주님이 메가처치를 어떻게 보실 것 같냐고 묻는다면, 나의 답변은 '모른다' 이다. 심판하시는 분은 오직 하나님뿐이며, 모든 인생은 그리스도의 심판대 앞에 설 때 비로소 선악 간에 판단을 받게 될 것이다. 그래서 나는 그리스도께서 메가처치를 교회로 보실지 어떨지 모른다고 밖에 할 말이 없다. 그러나 혹자는 나의 개인적인 의견을 물어올지 모르겠다. "당신 생각은 어떻소. 당신 말이 다 맞다고 칩시다. 그렇다면 메가처치는 과연 교회라고 할 수 있는 것이오?" 그러면 나는 기꺼이 이렇게 대답하겠다. "제 생각에 메가처치는 당연히 교회입니다. 교회고말고요. 메가처치는 분명 그리스도의 교회입니다."

교회는 사람이 세우는 것이 아니라 그리스도께서 세우신다. 메가처치가 비록 아무개 목사의 ○○교회라고 불린다 해도 그것은 좋지 않은 습관의 산물일 뿐이다. 메가처치는 아무개 목사의 ○○교회가 아니라 그리스도의 교회다. 그리스도께서는 그 아무개 목사를 사용하시어 자신의 교회를 세우셨다. 메가처치를 그토록 신랄하게 비판해 놓고 어떻게 메가처치가 교회라고 말할 수 있느냐고 물을지 모르겠다. 하지만 나는 메가처치가 교회라고 생각하기 때문에 비판한 것이다. 만일 메가처치가 교회가 아니라 불교의 사찰이나 유대교의 회당, 이슬람의 사원이라면 아무 말도 하지 않았을 것이다. 메가처치는 교회며, 교회이기 때문에 교회를 향해 비판을 한 것이다.

## 1. 메가처치에 보내는 그리스도의 편지

요한계시록을 보면 예수 그리스도께서 요한을 통해 친히 소아시아의 일곱 교회에 편지를 보내시는 이야기가 나온다. 당시 일곱 교회의 영적 상태는 제각각이었다. 서머나교회와 빌라델비아교회는 주님이 너무나 아끼시고 사랑하시는 교회였다. 이들은 주님께로부터 칭찬만 들었다. 반면에 에베소교회, 버가모교회, 두아디라교회 등은 칭찬 받을 점과 책망 받을 점을 모두 가진 교회였다. 한편, 사데교회와 라오디게아교회를 보라. 이들에게는 칭찬 받을 만한 점이라고는 눈곱만큼도 없었다. 그런데도 주님은 이들을 당신의 교회라고 인정하신다.

주님은 사데교회를 가리켜 "살았다 하는 이름은 가졌으나 죽은 자계 3:1"라고 말씀하신다. 사데교회는 명성도 있었으며 살아 있는 것처럼 보였다. 그러나 실제로는 '죽은 교회'였다. 죽은 교회라면 더 이상 교회가 아닌 것인가? 그렇지 않다. 사데교회의 이름은 여전히 그리스도께서 교회라고 부르시는 그 목록 안에 들어 있었다. 그리고 주님은 사데교회를 향한 기대도 버리지 않으셨다. 그래서 '회개하라'고 촉구하셨던 것이다. 그나마 다행히도 사데교회에는 깨어 있는 소수가 남아 있었다. 죽어 버린 교회 안에 살아 있는 소수가 있었던 것이다. 그러나 이 소수 때문에 죽은 사데교회가 산 교회로 바뀌지는 않는 것 같다. 여전히 교회로서의 사데는 죽은 자였다. 그럼에도 불구하고 사데교회는 아직 주님이 포기하시지 않은 교회였다.

라오디게아교회에는 그나마 살아 있는 그 '몇 명'조차 존재하지 않았다계 3:14-22. 그 교회는 완전히 죽었다. 세상적으로는 부요했지만 영적으로는 가난했다. 그 교회는 눈이 멀었고 옷도 벗겨졌다. 일말의 충성심도 남아 있지 않았으며, 교인들의 헌신은 차지도 덥지도 않은 미지근한 상태였다. 그 모습이 너무도 역겨워 주님은 입에서 그 교회를 토해 내치고 싶은 심정이셨다. 그런데도 이상하게 주님은 '아직' 그렇게 하지 않으셨다. 이제 곧 그렇게 하시겠다고 으름장을 놓고, 경고를 하고, 협박을 하심에도 불구하고, 아직까지는 라오디게아교회를 당신의 신부로 여기신다. 왜 그러시는가? 이유는 주님이 라오디게아교회를 사랑하시기 때문이다. "무릇 내가 사랑하는 자를 책망하여 징계하노니 그러므로 네가 열심을 내라. 회개하라계 3:19." 주님은 일곱 교회 중 단 두 교회에만 사랑 고백을 하셨다. 한 번은 가장 온전한 모습의 빌라델비아교회였고계 3:9, 또 한 번은 가장 형편없는 라오

디게아교회였다계 3:19. 그 가증스러운 모습의 라오디게아교회를 빌라
델비아교회만큼 사랑하시다니, 참으로 놀랍다.

　그러나 사데교회와 라오디게아교회를 여전히 당신의 교회로 인정
하시는 주님이 당시 유대인의 모임을 향해서는 가차 없이 '사탄의
회'라고 단정하신다계 2:9; 3:9. 안식일마다 회당에 모여 하나님께 예배
를 드렸으며 나름대로는 율법을 지키며 살고자 애쓴 자들이었음에도
불구하고, 주님은 그들을 향해 단 한 마디도 권고하지 않으셨다. 회개
하라는 말씀조차 안 하셨다. 그들을 아무 것도 기대할 것 없는 버린
자들처럼 여기셨다. 사데교회와 라오디게아교회는 여전히 당신의 교
회지만, 유대인의 회당은 사탄의 회라는 것이다. 나는 주님이 무슨 기
준으로 그렇게 말씀하시는지 심히 궁금했다. 솔직히 잘 모르겠다. 다
만 심판하시는 분은 주님이심을 인정할 수밖에. 이것이 바로 내가 메
가처치를 참 교회가 아니라고 단정할 수 없는 이유다.

　어쩌면 메가처치는 살아 있는 교회라는 명성은 가졌으되 죽어 버
린 사데교회인지도 모른다. 또 어쩌면 세상적으로는 부유하지만 영
적으로는 가난한 교회인지도 모른다. 눈멀고, 벌거벗고, 병든 교회인
지도 모른다. 왜냐하면 주님이 교회를 보실 때, 특히 사데교회와 라오
디게아교회를 보실 때, 다른 것이 아니라 그들의 행위를 보셨기 때문
이다계 3:1, 8, 15. 마찬가지로 주님은 메가처치의 다른 것을 보지 않고
행위를 보신다. 주님은 메가처치의 웅장한 건물, 경배와 찬양, 각종
모임, 집회, 프로그램, 체제, 재정, 조직, 교리, 신앙고백, 설교 등이 아
니라 그 행위를 보고 심판하신다. 이런 점에서 메가처치는 분명 문제
가 많은 교회다. 그것도 아주 심각한 문제를 가진 교회다. 그럼에도

불구하고 나는 메가처치가 여전히 그리스도의 교회임을 인정할 수밖에 없다.

사실 메가처치에는 악한 모습만 있는 것이 아니다. 내가 성서의 절대적 표준을 들이대면서 메가처치를 논박했기 때문에 메가처치의 문제점에 대해 다소 과장된 표현이나 극단적인 평가를 했을 수도 있다. 하지만 그런 표준 앞에서 어떤 교회가 온전한 평가를 받을 수 있겠는가? 메가처치도 마찬가지다. 비성서적인 면도 많고, 이교적인 요소도 너무나 많다. 신학적으로든, 성서적으로든, 윤리적으로든, 아니면 상식적으로든 도저히 용납할 수 없는 기이한 모습이 메가처치 안에 정말 많다. 하지만 나는 메가처치 교인들이 교회를 향하여 바치는 사랑과 정성과 눈물겨운 헌신을 잘 안다. 또 나는 메가처치 목사님들의 열심과 기도와 눈물과 충정의 반에 반도 따르지 못한다. 나 역시 메가처치의 교인이었던 적이 있었으며, 간사로 메가처치를 섬긴 적도 있다. 또 메가처치가 제공하는 풍성한 양육 프로그램으로부터 헤아릴 수 없을 정도로 많은 유익을 얻었으며, 주옥같은 설교로부터 많은 은혜를 받았다. 개인적인 이야기이지만, 아내와의 결혼을 두고 기도할 때, 존경하는 메가처치 목사님의 설교를 통해 하나님의 약속의 말씀을 받아 결혼을 결심하기도 했다. 그리고 무엇보다도 메가처치 안에는 여전히 구원의 역사와 하나님의 선한 역사가 상존한다. 나는 이 모든 것을 인정할 수밖에 없다.

## 2. 거룩의 여정 속에 있는 교회

앞에서 여러 번 강조했지만 교회는 거룩해야 한다. 그러나 거룩은 과정이지 도달할 수 있는 어떤 수준이나 완벽한 상태가 아니다. 거룩은 인간 편에서의 결단보다는 하나님 편에서의 결단이 먼저며 이것이 더 중요하다. 이스라엘 백성들이 애굽을 탈출하는 대열에 합류함으로써 세상과 분리되는 거룩의 여정을 출발하기는 했으나, 그들을 거룩하게 한 분은 하나님이셨다. 또한 예수의 제자들이 세상을 탈출하여 주님을 따른 것은 장한 일이지만, 그들은 자신의 행위가 아니라 그리스도의 말씀요 15:3과 하나님의 진리요 17:17, 19로 거룩해졌다. 즉 거룩은 인간의 결단보다 앞선 하나님의 은총이다. 때문에 거룩은 사람이 손에 잡을 수 있는 것이 아니며, 휘두를 수 있는 권력도 아니다.

그렇다면 이 책에서 메가처치의 오류와 잘못을 지적한 이유는 무엇인가? 이는 회개에 이르기 위해서다. 모두 공감하듯, 지금 한국 교회는 회개해야 한다. 여기저기에 회개해야 한다는 말은 무성하다. 그러나 참된 회개는 일어나지 않고 있다. 사실 회개에도 지식이 필요하다. 무엇이 잘못이고 회개할 죄목인지 알아야 회개를 해도 하는 것이다. 그래서 함께 회개하고 돌이켜 하나님의 은총을 덧입자고 이 책을 쓴 것이다. 절대로 메가처치가 그리스도의 교회가 아니라는 말을 하기 위해 쓴 것이 아니다.

누누이 지적했듯이, 메가처치에는 오류와 잘못이 너무 많다. 우리가 중세교회의 면죄부를 조롱하듯이, 우리의 후손들은 지금의 메가처치를 두고 우리를 조롱할 것이다. '옛날 한국에는 무지무지하게 큰 교회들이 있었는데 그 교회가 이러이러한 일들을 했다네…' 이런 생각만 하면 얼굴이 화끈거린다. 그럼에도 불구하고 메가처치를 그리스도의 교회가 아니라고는 말할 수 없다. 사데교회와 라오디게아교회마저 자신의 교회라고 인정하시는 그리스도의 편지를 읽으면서 나는 메가처치는 해체되어야 한다거나, 메가처치에 더 이상 출석하지 말아야 한다거나, 메가처치의 모든 활동은 거짓이라거나, 메가처치에 출석하는 교인들을 악의 구렁텅이에서 속히 빼내야 한다고 말할 근거를 찾을 수 없다. 광야길을 걷던 이스라엘이 바알브올에 부속되었듯이, 메가처치 역시 거룩의 여정을 걷다가 큰 구렁에 빠진 하나님의 교회다.

교회의 오류를 점검하고 성찰하는 것과 교회를 더 이상 교회가 아니라고 말하는 것은 전혀 다른 문제다. 우리는 심판하시는 그리스도 앞에서 함부로 특정 교단이나 종파를 이단이라고 선언하는 일을 삼가야 한다. 바로 이러한 이유로 나는 콘스탄티누스 이후의 가톨릭교회도 그리스도의 교회로 본다. 심지어 극도로 타락했던 중세의 교회역시 그리스도의 교회요, 그 중세 가톨릭교회로부터 떨어져 나갔으며 모진 박해를 받았던 수많은 분파─몬타누스파, 노바투스파, 도나투스파, 바울파, 보고밀파, 왈도파, 알비파, 롤라드파, 후스파 등─도 그리스도의 교회라고 믿는다. 또한 제국과 완전히 결합해 버렸던 그리스의 정교회와 키에프 대공 블라디미르Vladimir Svyatoslavich에 의해새롭게 탄생한 러시아의 정교회 역시 그리스도의 교회라고 본다. 위대한 3인의 종교개혁자, 칼뱅과 루터와 츠빙글리가 개혁한 개신교회는 물론이거니와, 이들에 의해 박해를 받았던 후터라이트와 메노나

이트, 아미쉬 등 아나뱁티스트 교회도 교회라고 본다. 헨리 8세와 앤 볼린과의 로맨스 때문에 어정쩡하게 개혁의 대열에 합류한 영국의 성공회, 침례교회, 독일의 경건주의자들과 요한 웨슬리의 감리교회, 퀘이커교회, 미국의 흑인교회, 남미와 아프리카의 토착교회, 20세기에 탄생한 오순절교회, 한국의 자랑 순복음교회 등. 나는 모두 그리스도께서 세우신 교회라고 믿는다. 이들은 모두 같은 성서를 가지고, 한 분 하나님을 믿으며, 한 분 성령님의 인도하심을 따라, 한 분 그리스도께 예배를 드리는 그리스도의 교회다.

물론 이 교회들은 역사 속에서 헤아릴 수 없이 많은 끔찍한 만행과 죄악을 저질러 왔으며, 지금도 정도의 차이만 있을 뿐 모두 신학적이고 도덕적인 오류를 범하고 있다. 그렇기 때문에 이 모든 교회는 '개혁되어야 할' 교회다. 개혁은 그리스도께서 다시 오시기 전 이 땅의 교회가 늘 갖추어야 할 덕목이요, 절대로 잊어서는 안 될 사역이다. 모든 교회는 개혁이 필요하다. 이 세상에 개혁이 필요하지 않는 교회가 어디에 있겠는가? 그리고 어느 누가 감히 이렇게 죄 많은 교회로부터 스스로를 구분하여 자신만은 죄 없는 교회라고 단언할 수 있겠는가? 모든 그리스도의 교회는 거룩을 향한 여정 가운데 있는 교회일 뿐이다.

그럼에도 불구하고 역사 속에서 교회는 너무나 자주, 너무나 쉽게 자신과 다른 신학과 전통에 속한 교회를 '사탄의 회'라고 부르며 비난하고 정죄했다. 이미 주후 2-3세기에 테르툴리아누스와 몬타누스파가 기성교회를 타락한 교회라고 정죄하며 자신들을 중심으로 참 교회와 거짓 교회를 갈랐다. 그러니까 자신들만 참된 그리스도의 교회고 다른 교회는 전부 거짓된 교회라는 것이다. 노바티아누스파와 도나투스파 역시 같은 실수를 저질렀다. 이들 몬타누스, 노바티아누스와 도나투스의 진짜 큰 오류는 거룩함에 대한 지나친 열정 때문이 아니라 감히 스스로를 참 교회라고 주장함으로써 그리스도의 교회를 자신들의 분파로 제한해 버린 데 있다. 그리스도의 보편 교회가 겨우 한 분파 안에 갇히고 만 것이다. 바로 이 때문에 그들이 분파주의자로 불리는 것이다. 이러한 오류는 동서방 교회가 갈라지면서 양쪽 모두 범한 오류며, 다시 종교개혁 때 로마가톨릭교회와 개신교회가 서로를 향해 범했던 잘못이기도 하다. 한때 가톨릭교회는 개신교회를 향해, 또 개신교회는 로마의 교황청을 향해 '사탄의 회'라고 했다.

나는 개신교회의 전통에 서 있으며 여러 모로 개신교회를 개혁된 교회라고 믿는다. 그럼에도 불구하고 역사가 증언해 주는 바에 의하면 개신교회 안에도 악이 있고 가톨릭교회 안에도 선은 있다. 나는 엘살바도르의 주교 오스카 로메로 대주교Archbishop Oscar Romero가 가난한 자들의 편에 서서 모든 종류의 폭력에 반대하며 비폭력과 사랑의 길을 걷다가 끝내 순교한 모습에서 그리스도의 십자가의 길을 본다. 앞서 말했듯이 막시밀리안 콜베 신부가 아우슈비츠에서 젊은 청년을 대신해 아사실餓死室에 들어가 굶어 죽은 모습에서 그리스도의 대속의 죽음을 발견하게 된다. 캘커타에서 '사랑의 수녀회'를 세운 마더 데레사와 가난한 자를 위한 '환대의 집'을 세운 도로시 데이의 모습에서 가난한 자들의 친구가 되신 그리스도의 모습을 본다. 비록 이들이 교리적으로나 신학적으로는 가톨릭교회의 전통에 서 있지만, 나는 그들이 보여 준 실천Orthopraxis을 통해 그리스도의 가르침Orthodoxy

이 드러나는 것을 본다. 그것은 바로 큰 자가 작은 자를 섬기는 하나님 나라의 통치 질서다.

분명히 말하지만 가톨릭교회에는 신학적으로 동의할 수 없는 부분이 너무도 많다. 베드로가 받았다는 천국 열쇠에 대한 로마교회의 해석에 동의할 수 없으며, 베드로로부터 지금의 교황에 이르기까지 사도권이 무슨 절차를 통해 계승된다는 가르침에도 동의할 수 없고, 로마교회가 세계 교회의 중심이며 그 로마교회에 복종해야 한다는 주장, 성례가 일곱 가지라는 주장, 예배 중에 떡과 포도주가 성체로 변화된다는 주장, 구원의 조건에 행위가 포함되어야 한다는 주장, 교황무오류설, 성모 마리아의 무염시태 및 몽소승천 교리, 성인 숭배의 전통 등 수많은 교리와 전통에 동의할 수 없다. 하지만 그러한 이유로 가톨릭교회를 사탄의 회라고 단정할 자신은 없다.

주님은 말씀하셨다. "내가…내 교회를 세우리니"마 16:18. 교회는 주님이 세우신 것이다. 성령께서는 예루살렘에 사도들을 모아 딱 한 번 교회를 세우셨을 뿐이다. 그 사도들의 교회가 오늘날까지 이어진다. 이 땅에 존재하는 다양한 신학과 전통을 소유한 모든 교회가 그리스도의 교회요, 성령께서 세우셨던 그 사도교회의 후손일 뿐이다. 다른 교회는 지상에 존재하지 않는다. 그리스도의 단 하나의 교회가 모든 국가와 민족, 인종, 문화, 이념, 체제를 초월하여 보편적으로 존재한다. 다시 말하거니와 교회의 주인은 예수 그리스도다.

때문에 교회는 그리스도께서 세우셨고, 판단하시며, 존폐를 결정하신다. 그리스도만이 교회의 운명에 대한 전권을 가지신다. 물론 교회는 거룩해야 한다. 그러나 거룩의 기준은 사람에게 있지 않고 그리스도께 있다. 그리스도께서 심판하신다. 알곡과 가라지를 뽑을 분은 그리스도 한 분뿐이며, 그분 앞에 우리는 잠잠히 기도할 뿐이다. 주름과 흠이 많을지라도 주님은 교회와 자신을 동일시하신다. 교회는 그리스도의 몸이며, 그리스도께서 지상에 재성육화하시는 방식이다. 때문에 교회를 대적하는 것은 곧 그리스도를 대적하는 것이다. 주께서 교회를 위하시는데 누가 감히 교회를 대적하겠는가? 이 모든 이유로 나는 메가처치가 그리스도의 교회라고 믿는다.

## 4. 글을 쓰게 된 이유

이제 글을 맺어야 할 때가 되었다. 글을 맺으면서 고백할 것이 있다. 나는 이런 글을 쓸 만큼 모범적인 인물이 못 된다. 솔직히 글을 써 내려가면서 다른 누구보다 나 자신에 대한 부끄러움 때문에 괴로웠다. 내가 비판했던 그 모든 내용이 사실은 나 자신에 대한 비판이었기 때문이다. 글을 써 내려가면서도, 내게 이런 비판을 할 자격이 있는가, 주제파악은 제대로 하고 있는가 하는 물음을 끊임없이 떠올렸다. 고백하건대, 나 또한 메가처치 현상으로부터 자유롭지 못한 사람이다. 길지는 않지만 그래도 몇 해 동안 여러 교회에서 사역을 하면서 이 책에서 지적했던 그 모든 오류를 범해 왔다. 이런 점에서 나는 이 글을 쓸 만한 충분한 자격이 없는 사람이다.

그럼에도 불구하고 기어이 글을 쓰기로 결심한 이유는, 무엇보다 한국 교회가 처한 상황이 너무도 심각하다는 위기의식 때문이다. 오늘날 한국 사회에서 기독교는 '개독교'라고 불린다. 빛과 소금은커녕 썩어 냄새나는 부패의 온상으로 손가락질당한다. 이러한 상황을 보면서 뭔가 해야 하지 않겠는가 하는 절박한 마음에서 이 글을 쓰기 시작했다. 조국 교회를 보면서 끓어오르는 탄식, 분노, 수치, 눈물을 누군가와 함께 나누고 싶었다. '한국 교회, 더 이상 이 모습으로는 안 되지 않겠는가?' 하는 생각에 공감을 얻고 싶었다. 함께 한국 교회가 처한 문제들에 대해 정직하게 토론해 보고 싶었다.

둘째로, 메가처치를 모범적 교회로 치켜세우는 작금의 현상을 도무지 가만 보고 있을 수 없었다. 메가처치는 결코 건강한 교회나 모범적인 교회가 아니다. 메가처치는 병든 교회며, 우상을 숭배하는 교회며, 딱하고 가련한 교회다. 어쩌면 죽은 교회인지도 모른다. 그런데도 지금 한국에서는 몇몇 메가처치가 모범적이고 건강한 교회인양 역할 모델을 자처한다. 메가처치 목사들이 목회자의 귀감인양 공경을 받는다. 그 교회와 목사가 만들어 내는 성서공부 교재와 여러 가지 프로그램이 전국으로 유통되고, 일부 메가처치의 성장 사례가 뭇사람들의 입에 회자된다. 이는 소경이 소경을 인도하는 형국이다. 차라리 자신이 소경인 줄 알았더라면 좋을 것을… 스스로 본다고 생각하고, 스승인양 지도자인양 생각하니 더욱 답답한 노릇이다.

지금 한국 교회는 진정한 역할 모델이 절실히 필요하다. 그러나 메가처치는 아니다. 메가처치가 스스로 역할 모델을 하겠다고 자처하는 통에 이에 현혹된 한국 교회가 계속해서 참된 역할 모델을 찾지 못하는 것이다. 메가처치가 역할 모델을 서둘러 그만둘수록 한국 교회가 제대로 된 역할 모델을 찾을 수 있는 시기가 당겨질 것이다. 한국 교회는 메가처치가 아니라 신약성서의 가르침을 따르는 교회에서 역할 모델을 찾아야 한다.

셋째로, 이 책을 통해 한국 교회가 숫자와 크기, 규모의 문제에 대해 정직하고 솔직하게 논의를 시작하는 계기를 마련했으면 하는 바람이다. 사람들이 교회의 여러 문제에 대해서는 논의하기를 마다하지 않으면서 유독 크기의 문제에 대해서는 함구한다. 참 이상한 일이다. 이제 크기에 대해 말할 때가 된 것 같다. 메가처치의 크기 문제가 전체 한국 교회와 한국 사회에 어떠한 영향력을 미치는지 정직하게 성찰하고, 심도 깊게 연구하고, 토론하고, 그 성서적 의미와 신학적 의미들을 탐구할 수 있어야 할 것이다. 이 와중에 어설프게 변명하려거나 정당화하고 어벌쩡하니 넘겨버리려 해서는 안 된다. 메가처치의 오류에 대해 할 수 있는 한 정직하고 철저하게 반성해야 한다. 한국 교회는 교회의 크기에 사로잡혀 한국 사회에 너무도 많은 죄를 저질러 왔다. 이 죄를 인정해야 한다. 이것이 진짜 회개하는 방법이다.

마지막으로, 이 책을 통해 나는 한국 교회에 우리가 정말로 집중해야 하는 것은 크기가 아니라 본질이라고 말해 주고 싶었다. 한국 교회가 크기가 아니라 본질에 집중했다면 메가처치의 문제가 지금과 같이 심각해지지 않았을 것이다. 한국 교회는 외형보다 본질이 중요하다고 말하면서도 한결같이 크기에 목숨을 걸고 있다. 이는 크기를 교회의 본질과 연관시켜 생각하기 때문이다. 이는 분명 잘못된 생각이다. 바로 이 잘못된 생각 때문에 한국 교회가 병든 것이다. 그렇다면 대안은 무엇인가? 크기를 몇 명 선에서 제한해야 할 것인가? 아니다. 메가처치를 작은 교회로 쪼개야 하는가? 글쎄, 그래야 할지 모르겠다. 그러나 기계적으로 그렇게 하는 것은 아무런 도움이 되지 않는다. 한국 교회, 특히 메가처치가 해야 할 일은 진짜 교회의 본질에 집중하는 것이다.

나는 작은 교회를 섬기며, 작은 교회를 선호한다. 신약교회와 초대교회도 작지 않았는가. 나는 메가처치 하나보다 작은 교회가 많이 생기는 것이 더 바람직하다고 본다. 그러나 나는 작은 교회 운동을 하는 사람이 아니며, 그런 운동을 할 생각도 아직까지는 별로 없다. 크기는 중요하다. 하지만 기계적으로 교회의 크기를 정하는 것은 또 다른 오류를 범할 뿐이다. 그렇게 하는 것은 똑같이 크기를 본질로 보는 태도다. 하워드 스나이더가 교회를 유기체로 보았듯이 나 역시 그렇다. 교회는 그리스도의 몸이며, 생명체고, 유기체다. 교회가 유기체라면 교회가 본질을 찾을 때 크기의 문제도 저절로 해결되리라는 것이 나의 생각이다. 왜냐하면 모든 유기체는 저마다 자기만의 적정 크기를 알기 때문이다. 그러니까 교회가 죽은 기계가 아니라 살아 있는 유기체가 될 때 교회는 자기만의 적정 크기를 알 수 있을 것이다. 즉 교회가 교회다움을 회복할 때 크기의 문제에 대한 답을 찾을 수 있으리라는 말이다. 그리고 아울러서 지금 발생하는 대부분의 문제는 저절로 해결될 것이다.

하지만 교회의 본질이 무엇인가? 교회의 본질을 찾는 것은 교회의 크기 문제를 성찰하는 것보다 훨씬 더 어려운 작업이 될 것이다. 왜냐하면 교회의 본질에 대해 저마다 다른 신학과 전통을 주장할 것이기 때문이다. 이때 우리가 기억해야 할 것이 있다. 그것은 먼저 서로의 신학과 전통을 존중하며 열린 마음으로 대화할 수 있어야 한다는 사실이다. 무조건 상대방을 '사탄의 회'로 정죄하는 태도는 옳지 못하다. 서로의 신학과 전통에 대해 열린 마음을 가지고 대화를 시작해야 할 것이다. 둘째, 여러 의견이 충돌할 때 모두가 공유하는 공통의 신학과 전통을 먼저 강조해야 할 것이다. 아무리 달라도 신약성서를 공유할 것이며, 우리를 위해 죽으시고 부활하신 예수 그리스도를 공유할 것이 아닌가? 셋째, 서로의 의견을 평가하고 진단해야 할 일이 생긴다면, 교회는 신약성서와 초대교회의 전통을 따라 각각의 신학과 전통을 평가하고 진단해야 할 것이다. 이러한 작업을 시작하는 것만으로도 그리스도의 교회가 하나라는 사실이 대내외적으로 선포될 것이며, 바로 이것이 교회 개혁의 첫 걸음이 될 것이다.

그렇게 서로 교회의 본질에 대한 의견 일치가 이루어졌다면, 모든 교회는 본질을 회복하기 위해 노력해야 할 것이다. 물론 모든 교회가 완벽하게 신학과 전통의 일치를 이룰 수는 없을 것이다. 또 그럴 필요도 없다. 사실 각 교단마다 장점이 있으며 교회와 교인은 그것에 대해 자부심을 느낄 권리가 있다. 그러나 모든 교회는 반드시 자신의 신학 및 전통과 실천의 오류를 발견하고, 이를 지속적으로 수정해 나가야 하는 의무도 있다. 무엇보다 모든 교회는 신학과 전통에 관계없이 죽음의 문화가 뒤덮고 있는 세상 가운데 생명의 담지자로 서 있어야 할 책임이 있다. 세상 가운데 생명을 간직하고 그 생명을 발산하는 것이 모든 교회가 공통으로 수행해야 할 의무다.

교회가 교회다워지는 것, 이것만이 교회의 희망이며 세상의 희망이다. 교회는 생명 없는 세상에서 유일하게 생명을 간직한 곳이다. 영화 "모리와 함께한 화요일"에서 미치가 '모리의 방'에서 생명을 느끼고 경험했던 것처럼, 세상은 교회 안에서 생명을 느끼고 경험할 수 있

어야 한다. 교회는 업적이 아니라 생명을, 탐욕이 아니라 예배를 증거
해야 한다.

## 4. 풀밭 이야기

풀밭에 이리 저리 나 있는 각양각색의 화초들을 보라. 그것들은 무
질서한 듯하면서도 놀라울 정도의 질서와 통일성을 가지고 생명을
향유한다. 개체 수가 매우 많은 놈도 있고 적은 놈도 있다. 온 풀밭을
전부 뒤덮은 것처럼 보이는 놈이 있는가 하면 그것들 사이로 한두 개
겨우 목숨을 부지하는 놈들도 있다. 하지만 자세히 보면 전에는 미처
눈에 띠지 않았던 것들이 또 얼마나 많은지 모른다. 길쭉길쭉한 화초
도 있고, 보이지도 않을 정도로 작고 귀여운 들풀과 나물들도 가득 있
다. 쑥이랑 냉이, 세 잎 네 잎의 토끼풀, 큰 키에 어지럽게 자란 쑥부
쟁이, 대견하게 솟아오른 엄지손가락만한 쇠뜨기, 개 꼬랑지 닮은 털
달린 강아지풀, 앙증맞은 꽃이 피는 씀바귀, 별 닮은 별꽃, 은근히 우
아한 봄맞이꽃, 강렬한 자줏빛을 내는 붓꽃, 땅바닥에 딱 붙어 피는
수수한 민들레꽃과 그것이 흩뿌리는 홀씨들…. 또 그것들 사이로 이
리 저리 기어 다니는 개미, 사슴벌레나 딱정벌레, 무당벌레, 메뚜기,
꿀벌, 잠자리…. 정말로 기적과 같은 생명들의 향연이다.

그런데 상상해 보자. UFO에서 실수로 우주광선을 발사했는데 그
광선 한 줄기가 행운의 네 잎 클로버 하나를 정확히 명중시켜 버렸다
고 말이다. 광선을 맞은 토끼풀이 점점 커지기 시작한다. 손톱만하던
것이 손바닥만해지고, 금세 어른 머리통만해지고, 마침내 사람보다

더 커졌다. 이런 일이 실제로 있을 리는 없지만 상상만 해도 얼마나 무서운 장면인가? 순식간에 그 길가 풀밭은 난장판이 되고 말 것이다. 모르긴 해도 주변의 다른 모든 화초가 그 토끼풀 때문에 다 말라 죽고 말 것이다. 주변의 화초들이 다 말라 죽으면 풀벌레도 떠나고, 꿀벌, 잠자리도 다 도망갈 것이다. 결국 이 괴물 토끼풀 하나만 남을 것이고, 마지막에는 이놈도 흉측하게 쪼그라들지 않겠는가?

교회는 기계가 아니라 생명체다. 세상의 모든 것이 생명을 잃고 기계가 되어도 교회만은 끝까지 생명체로 남아야 한다. 교회는 생명의 마지막 보루요, 세상을 생명의 근원과 연결시켜 줄 수 있는 유일한 통로다. 하나님 아버지의 창조사역 중에서 가장 위대한 창조사역은 바로 생명의 창조다. 생명은 살라生는 명령命이란다. 누구의 명령이겠는가? 생명을 지으신 우리 하나님 아버지의 명령이다. 생명을 향한 하나님의 관심과 자비가 얼마나 크고 놀라운가. 아버지께서는 공중에 날아다니는 저 많은 참새의 이름을 일일이 다 아신다. 풀밭에 피어 있는 저 많은 꽃과 풀을 입히신다. 아마존 숲속의 수억만 마리의 살아 있는 생명들에게 먹을 것을 공급하신다. 생명은 하나님의 선물이며 기적이다.

그런데 마귀는 아담이 이 생명을 깔보게 만들었다. 살아 있는 것보다 더 가치 있고 위대한 것이 있다고 거짓말을 했다. 이러한 마귀의 거짓말은 반생명, 곧 죽음의 정신이다. 아담의 반역 이후 마귀를 따르는 세상은 항상 탐욕주의와 업적주의라는 죽음의 문화가 뒤덮고 있다. 그러나 보좌로부터 흐르는 생명의 강줄기는 죽음의 바다를 되살리며, 골짜기 마른 뼈들을 다시 살게 하실 것이다. "내가 생기를 너희

에게 들어가게 하리니 너희가 살아나리라겔 37:5." 죽음이 온 땅을 뒤
덮고 사망이 세상에 관영할지라도 하나님은 오늘도 세상을 살리신
다. 먼저는 교회를 살리시고, 교회를 통해 세상을 다시 살리기 원하신
다. 하나님은 한국 교회를 다시 살리기 원하신다. 먼저 한국 교회를
살리신 다음, 한국 교회를 통해 한국 사회를 살리기 원하신다.

"주 여호와께서 이같이 말씀하시기를,

생기야

사방에서부터 와서

이 죽음을 당한 자에게 붙어서

살아나게 하라!" 겔 37:9

# 추천 도서

이 책과 관련하여 좀더 연구하기 원하시는 분들을 위해 추천하고 싶은 책을 몇 권 첨부한다.

## 1. 자크 엘륄 관련 서적

나는 이 책의 주제와 관련해서 프랑스 개신교 사상가인 자크 엘륄로부터 많은 영감을 얻었다.

*The Humiliation of the World*, Eerdmans.

*Propaganda : The Formation of Men's Attitudes*, Random House.

*False Presence of the Kingdom*, The Seabury Press.

「기술의 역사」(*La Technique ou l'Enjeu du siécle*, 한울 역간).

「도시의 의미」[*Sans feu ni lieu(theologie de la vile)*, 한국로고스연구원 역간].

「뒤틀려진 기독교」(*La subversion du christianisme*, 대장간 역간).

「세상 속의 그리스도인」(*Présence au monde moderne*, 대장간 역간).

「요한계시록 주석」(*L'Apocalyse: architecture en mouvement*, 한들 역간).

「폭력」(*Contre les violents*, 현대사상사 역간).

「하나님이냐 돈이냐」(*L'Homme et l'Argent*, 대장간 역간).

*자크 엘륄의 인터뷰와 W. H. 반더버그의 부록을 수록한 「우리 시대의 모습」(대장간 역간)은 「소망의 약속」이라는 제목으로 곧 증편될 예정이다.

## 2. 교회사 관련

낸시 피어시, 「완전한 진리」(*Total Truth*, 복있는사람 역간).

마크 놀, 「미국 캐나다 기독교 역사」(*A History of Christianity in the United States and Canada*, CLC 역간).

윌리스턴 워커, 「기독교회사」(*A History of the Christian Church*, 크리스챤다이

제스트 역간).

유세비우스, 「교회사」(*The History of the Church from Christ to Constantine*, 성
    요셉출판사 역간).

유스토 곤잘레스, 「교회사」(*The Story of Christianity*, 은성 역간).

프랭크 바이올라, 「교회가 없다」(*Pagan christianity*, 대장간 역간).

이만열, 「한국 기독교와 역사의식」(지식산업사)

채기은, 「한국 교회사」(CLC)


## 3. 초대교회 관련

게르하르트 로핑크, 「예수는 어떤 공동체를 원했나?」(*Wie hat Jesus Gemeinde
    gewollt?*, 분도 역간).

________, 「산상설교는 누구에게?」(*Wem Gilt Die Bergpredigt*, 분도 역간).

로버트 뱅크스, 「바울의 공동체 사상」(*Paul's idea of community*, IVP 역간).

루돌프 불트만, 「기독교 초대교회 형성사」(*Das Urchristentum*, 이화여대출판부
    역간).

에버렛 퍼거슨, 「초대교회 배경사」(*Background of Early Christianity*, 은성 역
    간).

존 켈리, 「고대 기독교 교리사」(*Early Christian doctrines*, 크리스챤다이제스트
    역간).

칼 볼츠, 「초대교회의 목회」(*Pastoral Life and Practice in the Early Church*, 컨
    콜디아사 역간).

________, 「초대교회의 신앙과 생활」(*Faith and Practice in the Early Church*,
    컨콜디아사 역간).

프랭크 바이올라, 「1세기 관계적 교회」(*Rethinking the Wineskin*, 미션월드라이
    브러리 역간).

________, 「신약성경 교회 이야기」(*The Untold Story of the New Testament
    Church*, 순전한 나드 역간).

김선정, 「요한복음서와 로마황제숭배」(한들).

김세윤, 「그리스도와 가이사」(두란노).

「교부 문헌 총서」(분도).

http://www.newadvent.org/fathers/1010.htm, 영문으로 교부들의 글을 실은
　　인터넷 사이트


## 4. 하나님 나라 관련

월터 브루그만, 「예언자적 상상력」(*Prophetic Imagination*, 복있는사람 역간 예
　　정).

조지 E. 래드, 「하나님 나라의 복음」(*The Gospel of the Kingdom*, 한국기독교교
　　육연구원 역간).

존 브라이트, 「하나님 나라」(*The Kingdom of God*, 컨콜디아사 역간).

톰 라이트, 「마침내 드러난 하나님 나라」(*Surprised by Hope*, IVP 역간).

________, 「나를 따르라」(*Following Jesus: Biblical Reflections on Discipleship*,
　　살림 역간).

헤르만 리델보스, 「하나님 나라」(*The Coming of the Kingdom*, 솔로몬 역간).

박철수, 「하나님 나라」(대장간).

양용의, 「하나님 나라 어떻게 이해할 것인가」(성서유니온).


## 5. 교회론 관련

디트리히 본회퍼, 「나를 따르라」(*Nachfolge*, 대한기독교서회 역간).

________, 「신도의 공동생활」(*Gemeinsames Leben*, 대한기독교서회 역간).

마르바 던, 「세상 권세와 하나님의 교회」(*Powers, Weakness, and the
　　Tabernacling of God*, 복있는사람 역간).

로이스 바렛 로이스, 「가정교회 세우기」(*Building the House Church*, 미션월드
　　라이브러리 역간).

볼프강 짐존, 「가정교회」(*Home Church*, 국제제자훈련원 역간).

스탠리 하우어워스 & 윌리엄 윌리몬, 「하나님의 나그네 된 백성」(*Resident
　　Aliens*, 복있는사람 역간).

________, 「주여 기도를 가르쳐 주소서」(*Lord, Teach Us*, 복있는사람 역간).

________, 「십계명」(*The Truth about God*, 복있는사람 역간).

에릭 제이, 「교회론의 역사」(*The Church*, 대한기독교서회 역간).

하워드 스나이더, 「교회 DNA」(*Decoding the Church*, IVP 역간).

________, 「참으로 해방된 교회」(*Liberating the Church*, IVP 역간).

한스 큉, 「교회」(*Die Kirche*, 한들 역간).


## 6. 예배론 관련

Cheslyne Jones et al., *The Study of Liturgy*, Oxford University Press.

A. W. 토저, 「예배인가, 쇼인가!」(*On Worship and Entertainment*, 규장 역간).

로버트 뱅크스, 「1세기 교회의 예배」(*Going to Church in the First Century*, 여수 룬 역간).

로버트 웨버, 「예배의 역사와 신학」(*Worship Old and New*, 대한예수교장로회 총회출판국 역간).

미카엘 벨커, 「성찬식에서 무엇이 일어나는가」「(*Was geht vor Beim Abendmahl*, 한들 역간).

앨런 크라이더, 「초대교회의 예배와 전도」(*Worship and Evangelism in Pre-Christendom*, KAP 역간).

오스카 쿨만, 「원시 기독교 예배」(대한기독교서회 역간).

윌리엄 맥스웰, 「예배의 발전과 그 형태」(*A History of Christian Worship*, 장로교 신학대학교 교회커뮤니케이션연구회 역간).

페르디난드 한, 「원시 기독교 예배사」(*Der urchristliche Gottesdienst*, 대한기독 교서회 역간).

세계교회협의회, 「BEM문서: 세례, 성만찬, 직제」(*The Genesis and Fromation of the World Council of Churches*, 한국장로교출판사 역간).

김기현, 「인생 최고의 가치」(죠이선교회).

김동선, 「예수는 생명의 떡이요 밥은 하늘입니다」, (한국장로교출판사.)


## 7. 전기

레나테 빈트의 「침묵의 반역자: 디트리히 본회퍼의 생애」(*Dietrich Bonhoeffer: A Spoke in the Wheel*, 성바오로 역간).

마더 데레사, 「단순한 길」(*Mother Teresa*, 사이 역간).

짐 포레스트, 「잣대는 사랑: 도로시 데이 전기」(*Love is the Measure*, 분도 역간).

손동희, 「나의 아버지 손양원 목사」(아가페).

## 8. 영화

마이클 레이 로즈, "어둠 속의 천사"(Entertaining Angels, 1996)

에릭 틸, "본회퍼"((Bonhoeffer: Agent Of Grace, 1991)

존 듀이건, "로메로"(Romero, 1989)

크르지스토프 자누씨, "생명에 바친 생명: 막시밀리안 꼴베"(Zycie za zycie,
    1991)

파브리지오 코스타, "마더 데레사"(Mother Teresa Of Calcutta, 2003)

조욱희, "용서, 그 먼 길 끝에 당신이 있습니까"(2008).


## 9. 기타 참고할 만한 책들

Glen Stassen & David Gushee, *Kingdom Ethics*, IVP Academic.

반 델 레에우, 「종교현상학 입문」(*Inleiding tot de Phaenomenologie von den
    Godsdienst*, 분도 역간.

루돌프 오토, 「성스러움의 의미」(*Das Heilige*, 분도 역간).

안톤 지더벨트, 「추상적 사회」(*The Abstract Society*, 종로서적 역간).

엘리아데, 「성과 속」(*The Sacred and the Profane: the Nature of Religion*, 학민
    글밭 역간).

오르테가 이 가세트, 「대중의 반역」(*La Rebelion·de las Masas*, 역사비평사 역
    간).

피터 버거, 「이단의 시대」(*The Heretical Imperative*, 문학과지성사 역간).